Bettina Haskamp
Gerhard Ebel

Untergehen werden wir nicht

Ein vertracktes Paar,
ein selbst gebautes Boot und
ein gemeinsamer Traum

Hoffmann und Campe

1. Auflage 2002

www.hoffmann-und-campe.de
Dieses Werk wurde vermittelt durch
die Literarische Agentur Thomas Schlück GmbH,
30827 Garbsen.
Fotos: Gerhard Ebel und Bettina Haskamp
Schutzumschlaggestaltung: Büro Hamburg (Foto: Gerhard Ebel)
Satz: Dörlemann Satz, Lemförde
Druck und Bindung: GGP Media, Pößneck
Printed in Germany
ISBN 3-455-09370-1

HOFFMANN
UND CAMPE

Ein Unternehmen der
GANSKE VERLAGSGRUPPE

Inhalt

Prolog

Das Meer wird nie langweilig. Wenn die Sonne in das knapp sechstausend Meter tiefe Wasser dringt, ist es von einem intensiven Violett. Bei frischem Wind tanzen weiße Schaumkronen. Eine Wolke wirft Schatten, und das Violett verliert sich, im Schatten wird die See wieder blaugrau. Das Bild, mein Bild, meine Aussicht, ist immer in Bewegung, verändert sich mit dem Licht und dem Wind. Keine Welle ist wie die andere. Kurz, kabbelig, lang, gemächlich, sanft, aufbrausend, wild – alles ist dabei.

Am Abend versickert unauffällig das Tageslicht. Dann wird für eine Weile alles schwarz. Ich sitze auf meinem Stuhl und starre in die Dunkelheit. Meine Gedanken fließen in einem nicht einzudämmenden Strom. Sie sind so schwer zu fangen wie Forellen. Nur ich bin hier. Allein. Glücklich. Ich muss an einen Satz von Valentino denken: »Nicht die besondere Situation ist das Besondere – allein auf See zu *sein*, das ist das Wunder.« Klingt vielleicht kitschig. Stimmt aber. Jedenfalls für mich.

In diesem Buch erzählen wir, was wir erlebt und empfunden haben. Wir haben weder geschönt noch Geschichten umgeschrieben, nur einige Namen geändert.

Fisch findet Fahrrad

Sicherheitsbedürftig war ich nie. Die Frage nach meiner Rente hat mich nicht ernsthaft interessiert. Ich könnte auch sagen: Geld ist mir egal. Ich gebe es einfach aus. Deshalb war es auch kein großes Wunder, dass ich ein paar zehntausend Mark Schulden mein Eigen nennen konnte, als ich Gerhard kennen lernte. Aber natürlich hatte ich in jener Nacht keine Ahnung, dass meine unbeschwerte (und teure) Lebensart eine Rolle in unser beider Leben spielen würde.

Ich traf ihn auf einer »Fisch sucht Fahrrad«-Party. Der Titel geht zurück auf einen Spruch der Frauenbewegung: »Eine Frau ohne Mann ist wie ein Fisch ohne Fahrrad«. Partys mit diesem Titel sind Partys für Singles. Natürlich war ich nicht hierher gekommen, um einen Mann kennen zu lernen. Ich war da, weil eine Freundin von mir die Bühnenshow moderierte und ich sie auf der Bühne erleben wollte. Single war ich zufällig auch gerade. Gerhard war da, weil es regnete (alle Besucherinnen und Besucher von »Fisch sucht Fahrrad«-Partys sind zufällig da).

Er war gemeinsam mit seinem Freund Meik in Hannover unterwegs gewesen, als es anfing zu gießen, und Meik wusste von dieser Fete im Haus der Jugend, wo es garantiert trockener sein würde. Also gingen sie hin – und wären beinahe wieder umgekehrt. Die Party kostete Eintritt. Gerhard liebt es nicht, sich von seinem Geld zu trennen – schon gar nicht, wenn er nicht weiß, was er dafür bekommt. Also ging er erst mal gucken, überredete den Mann an der Kasse, seine Uhr als Pfand zu akzeptieren, und inspizierte kurz das Terrain. Fünf Minuten später war er zurück. »Meik, egal was es kostet, hier gehen wir rein! In den letzten fünf Jahren bin ich nicht so angemacht worden wie hier in zwei Minuten.« Auf diesen Partys geht es sehr direkt zur Sache.

Auf der Tanzfläche sahen wir uns dann und reagierten aufeinander wie Magnet und Eisen. Ich sah einen blonden Mann mit stoppelig kurzen Haaren und eckiger Brille, dahinter einen unverschämt frechen Blick. Er tanzte gut, mit ausgreifenden Bewegungen und offensichtlichem Selbstbewusstsein. Mir sagt man Charme und eine gewisse Ähnlichkeit mit Steffi Graf nach (leider nicht im Bereich der Beine, sondern der Nase). Und ich flirte gern.

Wir tanzten uns an. Trennten uns. Tanzten wieder aufeinander zu. Lächelten. Dann verloren wir uns aus den Augen. Stunden später, gegen zwei Uhr früh, wartete ich an der Bühnentreppe auf meine Freundin, die den Abend moderiert hatte. Sie hatte schon ihr Mikro zur Seite gelegt und verabschiedete sich vom Diskjockey, als sie plötzlich entnervt das Mikrofon noch einmal nahm und verkündete, jemand suche seine Brille. Da stand er dann wieder, ein paar Meter entfernt, allein. Die Brille tauchte auf, Gerhard kam auf mich zu und sagte: »Holst du deine Jacke?« Wir gingen – erst in eine Bar und dann zu mir.

Am nächsten Vormittag, nach einer intensiven Nacht, das erste gemeinsame Frühstück. Wir saßen mit Gerhards Freund Meik in einem Café zwischen Topfpalmen, als mein neuer Lover erzählte, dass er mit Meik ein Boot bauen und in die Welt segeln wolle. Ich guckte ihn an und sagte: »Ich könnte vielleicht die Vorhänge nähen.« Meik verdrehte die Augen. Gerhard grinste.

Ich hatte zwar vorher nie darüber nachgedacht, mit einem Boot um die Welt zu reisen, aber eine Zeit lang im Ausland zu leben, das war ein alter Traum. Ein Traum von viel Sonne, fremden Kulturen, exotischen Menschen, tausend neuen Eindrücken. Die Möglichkeit haben, fremde Sprachen direkt vor Ort zu lernen – und, vor allem, aus meinem gewohnten Alltag auszubrechen. Das Bild in meinem Kopf hatte als Transportmittel bislang einen Campingbus gezeigt. Jetzt verschwand der Bulli von einer Sekunde auf die andere, und in dem Bild schwamm ein Boot. Weiße Segel, blaues Meer, goldene Sonne, im Hintergrund weißer Strand mit Palmen – wie auf einer kitschigen Postkarte.

Gerhard erzählte, dass er ursprünglich daran gedacht hatte, einen alten Bus umzubauen. Doch dann habe er eines Tages an der Elbe gesessen, auf die Boote geschaut, die zum Hafengeburtstag nach Hamburg fuhren, und sich gefragt: Warum eigentlich ein Bus, warum nicht ein Boot?

Während eines Urlaubs in Griechenland sah er vor dem Strand einen Katamaran dümpeln. »Schwimm ich da jetzt rüber und gucke mir das Ding an oder nicht?« Zwei Stunden überlegte er, dann schwamm er hin – und hing an der Angel. Von diesem Tag an gärte in Gerhard der Plan, einen »Kat« zu bauen. Ein Katamaran ist ein Boot mit zwei Rümpfen und relativ viel Platz an Bord. Und es gilt als schnell. Für Gerhard und Meik war klar, dass sie ein solches Boot haben wollten. Ich hätte damals wahrscheinlich zu jedem Bootstyp ja gesagt.

In den folgenden Wochen nahmen die beiden Männer in einem Anfall von Vernunft erst mal ein kleineres Projekt in Angriff, das in der Bauweise dem erträumten großen Boot ähnlich war. Im Garten von Meiks Eltern bauten sie eine polynesische Proa nach. Eine Proa ist ein Segelkanu mit einem längeren und einem kürzeren Rumpf. Die Rümpfe sind mit zwei Balken verbunden und sehen von hinten und von vorn gleich aus. Mit solchen Booten, allerdings größeren, haben die Polynesier einst erstaunliche Strecken zurückgelegt. Die Proas sind Vorläufer der heutigen Mehrrumpfboote. Mir war das neu und im Übrigen auch egal. Das Boot interessierte mich anfangs nur insoweit, als Gerhard wegen des Baus nun regelmäßig nach Hannover kam.

Hier lebte Meik, und hier lebte ich – Gerhard selbst wohnte in Pinneberg. Einen Sommer lang verbrachte er seine Wochenenden in Hannover. Tagsüber Bootsbau mit Meik, dann Abendessen, Sex und Frühstück mit mir. Es dauerte nicht lange, bis mir das nicht mehr passte: »Ich habe keine Lust, nur als deine Versorgungsstation zu dienen.« Gerhard nahm sich etwas mehr Zeit für mich – und kriegte Ärger mit Meik. Meik und ich wurden ohnehin keine dicken Freunde. Dennoch redeten wir über den Bau eines großen Katamarans zu dritt. Meik war allerdings der festen Überzeugung, »dass die Karrieretante sowieso nie aus ihrem Job aussteigt«. Ich arbeitete als Redakteurin und Moderatorin beim Norddeutschen Rundfunk, hatte mittwochs meine eigene Radio-Talkshow und genoss meine Arbeit. Aber ich war noch nie jemand, der lange Zeit dasselbe macht. Meik täuschte sich.

Am Ende des Sommers war die Proa fertig. Wir brachten sie auf die Elbe, hängten einen Motor daran und fuhren los. Gerhard und ich segelten sie genau zehn Sekunden lang. Dann packte eine Bö das Segel und wir lagen gekentert im Fluss. Gerhard behauptet bis heute, das sei nur passiert, weil ich im falschen Augenblick Kekse gegessen hätte, statt als Gegengewicht auf den kleinen Rumpf zu springen. Vom Keksessen verstand ich auch mehr als vom Segeln einer polynesischen Proa. Das seltsame Boot erfüllte seinen Zweck jedoch in anderer Weise. Gerhard und Meik hatten erste Erfahrungen im Holzbootbau gesammelt – und herausgefunden, dass sie nicht gut zusammenarbeiten konnten. Meik arbeitet langsam, aber gründlich, Gerhard schnell und nicht so genau. Sie waren genervt voneinander. Und es war keine Rede mehr von einem Bootsbau zu dritt.

Gerhards und meine Beziehung dagegen war fester geworden, wenn auch nicht unbedingt harmonisch. Wir sind beide dickköpfig, ungeduldig, jähzornig, extrovertiert und rechthaberisch. Wenn wir uns stritten, ging es stets gründlich zur Sache – bis hin zu ausgerissenen Haaren und einem verwüsteten Schlafzimmer. Aber wenn wir uns gerade nicht in den Haaren lagen, dann konnten wir gemeinsam lachen, mochten dieselben Menschen, dieselben Filme, genossen gutes Essen und guten Wein, liebten ausgiebige Saunabesuche – und natürlich die Liebe selbst. Und wir wollten beide ein Boot.

Zwischen Frust und Fräse

Ein Spätsommertag. Meine Stimmung ist fast so tief gesunken wie die Sonne. Seit zwei Stunden radele ich jetzt schon zwischen Häuserzeilen und alten Industriegebäuden herum und suche nach einer Adresse. »Halle zu vermieten« hatte in der Kleinanzeige gestanden, dazu ein Straßenname, aber keine Nummer. Ich kann kein Gebäude entdecken, das meinen Erwartungen entspricht. Gerade will ich aufgeben, da spricht mich lächelnd ein älterer Mann an:

»Kann ich Ihnen helfen?«

»Vielleicht. Hier soll eine Halle zu vermieten sein.«

»Das ist da drüben, ich kenne die Halle – wozu brauchen Sie sie denn?«

»Ja, also, mein Freund und ich, wir wollen ein Segelboot bauen, einen Katamaran, und wir brauchen eine Halle mit sehr breitem Tor.«

Das Lächeln verschwindet schlagartig. »O Gott, junge Frau, tun Sie das nicht!«

Meine Verblüffung muss mir anzusehen sein. Jedenfalls lädt mich der grauhaarige Herr zu einem Kaffee in sein Haus ein und erklärt: »Sehen Sie, ich habe ein Holzgeschäft. Und ich habe viele gekannt, die Boote gebaut haben oder besser: bauen wollten. Sie sind alle unglücklich geworden. Die Ehen zerbrochen, die halbfertigen Boote ein Haufen Sondermüll, lauter geplatzte Träume. Bitte, tun Sie's nicht.«

»Uns passiert das alles nicht, wir kriegen unser Boot fertig«, behaupte ich. Um ehrlich zu sein, ich habe nicht den Hauch einer Ahnung, wovon ich da rede. Von der Proa mal abgesehen, haben weder Gerhard noch ich Erfahrung im Bootsbau. Gerhard ist zwar Physikingenieur, hat aber bisher auf ganz anderen Gebieten gearbeitet. Ich selbst kann vor allem gut reden – eine für den Bootsbau wenig nützliche Fähigkeit – und bin nicht gerade eine geborene Handwerkerin. Dem Selbstvertrauen tut das keinen Abbruch.

Als ich den besorgten Holzhändler schließlich verlasse, hat er meine Telefonnummer – »Falls Sie sich von Ihrer Idee wirklich nicht abbringen lassen, kann ich mich ja mal nach einer Halle umhören, die aus der Kleinanzeige ist für Ihre Zwecke nicht die richtige.« Zu Hause erzähle ich Gerhard mehr amüsiert als nachdenklich von der Warnung, die sich nahtlos in eine Reihe anderer einfügt. Gerhard, wie immer praktisch denkend, erkundigt sich, ob ich nach den Holzpreisen des freundlichen Herrn gefragt habe und ob der Holzhändler uns vielleicht Rabatte einräumt. Über Warnungen will keiner von uns allzu viel nachdenken. Wir wollen das Boot, und wir wollen es gemeinsam bauen. Zweifel? Nein, danke. Sollen andere doch reden, so viel sie wollen. Unseren Mangel an Fachwissen gleichen wir mit Zuversicht und Begeisterung aus.

Über den sorgenvollen Holzhändler hatten wir noch gelacht. Über Johann lachten wir nicht. Auch Johann baute einen Katamaran – seit neun Jahren. Den großen bärtigen Mann mit dem wettergegerbten Gesicht trafen wir während einer Bootsmesse am Katamaranstand. Wir hatten damals schon mit dem Bau begonnen und zeigten voller Stolz die ersten Fotos. Auch Johann hatte ein Foto dabei – eine zerknitterte Polaroidaufnahme, die er aus der Hosentasche pulte. Von stolzem Bauherrn keine Spur.

Drei Monate später besuchten wir ihn. Wir fuhren in dieser Zeit zu so ziemlich jedem Bootsbauer in erreichbarer Nähe, um die Boote und Bauweisen zu sehen und um zu lernen. Zwei fast fertige Rümpfe lagen auf dem Bauplatz im Nieselregen; Johann strich gerade die Innenwände des einen mit weißer Farbe. Fast widerwillig zeigte er uns seine beiden halben Boote. Dabei erzählte er, dass der Bootsbau ihn finanziell völlig überfordert habe. Dass er jetzt nur noch die Rümpfe zusammensetzen und lossegeln würde, um in der Karibik Chartergäste durch die Gegend zu fahren, weil er einfach Geld brauche. Und dass er allein sei; seine Freundin habe schon lange aufgegeben. »Dieses Boot hat mir mehr genommen, als es mir je wiedergeben kann.« Johann warnte uns nicht, sondern stand nur mit totem Blick neben seinem Schiff. Er erschreckte uns mehr als alle Warnungen.

Auf der Rückfahrt versuchten wir, den Teufel wieder auszutreiben. »Okay, wir bauen auf jeden Fall schneller. Und wir kaufen billiger ein, du wirst schon sehen, uns passiert das nicht, wir lassen uns nicht vom Bootsbau fertig machen, auch nicht finanziell, wir nicht.« – »Du, Gerhard, versprichst du mir was? Bevor wir es so weit kommen lassen wie Johann, zerhacken wir lieber die Rümpfe und vergessen das Ganze, ja?« – »Einverstanden, mach dir keine Sorgen, so weit kommt es nicht.«

Wir waren jetzt gut ein Jahr zusammen und trauten uns eine Menge zu. Gerhard hatte seinen Job als Marketingleiter in einer kleinen Firma aufgegeben und war zu mir nach Hannover gezogen. Wochenlang hatte er Fachliteratur gewälzt, Preise recherchiert und verglichen, Entwürfe gezeichnet und verworfen. Schließlich war er zufrieden und überzeugte auch mich vom ungewöhnlichen Design unseres künftigen Bootes. Die Größe unseres Kats stand nun fest. 11,30 Meter lang und 6,50 Meter breit. In einem Rumpf würden wir schlafen, im anderen kochen und leben. Eine Mittelkabine wollten wir nicht, lieber viel Platz an Deck. Schließlich planten wir ein Boot für sonnige Gefilde, nicht für die Nordsee. Nächster Schritt war der Bau eines maßstabgetreuen Modells. Kaum war es fertig, zog sein Erbauer damit in die Badewanne. Er belud es mit Münzen, um das tatsächliche Gewicht zu simulieren, und spielte Sturm. Als das Bötchen den Wellentest mit Bravour bestand und auch voll gefüllt mit Badewasser noch trieb, verkündete Gerhard freudestrahlend: »Sinken werden wir nicht!«

Vielleicht sollte ich an dieser Stelle erwähnen, dass wir beide auch kaum segeln konnten. Gerhard war eine Zeit lang Mitbesitzer eines kleinen Segelbootes gewesen, einer Jolle, und brachte es immerhin auf ein paar Wochen aktiver Segelerfahrung an der Ostseeküste. Ich selbst war als Teenager einige Male nach Helgoland mitgesegelt und später nach Skagen. Das lag jedoch auch gut zehn Jahre zurück. Ich hatte angenehme Erinnerungen, das war alles. Jetzt las ich, was ich an Literatur über Blauwasser- oder Langstreckensegeln in die Finger bekommen konnte, und lernte mit Hilfe unseres Modells auch gleich ein paar Grundbegriffe: Was ist ein Rigg (Masten, Segel und Tauwerk) und was ein Backstag (Drahtseil, das den Mast nach hinten abspannt)?

Das Modell brauchten wir, um uns unser künftiges Boot vorstellen zu können. Schließlich handelte es sich um ein noch nicht existierendes Einzelstück. Bei der Inneneinrichtung half das schuhkartongroße Ding allerdings wenig.

»Wo willst du denn im Bad die Regale haben?«

»Keine Ahnung.«

»Was heißt hier keine Ahnung, ich muss das jetzt wissen!«

»Und ich kann mir das Bad nicht vorstellen, verdammt!«

»Wieso kannst du das nicht, das ist doch gar kein Problem!«

»Wieso können wir nicht mit den Ausschnitten für die Regale warten, bis das Badezimmer da ist?«

»Weil ich die Ausschnitte eben jetzt machen will.«

»Mach doch, was du willst!«

Gerhard geduldete sich dann doch so lange, bis wir die zugeschnittenen Holzplatten so zusammenstellen konnten, dass ich die Maße des winzigen Badezimmers in unserem künftigen Heim sehen und die Regale anzeichnen konnte.

Gründlich daneben lagen wir mit der ersten Planung der Sitzecke. Als wir in unserer Wohnung die Stühle zusammenschoben, um auszuprobieren, wie dicht wir uns gegenüber sitzen würden, landete Gerhards Knie unanständig hoch zwischen meinen Beinen. Nichts gegen erotische Nähe, aber schließlich wollten wir auch mal Gäste an Bord haben. Also: umplanen.

Und dann die unzähligen Diskussionen um die Ausstattung. Wie dick müssen Schaumstoffmatratzen sein, die zwar bequem, aber nicht zu schwer und nicht zu teuer sein sollen? Brauchen wir einen Kühlschrank? Sollen wir einen Dieselmotor einbauen oder lieber zwei Außenborder? Einen Mast oder zwei? Was bekommen wir auf dem Gebrauchtmarkt?

Nichts durfte teuer sein. Das Boot sollte nicht mehr kosten, als jeden von uns ein neues Auto gekostet hätte, zusammen also etwa sechzigtausend Mark. Wir waren Mitte dreißig, hatten jahrelang in gut bezahlten Jobs gearbeitet. Wenn unsere Freunde und Kollegen so viel für ihre fahrbaren Untersätze ausgeben konnten, dachten wir, musste es uns auch möglich sein, in dieser Größenordnung ein Boot zu finanzieren. Was mich anging, schien das auf den ersten Blick größenwahnsinnig. Ich war gerade erst mit Hilfe meiner Eltern meine Schulden losgeworden, die größtenteils aus der Rückzahlung meines Bafögs bestanden hatten. Mein Ziel, das Studium selbst zu finanzieren, hatte ich also nicht erreicht. Erspartes gab es nicht, mein Einkommen hatten sich jahrelang die Besitzer diverser Restaurants, Möbelgeschäfte und Boutiquen teilen dürfen. Da war nichts übrig geblieben. Und dann kam auch noch das Finanzamt. Ich war ein paar Jahre als freie Journalistin tätig gewesen. Dummerweise muss man auch als Selbständige Steuern zahlen, und zwar von dem, was man verdient, und nicht von dem, was übrig bleibt. Ich musste kräftig nachzahlen.

Aber das war ein Jahr her, und in der Zeit mit dem extrem sparsamen Gerhard hatte ich dazugelernt. Er hatte mich sozusagen auf eigenen Wunsch umerzogen:

»Okay, ab sofort darfst du nichts kaufen, das mehr als fünfzig Mark kostet.«

»Aber die Schuhe, die ich gesehen habe, kosten hundertachtzig!«

»Dann gibt's eben keine Schuhe.«

Ich hatte mich gefügt und festgestellt, dass auch ich an einem Sparkonto Freude haben konnte. Ich wusste ja, wofür ich sparte. Das Bild vom Palmenstrand mit meinem Boot davor gab mir die nötige Entschlusskraft. Ich wusste jetzt, dass ich zumindest einen Teil des Bootes würde finanzieren können, wenn ich nur wollte.

Johann blieb ein Gespenst, das uns antrieb. Sparsam bauen, nicht das Budget überschreiten, schnell fertig werden und dann lossegeln! Sich nicht auffressen lassen. Das hieß auch: Es sollte ein Leben neben dem Boot geben. Diesen Vorsatz verdankten wir einem anderen Selbstbauer, Herbert. Auf seinem Sechzehn-Meter-Katamaran waren wir als Chartergäste von Norwegen nach Deutschland gesegelt, ehe wir uns endgültig für den Bootsbau und im Besonderen für einen Katamaran entschieden hatten. Auch Herbert hatte viel länger an seinem Boot gebaut als geplant, auch er hatte seinen Etat weit überschritten, und auch er war am Ende allein. Zwar war er noch gemeinsam mit Frau und zwei Kindern in die Karibik gesegelt, doch dort stieg die Familie aus und nahm ein Flugzeug zurück nach Deutschland. Die Ehe war kaputt.

Zu uns hatte Herbert gesagt: »Ich traue euch schon zu, ein Boot zu bauen. Gerhard kann es auch selbst zeichnen. Aber eins muss euch klar sein: Ihr werdet Sklaven des Bootes sein, über nichts anderes mehr reden, nichts anderes mehr sehen, für nichts anderes mehr Geld haben. Kein Kino, keine Restaurantbesuche, kein Theater, kein Geld für den Friseur, keine neuen Klamotten. Nur das Boot, Jahr um Jahr. Ob ihr das schafft, ob eure Beziehung stark genug ist, das müsst ihr selbst wissen.«

Aber klar doch schaffen wir das! Wir machen es nämlich anders. Nach eineinhalb Jahren schwimmt unser Kat. Und ins Kino gehen wir trotzdem. Ab und zu auch auf eine Pizza zum Italiener, und einmal im Monat gibt's ein Wochenende frei! Von Zeit zu Zeit mal eine neue Jeans, das wird ja wohl drin sein! Sklaven unseres Bootsbaus? Wir nicht!

Auf einem Bauernhof außerhalb der Stadt mieteten wir einen alten Schweinestall. Der roch zwar streng und bot nur Platz für einen Bootsrumpf zur Zeit. Außerdem mussten wir ihn abends mit den Stallratten teilen (bis sie schließlich vergiftet waren). Aber dafür war er günstig. An einem bitterkalten Samstag fingen wir an. Stück für Stück verwandelten wir aufgesägte Holzstämme in ungezählte dünne Latten. Bei minus vierzehn Grad sägten und schliffen wir, bis unsere Finger blaugefroren waren. Norddeutschland ist kein idealer Ort für einen Bootsbau.

Unter der Woche ging ich tagsüber in den Sender zu meiner Arbeit, Gerhard verschwand mit unserem klapprigen alten Auto in Richtung Schweinestall. Abends hetzte ich zum Bus, fuhr zur achtzehn Kilometer entfernten Baustelle, und sägte, schliff, schliff und sägte. Gegen zehn Uhr war meist Feierabend, dann zu Hause noch kochen und ins Bett.

Als das Lattenwerk fertig war, hängten wir mit alten Teppichböden ein Stück des Schweinestalls ab, stellten Heizkörper hinein und brachten die so entstandene Kammer auf fünfzehn Grad plus, um mit dem Kunstharz Epoxid arbeiten zu können. Wir beschichteten Dutzende von Sperrholzplatten mehrfach mit Epoxid, ehe sie endlich zugeschnitten werden konnten.

Nach fünf Monaten waren die meisten Einzelteile fertig. Jetzt musste das Boot nur noch wie ein Puzzle zusammengesetzt werden. Eines Abends gegen Mitternacht schraubten wir das Bodenbrett für den ersten Rumpf auf die vorbereitete Halterung. Vorne lief das Brett spitz zu – wie der künftige Bootsrumpf. Und wir saßen glückselig mit einer Flasche Sekt davor und fanden, dass dieses Brett schon ganz klar nach Boot aussah.

Ein paar Tage später kam ein Freund vorbei, um sich das Boot anzugucken. Er schaute sich um, sah all unsere Holzstapel, auch das für uns so imposante Brett, und fragte: »Und wo ist jetzt das Boot?« Ignorant. Drei Wochen später waren die Spanten, also das innere Gerüst des Rumpfes, aufgestellt und die seitlichen Latten angebracht, die die Außenplatten tragen würden. Jetzt konnte wirklich jeder erkennen, dass dies ein Boot werden würde. Und wieder hatten wir Besuch, präsentierten den Bau voller Stolz. »Was denn, mit dem Ikea-Regal wollt ihr segeln gehen?«

Auch wenn die Außenwelt unsere Begeisterung nicht teilen konnte – vor allem Gerhard genoss den Bau in vollen Zügen. Er steckte sogar den Vorwurf unserer Familien weg, dass er sich von mir aushalten ließe.

Gerhard hatte im Gegensatz zu mir durchaus Geld auf der Bank und investierte deutlich mehr in unser Boot als ich. Dass wir beschlossen hatten, mein Gehalt zu teilen, schien uns nur logisch. Es war im Grunde so, als hätten wir ein Kind bekommen – einer von uns blieb zwecks Erziehung zu Hause und hatte für seine Familienarbeit Anspruch auf die Hälfte des Einkommens.

Sollten doch die anderen glauben, Gerhard liege auf der faulen Haut. Wir wussten es besser. Er hatte eine Werft und war sein eigener Kunde. Er war jetzt Projektmanager, Einkäufer, Konstrukteur und Bootsbauer in einer Person. Jeden Tag arbeitete er zwölf Stunden, manchmal mehr. Jeden Tag lernte er dazu. Wenn nicht gerade etwas schief gegangen war (»Betsie, die Bohrmaschine ist hinüber«), empfing er mich am Abend strahlend auf der Baustelle. Ich bestaunte die Fortschritte des Tages, und dann drückte Gerhard mir das Schleifpapier in die Hand: »Auf, auf, du hast nur noch zwei Stunden.« Er war der Antreiber – seiner wie meiner. Und je mehr das Boot wuchs, desto mehr fand seine Arbeit auch Anerkennung.

Meine Euphorie indes ließ von Woche zu Woche nach. Nach zehn Stunden im Sender plus Busfahrt fehlte mir die rechte Schleifenergie. Blutig geschliffene Finger sind in meinen Augen nicht dazu angetan, die Baulust zu vergrößern. Anfangs musste ich von Hand schleifen, später konnten wir Maschinen einsetzen. Ich wurde Profi mit Winkel- und Bandschleifern. Hätte man mir vorher erzählt, wie viel an so einem Boot zu schleifen ist (und dass das meine Aufgabe sein würde), ich hätte vielleicht doch noch gekniffen. Meinen Bauleiter konnte ich trotz der geschundenen

Hände selten zufrieden stellen. Nach seinem Geschmack verbrachte ich viel zu viel Zeit im Büro und viel zu wenig beim Boot.

Außerdem reichten die abendlichen Schleifaktionen nicht aus, um mich zu höherwertigen Arbeiten zu qualifizieren. Versuchte ich etwas anderes, wollte zum Beispiel fräsen oder Treppenstufen bauen, machte ich es garantiert falsch oder nicht gut genug. Irgendwann bestand ich darauf, das Aussägen unserer ungefähr dreißig Fußbodenluken mit der Stichsäge zu übernehmen. Die ausgesägten Vierecke mit großzügig abgerundeten Ecken sollten als Lukendeckel dienen. Gerhard plante die meisten Luken gleich groß, damit die Deckel austauschbar waren. So weit zur Theorie. Als ich fertig war, mussten wir die Deckel durchnummerieren, um sie ihrer jeweiligen Luke zuordnen zu können. Ich hatte dreißig krumme Unikate fabriziert – und wurde zu meinen Schleifarbeiten zurückverwiesen.

Alles nicht so schlimm, wenn ich denn zur willigen Handlangerin geboren wäre. Bin ich aber nicht. Im Sender war ich Chefin einer kleinen, aber feinen Redaktion und alles andere als Befehlsempfängerin. Die abendliche Verwandlung zur unqualifizierten Hilfsarbeiterin eines ungeduldigen Bauherrn stieß mir sauer auf.

»Rede gefälligst in einem anderen Ton mit mir, sonst kannst du dein Scheißboot allein bauen!«

»Stell dich eben nicht so dämlich an! Da muss man doch ausrasten.«

»Vielen Dank. Was glaubst du eigentlich, wer du bist?«

»Im Gegensatz zu dir jemand, der hart an diesem Boot arbeitet und nicht dumm rumsteht oder Sachen kaputtmacht!«

»Ach, meine Arbeit zählt wohl gar nicht?«

Alle zwei bis drei Wochen rannte ich stinksauer zurück

zur Bushaltestelle, um dem blöden Boot und dem noch viel blöderen Mann für immer den Rücken zu kehren. Manchmal auch einmal täglich. Gerhard kam normalerweise nach zehn Minuten hinterher und sammelte mich wieder ein. Wir mussten dann meistens beide lachen und machten weiter. Schließlich mochten wir uns. Und wir wollten ein Boot.

Richtig gut haben wir in diesem ersten Jahr des Bootsbaus nur einmal zusammengearbeitet – während meines Urlaubs. Vier Wochen lang konnte ich jeden Tag auf der Baustelle sein. Und, siehe da, plötzlich ging mir die Arbeit viel beser von der Hand. Endlich konnte ich mich auf das, was ich lernte, konzentrieren. Ich konnte eine Sache an einem Tag beginnen und am anderen zu Ende bringen. Jetzt klappte die Arbeit mit Stichsäge und Fräse, Gerhard war zufrieden, sogar das Wetter war einigermaßen. Mittags machten wir in der Sonne Pause und genossen die gemeinsamen Fortschritte. Stolz rollten wir den ersten fertigen Rumpf aus dem Stall und fingen mit Nummer zwei an.

Umso härter war nach diesen befriedigenden Wochen der Schritt zurück. Wieder waren wir Chef und Handlangerin. Außer an den Wochenenden schien diese Aufteilung unvermeidbar. Ein bis zwei Stunden am Abend waren für mich einfach zu wenig Zeit, um sinnvoll und kontinuierlich an größeren Dingen zu arbeiten. Also: schleifen, Werkzeug anreichen, unzufrieden sein, streiten.

Allmählich fiel mir auch der Spagat zwischen Sender und Schweinestall immer schwerer. Im Beruf wünschte ich mir nach fast drei Jahren wöchentlicher Live-Talkshow eine Veränderung. Die Luft war raus, ich hatte keine Ideen mehr und wurde unzufrieden. Unzufriedenheit habe ich noch nie lange ausgehalten, und ich mache bei der Arbeit nicht gern Kompromisse. Mein Chef bot mir an, die Öffentlichkeitsarbeit des Senders zu übernehmen. Ein Job, zu dem ich große Lust hatte. Das einzige Problem war, dass es die entsprechende Abteilung noch nicht gab. Somit stand ich vor der nicht gerade kleinen Aufgabe, mit sehr wenig Personal ein funktionierendes Referat für Öffentlichkeitsarbeit aufzubauen. Es erging mir ähnlich wie mit dem Bootsbau – ich unterschätzte das Projekt gründlich.

Meinem Chef hatte ich gesagt, dass ich nicht mehr als vierzig Stunden in der Woche arbeiten wolle. Er wusste von dem Bootsbau und meinen Abreiseplänen und hatte sein Okay gegeben. Der Haken war mein Ehrgeiz. Schlechte oder unvollständige Arbeit kann ich nicht leiden, jedenfalls nicht in meinem Beruf: Und der Berg der zu bewältigenden Aufgaben war immens. Also fand ich mich nach einem halben Jahr im neuen Job mit einer Arbeitswoche von fünfzig bis sechzig Stunden wieder – plus Bootsbau.

Hilfe war nicht in Sicht. Mein Chef konnte mir nicht mehr Personal geben und riet mir, weniger Aufträge anzunehmen (»Sie müssen Nein sagen lernen«), aber das war leichter gesagt als getan. Gerhard hatte herzlich wenig Verständnis für meinen Ehrgeiz und meine Probleme in der Berufswelt. Er lebte inzwischen ganz in seinem eigenen Mikrokosmos. Außer dem Boot interessierte ihn kaum noch etwas. Dass ich jetzt noch mehr Zeit im Büro verbrachte als noch vor einem halben Jahr, kreidete er mir als Desinteresse am Boot an: »Wenn du im Büro Überstunden machen kannst, dann auch auf der Baustelle.«

Dann gab es noch das lästige Kapitel Hausarbeit. Ein Thema, das Gerhard – abgesehen vom Kochen – nervte. Staub und Dreck störten ihn nicht. Ich erwartete Mitarbeit und bekam Streit. Schließlich putzte und wusch ich doch allein oder ließ auch alles liegen (»Warte nur, bis wir auf dem Boot leben, dann werde ich keinen Putzlappen mehr anfassen, dann bist du dran«). Wäre nicht von Zeit zu Zeit Gerhards hilfsbereite Mutter angereist, wären wir vermutlich irgendwann am Staub in unserer Wohnung erstickt. Besonders glücklich machte mich das alles nicht.

Das versprochene freie Wochenende im Monat wurde zu einem freien Sonntag, an dem Gerhard aber einen Ausflug zur Baustelle machen wollte, dann zu einem freien Wochenende alle drei Monate. Schließlich fiel es ganz aus. Wir wurden immer gereizter, die schönen und stolzen Stunden, in denen wir beide Freude am Bootsbau hatten, seltener. Aber wir kamen voran. Ich verfluchte meinen Sklaventreiber, aber ich sah auch, dass der Druck nötig war. Ich allein hätte längst aufgegeben. Erstens bin ich nicht masochistisch veranlagt, und zweitens bin ich der Typ, der nicht mal einen Pullover fertig strickt. Und Gerhard sorgte mit seinem Druck dafür, dass es wirklich ein gemeinsamer Bootsbau blieb. Ich war an jedem Schritt beteiligt – mit einigem Stolpern und manchmal mit aufgeschlagenen Knien. Aber alles, was da entstand, war auch mein Werk. Jedes verfluchte Stück Holz ging auch durch meine Hände.

Unser Leben hatte sich gründlich verändert. Von Kino war keine Rede mehr, Essengehen wurde zur geheiligten Besonderheit. Das Boot und unser Finanzkonzept regierten. Um das Boot bezahlen und auch noch eine Reisekasse ansparen zu können, hatten wir uns einen strikten Haushaltsplan auferlegt. Nachdem die Miete, die Telefonrechnung und das Benzin bezahlt waren, durfte jeder von uns höchstens zehn Mark pro Tag ausgeben – für Lebensmittel, Kleidung, Zigaretten, was auch immer. »Das klappt doch nie«, unkte meine Freundin Eva, »das brauchst du doch schon für Kosmetik und Tabak, danach kannst du dir gerade noch Käse und Cracker leisten.«

Aber ich schaffte es – und es war ein gutes Gefühl. Natürlich nicht immer. Meine Kollegen gingen schick (und teuer) essen, ich musste passen. Ich brauchte etwas Neues zum Anziehen, schließlich konnte ich als Referentin für Öffentlichkeitsarbeit im Büro nicht wie Gerhard auf der Baustelle in löchrigen Jeans und schäbigen Pullovern erscheinen – und musste bis zum nächsten Schlussverkauf warten. Mittags in der Kantine dufteten Spargel und Schinken – und lagen mit zwölf Mark über dem Limit. Also gab's Nudeln mit Soße. Alles in allem fielen mir diese Einschränkungen aber erstaunlich leicht. Und, Mensch, der ich bin, erlag ich manchmal eben doch dem Spargel, dem Abend in der Kneipe oder einem billigen Paar Schuhe.

Freunde und Verwandte staunten über uns oder erklärten uns für verrückt. Nicht nur, weil wir ohne Vorerfahrung an ein so riesiges Projekt gingen, sondern auch, weil wir auf besorgte Fragen Antworten hatten, die sie nicht überzeugend fanden:

»Und wann wollt ihr segeln lernen?«

»Wenn das Schiff fertig ist.«

»Du meinst: erst unterwegs?«

»Ja, dann haben wir doch Zeit genug und lernen auch gleich auf dem eigenen Schiff.«

»Ihr spinnt doch.«

–

»Was ist denn das da?«

»Ein Sextant.«

»Und was macht man damit?«

»Irgendwie die Sonne messen und rauskriegen, wo man ist. Wie das genau geht, lernen wir schon noch. Wir brauchen ihn auch nur im Notfall, sonst navigieren wir mit GPS und erfahren unsere Position über Satellit.«

Unsere Väter zogen es vor, den Bootsbau zu ignorieren. Unsere Mütter dagegen ergaben sich furchtbaren Fantasien von Stürmen und ertrinkendem Nachwuchs. Beide schliefen umso schlechter, je weiter der Bootsbau gedieh. Jeden Zeitungsbericht über ein Schiff in Seenot bekamen wir unter die Nasen gehalten. Ich bekam zu Weihnachten ein Buch über Jachtunfälle. Aber unsere Mütter halfen auch mit. Gerhards Mutter beispielsweise hockte mit uns im kalten Schweinestall, als wir das Bodenbrett für den zweiten Rumpf auf die Halterung schraubten. Und gemeinsam lackierten sie und ich den ersten Rumpf.

Freitagnachmittag, vier Uhr. Dritter Tag unserer Lackieraktion bei strahlendem Sonnenschein. Plötzlich steht ein fremder Mann vor mir mit der Ausstrahlung eines Beamten, dem jemand einen Fleck auf seinen Aktenordner gemacht hat. Mit grimmigem Blick und scharfer Stimme fragt er, wie lange »das« noch gehen soll? Ich weiß erst gar nicht, wovon der Mann spricht. Vielleicht sind mir die vielen Lösungsmittel aufs Hirn geschlagen. Und genau darum geht es, um die Lösungsmittel.

»Drei Tage schon dieser Gestank«, sagt der Mann. Offenbar ein Nachbar. In seinem Schlafzimmer stinke es, sogar nachts (klar, wir machen ja nie vor zehn Uhr Schluss), er habe Kopfschmerzen, und seine kranke Frau müsse husten. Beschämt gelobe ich ein baldiges Ende der Belästigung. Der Nachbar scheint zufrieden und geht. Nach zehn Minuten allerdings ist er wieder da, hält mir den Allergiepass seiner Frau vor die Augen (Farballergie!) und droht mit dem Umweltamt. Na prima, den zweiten Rumpf werden wir wohl woanders anstreichen müssen. Wir sagen, dass wir wirklich so gut wie fertig sind und es auch nicht wieder tun werden. Und plötzlich ist der aufgebrachte Beamtentyp ein interessierter Mitmensch voller Fragen. Was denn das für ein merkwürdiges Boot werde? Ob wir damit um die Welt segeln wollen? Wieso wir denn kein normales

Segelboot bauen? Wir haben uns noch manches Mal mit ihm und seiner Frau unterhalten, ehe wir tatsächlich den Bauplatz wechselten. Den zweiten Rumpf strichen wir aber doch an Ort und Stelle – nachdem wir die Streichaktion angekündigt und die Nachbarn sich zu einem Kurzurlaub aufgemacht hatten. Alles eine Frage der Absprache.

Im Herbst fuhren wir zur Bootsmesse nach Hamburg, um den Kühlschrank, das Bordklo und die Motoren zu kaufen. Ein anstrengendes, aber sehr schönes Wochenende. Am letzten Messetag gingen wir sogar segeln, auf einem Katamaran. Und auf diesem großen Ding, im Nieselregen unter dem riesigen bunten Vorsegel im Hamburger Hafen, schaut mein Freund mich liebevoll an und sagt: »Möchtest du mich heiraten?« O Gott, Schock! »Tut mir Leid, das kann ich nicht«, entfährt es mir. Gerhard ist perplex und enttäuscht. Ich versuche zu erklären: »So lange ich mich erinnern kann, habe ich die Ehe abgelehnt, es hat gar nichts mir dir zu tun, ich weiß einfach nicht, wozu eine Ehe gut sein soll.« Er ist trotzdem verletzt.

Einige Wochen später machte er einen neuen Anlauf – allerdings ganz anderer Art. »Ich habe das mit der Steuerersparnis mal durchgerechnet, das wären ein paar tausend Mark ...« Ich bekam große Ohren, denn inzwischen war mir längst klar, dass ich zwar unser Leben und dazu ein Drittel des Bootes finanzieren, aber nicht auch noch eine Reisekasse ansparen konnte. So gut verdiente ich nun auch wieder nicht. Zwar hatte ich nie heiraten wollen und schon gar nicht aus steuerlichen Gründen, aber ich hatte auch noch nie so dringend Geld gebraucht. Deshalb sagte ich Ja. Gerhard hatte schon einen Termin für das Aufgebot. Am 23. Dezember heirateten wir – gerade noch rechtzeitig, um steuerlich das ganze Jahr mitnehmen zu können – ohne großes Trara. Meine beiden besten Freundinnen lehnten es ab, Trauzeuginnen zu sein. Beide sagten mir ehrlich, dass sie an diese Ehe nicht glauben konnten. Das traf mich nicht sonderlich, mir bedeutete der Gang zum Standesamt – außer der Steuerersparnis – ohnehin herzlich wenig. Gerhard pflegte fortan zu sagen, er habe mich gekauft. Einen kleinen Anfall von Romantik hatte ich dann aber doch. Empört stellte ich fest, dass mein Bräutigam nicht mal auf die Idee kam, einen Blumenstrauß für mich zu besorgen. »Wieso, ich denke du hältst nichts vom Heiraten, dann brauchst du doch auch keinen Brautstrauß«, grinste er. Nix da! Auf dem Weg zur Trauung kaufte er mir eine Rose.

Viel verbindlicher und bedeutsamer als die Heiratsurkunde fand ich unseren Ehevertrag, den wir bei einer Notarin aufsetzten. Er regelte unter anderem die Besitzverhältnisse für das Schiff. Als wir, eine Woche vor dem Gang zum Standesamt, die Kanzlei der Anwältin verließen, fühlte ich mich Gerhard verbunden. In diesem Vertrag hatten wir unsere gemeinsame Gegenwart und Zukunft formuliert, zumindest in organisatorischer Hinsicht. Ich mochte dieses verbindliche Gefühl. Und sollte die gemeinsame Zukunft eine kurze sein – dann war auch das Ende geregelt. Auch das gefiel mir.

Im folgenden Sommer wechselten wir den Bauplatz. Dieser Wechsel war nötig, weil wir uns Gedanken machen mussten, wie wir das Boot ins Wasser bekommen würden. Zwar konnten wir unsere beiden Rümpfe und das verbindende Mittelteil des Bootes auf dem Platz vor dem Schweinestall zusammensetzen, aber was dann? Der Mittellandkanal, auf dem es schwimmen sollte, war einige Kilometer weit entfernt. Und den Versuch, das immerhin gut sechzig Quadratmeter Fläche umfassende Bauwerk per Kran vom Hof zu heben, hätte die Pergola im Garten unserer Vermieter möglicherweise nicht überlebt. Es war einfacher,

Rumpf für Rumpf auf das Gelände einer ehemaligen Werft direkt am Kanal umzuziehen. Neben unserem Schweinestall stand ein Tieflader, den wir benutzen durften, gerade groß genug für einen Rumpf. Ein freundlicher Landwirt erklärte sich trotz Erntezeit bereit, die ungewöhnliche Ladung vierzig Kilometer bis zum neuen Bauplatz mit seinem großen Trecker zu ziehen. So weit so gut. Nur beim Festschnüren war Gerhard wohl ein bisschen luschig – schon an der ersten Steigung fing Rumpf Nummer eins an zu rutschen. Freund Meik im Begleitfahrzeug hupte und blinkte, Gerhard bekam einen Riesenschrecken und zurrte das Ding ordentlich fest. Eine Stunde später guckte ich aus dem Fenster meines Büros, und vorbei fuhr mein halbes Schiff. Ich stand da und platzte fast vor Stolz.

Beim Transport von Nummer zwei fuhr ich mit. Alles ging glatt, und kurz darauf erlebten wir einen wahrlich erhebenden Moment. Beide Rümpfe standen jetzt parallel nebeneinander, und Gerhard fügte das erste Mittelteil ein. Das Puzzleteil passte tatsächlich. Gerhard strahlte. Glücklich nahmen wir uns in die Arme und sahen zum ersten Mal unser künftiges Segelboot in seiner ganzen Form und Größe. Ich bewunderte Gerhard ehrlich. Jedes der von uns vorgefertigten Teile fügte sich wie von ihm geplant an ein anderes, er hatte nicht einen Fehler gemacht.

Die Zuschauer auf dem Werftgelände – die meisten Besitzer von renovierungsbedürftigen Booten – staunten über den seltsamen Neuzugang. Es gab nur einen anderen Katamaran, an dem der Besitzer bereits jahrelang bastelte. Als wir den Vertrag für den neuen Bauplatz unterschrieben, hatte der Eigentümer des Geländes uns gefragt, wie lange wir denn zu bauen gedächten. »Im Mai sind wir fertig«, verkündete Gerhard. Gut, ein Jahr also. Der Mann lachte und meinte: »Okay, ich schreib mal fünf Jahre auf. Ich hab hier noch keinen Selbstbau fertig werden sehen.« Er kannte meinen Sklaventreiber noch nicht. Eine Frage habe er aber noch, fügte der Ex-Werftchef und Besitzer eines großen Motorboots hinzu. Warum wir denn kein richtiges Schiff, sprich: ein einrümpfiges bauen würden? »Weil wir halbe Schiffe nicht so gern mögen.« Keine weiteren Fragen.

Wir sind – ob des offensichtlichen Stresses, unter dem wir standen – oft gefragt worden, warum wir es denn nicht ruhiger angehen ließen. Auf den einen oder anderen Monat komme es doch nicht an. Aber wir hatten unser Gespenst und wussten: Wenn wir uns einmal darauf einlassen, unseren selbst gesetzten Termin aufzuschieben, kann das der Anfang vom Ende sein. Ohnehin waren wir nicht so schnell, wie ursprünglich geplant, immer wieder machte uns das Wetter einen Strich durch die Rechnung.

Auf dem neuen Bauplatz hatten wir kein festes Dach über dem Kopf. Leider verträgt Epoxid Nässe genauso schlecht wie Kälte. Um die Platten für das Deck, also sozusagen den Deckel auf das Boot kleben zu können, improvisierten wir deshalb mit Plastikplanen ein Zelt, das zumindest Teile des Bootes notdürftig vor Regen schützte. Kaum war das Deck montiert, ging es für mich wieder mit dem Schleifen los – diesmal das Deck von innen, mit tausend Ecken und Winkeln, an die vierzig Quadratmeter Fläche. Nach zwei Wochen war ich genervt und die Stimmung gereizt. Wir hatten mal wieder eine jener Phasen erreicht, in denen wir von großer Liebe nicht viel fühlten.

Samstagnachmittag. Ich schleife schon seit Stunden, als sich Besuch blicken lässt. Ein Bekannter kommt vorbei, der sich ebenfalls mit Bootsbau befasst. Er sieht mich ergeben Ecken schleifen und sagt: »Warum machst du dir so viel Arbeit? Weißt du nicht, dass es ein Material gibt, das man ins Harz einarbeitet? Wenn du das benutzt, fällt die gesamte Schleiferei weg.« Doch, ich weiß davon. Aber dieses Material ist teuer, und ich sage unserem Bekannten, dass wir uns das nicht leisten können. »Es würde doch schon helfen, es nur für die Ecken zu benutzen, das kann nicht teuer sein.« Gute Idee. Später erzähle ich Gerhard davon – und werde angeschnauzt: »So ein Blödsinn, haben wir zu viel Geld oder was? Arbeite lieber!«

Ich bin geschockt. Nicht nur, weil er nicht mal über die Idee nachdenken will, sondern auch über seinen Ton. In derselben Minute erscheint ein anderer Bootsbastler und bittet Gerhard um Hilfe. Der dreht sich um und antwortet in allernettester Form: »Aber klar, bin gleich da, Frankie.« Da knallt bei mir die Sicherung durch. Warum kann er sich mir gegenüber nicht so verhalten? Ich springe aus dem Schiff, werfe Gerhard irgendwas im Sinne von »Wenn du glaubst, der einzige Mensch, mit dem du nicht freundlich umgehen musst, sei ich, dann kannst du mich mal« an den Kopf und laufe zu unserem Auto. Heulend rase ich vom Platz, dass der Kies nur so fliegt. Im Rückspiegel sehe ich zwei fassungslose Männer. Ich fahre nach Hause, packe einen Koffer und bringe einer Freundin den Wohnungsschlüssel, damit sie unsere Blumen gießt (»Gerhard hat nur noch das Boot im Kopf, der lässt die garantiert verdursten«). Ich heule bei ihr noch ein bisschen und fahre zurück zum Platz. Ich finde Gerhard auf einem anderen Schiff, ein Bier in der Hand; er lächelt mich an. »Ich bringe dir das Auto«, sage ich mit Grabesstimme, »fahr mich bitte zum Bahnhof.« Schweigend steigen wir ein; der Bahnhof ist nur fünf Minuten weit weg.

»Wenn du jetzt aussteigst und wegfährst, brauchst du nicht wiederzukommen, dann ist alles aus!«

»Gut, Gerhard, wenn das alles ist, was du zu sagen hast, dann muss das wohl so sein.«

Aber ich steige noch nicht aus, versuche ihm zu erklären, was in mir vorgeht. Mache ihm Vorwürfe:

»Du hast nur noch Kritik für mich, nichts kann ich dir recht machen, das Scheißschiff ist dir tausendmal wichtiger geworden als ich, du bist total fanatisch.«

Gerhard steht mir nicht nach:

»Du wolltest das Schiff auch, und jetzt ist dir alles zu viel! Dein Job ist dir viel wichtiger; ich habe keine Lust mehr, dauernd Druck zu machen, damit das auch dein Boot bleibt. Meinst du, das macht mir Spaß?«

Schließlich steige ich doch aus, sage, dass ich zu Eva nach Hamburg fahre und mich in ein paar Tagen bei ihm melde. Ich habe ein schlechtes Gewissen, weil er jetzt allein vor der Aufgabe steht, die zweite Lage der großen Decksplatten zu legen, und hoffe, dass auch er ein paar Tage pausiert, um nachzudenken.

In Hamburg empfängt mich Eva. Ich weiß, dass sie auch Gerhard mag und dass sie uns beide zu verstehen versucht. Drei Tage verbringe ich mit Reden, Schlafen, Lesen, Spazierengehen. Ich habe ein Buch mit dem Titel »Die Wahrheit beginnt zu zweit – das Paar im Gespräch« eingepackt. Ein Freund hat es mir schon vor Monaten geliehen. Jetzt lese ich es und finde meine eigene, gesprächsarme Beziehung beschrieben, das ewige Vorwurfs-Pingpong. Und eine Methode, es besser zu machen. »Wenn ich bloß den richtigen Mann dazu hätte«, sage ich zu Eva. Nach drei Tagen fange ich an, Gerhard zu vermissen. »Vielleicht kann ich doch mit ihm weitermachen? Es ist doch gar nicht so, dass wir uns immer nur streiten.« Ich erinnere mich an sein Lächeln, seinen Charme, seine netten Seiten. Wenn wir uns ein bisschen mehr Zeit füreinander nehmen könnten ... Aber mir wird in Hamburg auch klar, dass ich jederzeit die Wahl habe. Ich kann alles hinwerfen – wenn ich es nicht tue, dann aus freien Stücken. Niemand zwingt mich.

Gerhard fehlte mir, sogar das Boot. Am Telefon säuselten wir uns schon wieder an. Als ich ihm sagte, dass ich nach Hause käme, freute er sich hörbar. Ein paar Stunden später machte er mir die Tür auf mit den Worten: »Schön, dass du da bist – ich glaube, wir müssen lernen, wieder miteinander zu reden.« Ich traute meinen Ohren kaum. Es gab doch noch Wunder! Die nächsten Wochen waren deutlich entspannter. Am Boot ließen wir es ruhiger angehen, nahmen uns ab und zu Zeit für uns, redeten viel und versuchten uns keine Vorwürfe zu machen. Wir wussten beide, dass die gerade überstandene Auseinandersetzung unsere bisher schwerste war – und beinahe das Ende.

Der Kat hatte inzwischen ein geschlossenes Deck und sah imposant aus (natürlich hatte Gerhard während meines Ausflugs nach Hamburg nicht pausiert; aber die letzten großen Platten brachten wir schon wieder gemeinsam an). Ich buchte einen Segelkurs auf dem Maschsee in Hannover und verschaffte mir so ein paar angenehme Stunden pro Woche. Ich erfuhr auch endlich, was eine Halse ist (das Schiff mit dem Heck zuerst durch den Wind drehen). Es konnte nicht schaden, ein paar Dinge unabhängig von meiner anderen Hälfte zu lernen. Gerhard war nicht begeistert, schließlich kostete der Kurs ein paar hundert Mark, und ich war während der Segelstunden nicht auf der Baustelle. Aber er nahm meine Entscheidung fast klaglos hin.

Am Boot wurde ein Ende der Schufterei absehbar. Der Außenanstrich war fertig. Gerhard hatte es bemalt, mit knallbunten Bildern, die an die »Nanas« der französischen Künstlerin Niki de Saint Phalle erinnern, diese riesigen Figuren, die zu den Wahrzeichen Hannovers zählen. Wir montierten die Stahlhalterungen für das Rigg und bauten die Ruderanlage ein. Bei schlechtem Wetter machten wir uns an den Innenanstrich. Wir strichen alles weiß, wollten so viel Helligkeit wie möglich im Boot. Viele Freunde halfen uns in dieser Zeit, manchmal die halbe Nacht lang. Immer näher kam der geplante Termin für den Stapellauf Anfang Mai. Gerhard machte noch einmal ordentlich Druck. Ich hatte endlich meine Arbeitszeit im Sender reduziert: Nach einer Art Nervenzusammenbruch und zweiwöchiger Krankschreibung hatte ich endlich gelernt, Nein zu sagen. Noch ein Wunder.

Wir fingen an, unseren Haushalt aufzulösen. Einen Teil unserer Habe konnten wir bei einer Cousine auf dem Dachboden lagern, aber so viel wie möglich verkauften oder verschenkten wir. Der Mietvertrag für die Wohnung wurde gekündigt, und wir zogen aufs Boot. Es stand noch an Land. Schon in der ersten Nacht nutzten wir einen großen Vorteil unseres neuen Heims. Nach einem kleinen Streit nahm ich mein Bettzeug und verkündete: »Ich schlafe im anderen Rumpf!« Am nächsten Tag richteten wir uns aber friedlich gemeinsam im Schiff ein. Mit Mühe brachte ich Gerhards fünfzehn Oberhemden, unzählige T-Shirts, zwei Anzüge, diverse Hosen, Schuhpaare und zwei Jacketts unter. Mein Kleidungsstapel sah daneben direkt niedlich aus. Nachdem er mir zwei Jahre lang erzählt hatte, dass ich nur wenige Sachen würde mitnehmen können (»Du kriegst ein Schlauchboot, und was du in einer Tour zum Boot paddeln kannst, darfst du mitnehmen«), mochte ausgerechnet er sich jetzt von nichts trennen. Ich grinste und staute die Sachen weg. Zwei Monate lebten wir an Land auf dem Boot.

Die letzten Wochen vor dem Stapellauf waren stressig, aber es war schöner Stress. Behördengänge, Wohnungsauflösung, Verabschiedungen, Vervollständigung des Schiffes, auf den letzten Drücker die Prüfung für den Sportbootführerschein See. Alles signalisierte: Wir haben es geschafft, wir fahren tatsächlich los! Aber es war auch unwirklich. Wir hatten so lange von diesem Zeitpunkt geträumt und konnten jetzt nur schwer fassen, dass der Traum Realität wurde. Es hatte länger gedauert als geplant – statt eineinhalb Jahre zweieinhalb. Es war teurer geworden als veranschlagt – statt sechzigtausend Mark achtzigtausend. Na und? Das Boot stand da, fast fertig.

Unsere Freunde, die wir schon gut zwei Jahre mit unserem ewigen Gerede vom Boot nervten, bekamen endgültig nichts anderes mehr von uns zu hören. Aber sie waren geduldig, schienen sich mit uns zu freuen, und oft fanden sich helfende Hände, die wir gerade in der Schlussphase dringend brauchten.

Im Sender machte mir mein Chef die Freude eines rührenden Abschieds mit Sekt und Häppchen. Zur kleinen Feier in der Direktion kamen auch meine stolzgeschwellten Eltern (eine Einladung vom Direktor persönlich!). Und auf diese Weise bekam ich endlich die Gelegenheit, meinem skeptischen Vater unser Schiff zu zeigen. Bis zu diesem Zeitpunkt hatte er sich beharrlich geweigert, auf die Baustelle zu kommen. Aber nun war er wegen der Feier in Hannover und kam nicht mehr drum herum. Und da saß er nun im Schiff, sichtlich beeindruckt, und schien allmählich zu begreifen, dass Gerhard doch kein Spinner war. Das Boot machte auf ihn einen soliden Eindruck. Er holte ein Buch aus der Tasche: »Seelenriffe« – die Beschreibung einer Kap-Hoorn-Umsegelung von Vater und Sohn: »Da, das habe ich gerade gelesen, ist nicht schlecht.« Spätestens jetzt wusste ich, dass mein Vater seinen Widerstand gegen unsere Fahrt aufgegeben hatte. Das freute mich sehr. Trotzdem machten sich meine Eltern natürlich Sorgen. Um sich zu beruhigen, kauften sie uns einen elektronischen Rettungssender und Sicherheitsgurte.

An jenem Tag in Hannover kämpfte meine Mutter mit den Tränen. Sie wollte sich so gern mit mir freuen und war auch stolz auf das, was Gerhard und ich geleistet hatten, aber sie hatte schreckliche Angst um uns. Gerhards Eltern ging es ähnlich. Als wir seine Mutter später für einen Bericht im NDR interviewten, presste sie knapp heraus: »Als ihr mir das erste Mal davon erzählt habt, habe ich gesagt, ihr seid verrückt – und das denk ich immer noch.« Dann kamen nur noch Tränen. Und Geld für unser Beiboot, das gleichzeitig unser Rettungsboot sein sollte.

2. Mai 1998: der große Moment. Das Boot ist am Vortag per Werftkran an den Rand des Kanals gebracht worden und soll jetzt mit einem Slipwagen zu Wasser gelassen werden. Wir haben Freunde und Verwandte eingeladen, und rund hundertzwanzig sind gekommen. Die Töchter eines Nachbarn vom Bauernhof taufen unser Schiff auf den Namen Manua Siai. In einer Sprache aus Papua-Neuguinea bedeutet das Paradiesvogel. Gerhard und ich sind aufgeregt. Eigentlich hätten wir gern am 1. Mai den Stapellauf gehabt. Aber Hafenmeister Jochen hatte sich geweigert. Der 1. Mai sei ein Freitag. Und an einem Freitag, sagt Jochen, segelt man nicht los und bringt auch keine Schiffe zu Wasser. Das bringt Unglück. Punkt.

Endlich werden die haltenden Seile langsam gelockert. Stück für Stück rutscht unser Schiff ins Wasser. Wir stehen im Cockpit. Zwei Freunde sind an Bord, um bei den Leinen zu helfen. Plötzlich spüren wir, dass wir schwimmen. Ein Gebrüll geht los, wer wem welche Leine wann und wohin zuwerfen soll. Ich stehe im Cockpit und kann das alles einfach nicht fassen. Das kann doch gar nicht sein, es ist so irreal. Haben wirklich wir dieses Boot gebaut? Die Tränen laufen mir in Strömen übers Gesicht. Gerhard und ich nehmen uns in die Arme und tanzen Walzer auf dem Vorschiff. Für den heutigen Tag ignorieren wir, dass das Schiff hinten zu tief liegt. Darum kümmern wir uns morgen. Heute wollen wir einfach nur unser Glück genießen.

Unterwegs

Die letzten zwei Monate bis zum Start waren untergegangen in Erledigungen wie Abmeldung beim Einwohnermeldeamt, Hausrat an Bord unterbringen, Einkaufen, Verabschieden, Bauplatz aufräumen. Jetzt waren wir unterwegs. Schon komisch. Zweieinhalb Jahre Stress waren überstanden, und mir kam es so vor, als sei alles ganz plötzlich gekommen. Als läge zwischen der »Fisch sucht Fahrrad«-Party und diesem Moment nur ein Augenzwinkern. Unsere breite Kiste motorte gen Süden (noch nicht direkt, aber doch im Prinzip) – und ich hatte die unbestimmte Erwartung, dass von jetzt an alles eitel Sonnenschein sein würde. Dumm von mir, schließlich war meine Wolke an Bord – die dunkle Seite unserer Beziehung.

Ehe auch nur eine Woche um war, gab es reichlich Streit auf der Manua Siai. Auszug aus meinem Tagebuch, am vierten Tag der Reise, Standort Oldenburg, meine Heimatstadt: »Ich überlege, ob ich die Reise mit Gerhard wirklich will. Ich empfinde ihn als despotisch; ständig will er seinen Kopf durchsetzen und erfindet plötzlich neue Regeln oder Grenzen, die er für verbindlich erklärt.« Zwei Tage später, auf dem Küstenkanal: »Mittags wieder riesiger Streit. Gerhard will mir das Rauchen verbieten und droht, nicht mehr zu steuern, solange ich noch rauche. Mühsam kann ich ihm klar machen, dass er Verpflichtung und Verantwortung hat und auf diese Weise keinen Druck ausüben darf. Er steuert dann, bleibt aber in seiner Saulaune. Ich hasse Gerhards Erpressungen! Wären wir nicht unterwegs, hätten wir kein Boot gebaut – ich hätte mich heute von ihm getrennt. Ich wünsche mir einen liebevollen Mann, der mich sein lässt, wie ich bin, auch mit meinen Schwächen. Noch viele Auseinandersetzungen dieser Qualität werden wir nicht verkraften.«

Gerhard hatte mich als Ex-Raucherin kennen gelernt, aber seit etwa einem Jahr rauchte ich wieder. Er hasste meine Abhängigkeit vom Nikotin aus tiefster Seele, und ich hatte – leichtfertig – versprochen, mit dem Rauchen aufzuhören, sobald wir auf See seien. Ein leeres Versprechen. Jetzt versprach ich, zumindest nicht mehr auf dem Boot zu rauchen. Ich gab nach, weil ich meine Ruhe wollte, ein Ende der Streiterei. Aber rauchen wollte ich auch. Blieb noch das Beiboot, in das ich für viele Monate meine Sucht verlagern sollte. Wenn ich jetzt die alten Tagebucheintragungen lese, frage ich mich ernsthaft, warum wir zusammen weitergefahren sind. Wir schienen in so vielen Punkten die falschen Partner füreinander zu sein. Aber dann gab es die anderen Momente, die, in denen wir zusammen lachten, zusammen die gleichen Dinge genossen. Und die Momente, in denen wir zusammen stark waren.

Zum Beispiel die peinliche Geschichte in Bingum, kurz vor Emden, als wir fast ein Motorboot versenkt hätten. Nach der Abfahrt aus Hannover hatten wir die ersten Schleusen mehr oder weniger elegant gemeistert, hatten die Kanäle verlassen und fuhren jetzt auf der Ems. Das Boot ließ sich gut steuern, und wir hatten gelernt, mit den beiden Außenbordern zu manövrieren. Gesegelt hatten wir die Manua Siai noch keinen Meter. Das Segeln ist auf Kanälen verboten, und außerdem lagen auch die beiden Masten noch platt auf dem Schiff. Wir wollten sie in Emden aufrichten, nach der letzten Brücke vor der Nordsee. Zu diesem Zeitpunkt sind wir zu dritt, meine Mutter ist an Bord. Wir wollen ihr zeigen, wie beruhigend harmlos es ist, per Boot zu reisen.

Jetzt, auf dem Fluss, bekommen wir zum ersten Mal eine Kostprobe von den Auswirkungen der Gezeiten. Eine starke Tidenströmung schiebt uns von hinten, dagegen stehen Wind und Welle. Die Wellen werden immer ruppiger und höher. Die provisorisch im vorderen Netz gelagerten Solarpaneele beginnen hochzufliegen. Wir zurren sie fest. Dann kommen die Masten in Bewegung, das ganze Boot hüpft auf und ab. Eklig. Es regnet, meine Mutter ist unter Deck und findet alles ganz furchtbar. Sorgen macht sie sich sowieso, ein paar Streitereien zwischen uns hat sie auch mitbekommen (»Bettina, glaubst du wirklich, dass Gerhard gut für dich ist?«). Nun scheinen ihr auch noch die Einzelteile des Schiffes um die Ohren zu fliegen.

So geht's nicht weiter. Wir beschließen, in einen Seitenarm der Ems auszuweichen, nach Bingum. Dort gibt es einen kleinen Jachthafen. Der Seitenarm entpuppt sich als Ärmchen, der Jachthafen als Steg voller Boote. Besser umdrehen und auf die Ems zurück. Aber es hat keinen Zweck. Die Masten springen immer schlimmer, meine Mutter hat Angst. Also doch nach Bingum. Ich fahre zurück, biege ab und spüre plötzlich einen Ruck. Grundberührung mit dem rechten Ruder. Nach all den schön tief ausgebaggerten Kanälen habe ich nicht mit dem flachen Ufer gerechnet. Nicht so wild, sagt Gerhard, obwohl das Ruder eindeutig schlechter reagiert als vorher. Aber ich habe einen Schrecken weg. Ich bleibe zwar am Ruder, bin aber unsicher. Am Steg sehen wir eine passende Lücke zwischen den vielen Booten. Die Strömung ist mächtig, der Wind auch. Ich will direkt auf die Lücke zufahren, aber

Gerhard ist dafür, gegen den Wind anzulegen, wie sich das gehört. Schließlich haben wir das schon gelernt. Also wenden. Verdammt, ist die Strömung stark! Vor einer Stunde ging das Wenden doch noch problemlos. Jetzt bekomme ich das Boot nicht dahin, wohin ich es haben will. Mitten im Manöver der Gedanke: Das schaff ich nicht! Panik. Ich schreie: »Gerhard, Gerhard, übernimm du!« Gerhard – in solchen Situationen der Beherztere von uns beiden – geht an die Pinne. Ich stehe auf dem Vorschiff und sehe, dass unser Heck einem großen Motorboot gefährlich nahe kommt. »Gerhard, volle Kraft voraus!« Er gibt, jetzt selbst in Panik, Vollgas – leider in die falsche Richtung. Ein grässlicher Knall. Wir sitzen mit unserer Ruderanlage in der Motorjacht und starren uns fassungslos an. Meine Mutter kommt an Deck, die Augen angstgeweitet. So viel zum Thema harmlose Seefahrt.

Wir schafften es endlich doch, das Schiff an den Steg zu legen. Obwohl wir gerade das Boot eines ihrer Clubkameraden gerammt hatten, fanden sich freundliche Menschen, die unsere Leinen annahmen, unser Schiff festmachten und uns trösteten. Hier in Bingum hätten auch alte Hasen Probleme, sagten sie, und heute seien die Wetterverhältnisse ganz besonders mies. An einem Tag wie diesem sei es wohl besser, gegen die Strömung als gegen den Wind anzulegen. Der Unfall war uns reichlich peinlich. Gerhard und ich waren beide geschockt, aber ruhig. Kein Wort des Vorwurfs fiel – jetzt nicht und auch nicht später. Weder über meinen Fehler beim Abbiegen noch über seinen an der Maschine.

Wir versuchten meine Mutter zu beruhigen. Ich rief einen Freund der Familie an und bat ihn, sie aus Bingum abzuholen. Wir regelten, was zu regeln war, warteten auf den Besitzer des Motorbootes und untersuchten derweil die Schäden an unserem Schiff. Hätte schlimmer sein können – ein Ruder musste ausgebaut und repariert, das Gestänge gerichtet werden. Zwei Stunden später war der Besitzer der Motorjacht zur Stelle und reagierte erfreulich gelassen. Der Schaden an seinem Boot war wesentlich größer als der an unserem. Wie sich herausstellen sollte, ging er in die Zehntausende: Das Unterwasserschiff hatte kleine, aber gefährliche Löcher abbekommen, innen war die Verkleidung des Badezimmers eingedrückt und hatte die gesamte Einrichtung aus den Fugen gebracht. Selten habe ich schneller eine Unterlage gefunden als die, die bewies, dass wir seit genau sechs Tagen versichert waren …

An eine Weiterfahrt nach Emden war erst einmal nicht zu denken. Um unser Ruder mit Epoxid reparieren zu können, brauchten wir Sonne, und die gab es gerade nicht. Egal. Mussten wir eben warten. Und das Erstaunliche: Hier in Bingum, nach einer miserablen Woche und unserem ersten Unfall, ging es uns wunderbar.

»Hey, Gerhard, irgendwie schon merkwürdig, dass wir uns jetzt nicht streiten, oder?«

»Ach, weißt du, Schatz, wir sind eben doch ganz schön gut zusammen, jedenfalls bei Katastrophen.«

»Na, vielleicht schaffen wir's ja auch irgendwann mal, uns nicht mehr wegen Kleinkram in die Haare zu kriegen.«

»Klar«, er grinste. »hör doch einfach auf zu streiten.«

»Ich?«

Dann mussten wir beide lachen und nahmen uns in die Arme.

Vielleicht kam angesichts der gerammten Motorjacht durch, was uns am meisten verband: die gemeinsame Lust am Leben, daran, Dinge in den Griff zu bekommen – Unangenehmes inklusive. Bingum war gut für uns, so merkwürdig das klingt. Wir machten auch unsere erste Erfahrung damit, zu warten – nicht ahnend, wie viele Erfahrungen dieser Art noch folgen würden. Wir entspannten uns. Wir kippten unseren Zeitplan und begriffen erst jetzt, wie sehr wir noch in unserem Stress gefangen gewesen waren. Meine Wolke wurde ein Wölkchen und verschwand.

Meine Mutter allerdings blieb skeptisch. Sie kam noch einmal nach Bingum. Der erste Satz beim Kaffee unter vier Augen: »Ihr fahrt in den sicheren Tod!« Na prima.

»Außerdem kann ich einfach nicht verstehen, warum du deine gute, feste Stellung aufgegeben hast. Warum kannst du nicht sein wie Nina Ruge, die macht eine tolle Karriere!«

»Ja, Mama, aber mich interessiert das nun mal nicht. Ich bin nicht Nina Ruge und will auch gar nicht so sein. Es gibt doch noch andere Dinge im Leben als Geld und Karriere!«

»Ja, Geld, du tust so, als bedeute das gar nichts. Und wie war das mit deinen Schulden, wie soll das ausgehen, du kannst doch mit Geld nicht umgehen.«

»Ich habe mich geändert – hätte ich sonst ein Boot?«

»Was hab ich bloß falsch gemacht?«

»Nichts, Mama!«

»Und dann diese merkwürdige Beziehung zu Gerhard, das geht doch nicht gut!«

Ich redete und redete. Irgendwann wurde ich sauer, weil keines meiner Argumente zu zählen schien, dann beruhigte ich mich wieder. Es war schließlich ihre Sorge um mich, die sie so denken ließ. Also noch mal:

»Mami, wir verstehen uns doch jetzt gut. Und wenn das mit uns nicht klappt, dann brechen wir die Reise eben ab. Und du weißt doch, wie viel Geld wir in der Reisekasse haben. Ich habe fast zwanzig Jahre gearbeitet, jetzt möchte ich reisen, versteh mich doch!«

Am nächsten Tag telefonierten wir. Sie war ruhiger und

meinte, unser Gespräch habe ihr gut getan. Dann kam Gerhards Mutter nach Bingum. Sie ist ein anderer Typ, spricht weniger über ihre Gedanken und Gefühle. Aber spätestens seit sie während des Interviews in Tränen ausgebrochen war, wussten wir, dass es in ihr ähnlich aussah. »Warum können wir nicht so verständnisvolle und segelbegeisterte Eltern haben, wie all die anderen Segler sie in ihren Büchern beschreiben?«, beschwerte ich mich gegenüber Gerhard. »Es ist so schwer, ihnen wehzutun.«

Zwei Wochen später segelte die Manua Siai Richtung Juist. Jawohl, segelte. Die Masten standen, wir setzten das Groß- und zwei Vorsegel. Motoren aus. Stille. Nur das sanfte Geräusch des leichten Windes, das leise Plätschern des Wassers an den Rümpfen. Sonst nichts. Gerhard, ich und das Boot. Unser Boot, das jetzt – nicht sehr schnell, aber schön ruhig – seinem ersten Ziel entgegensegelte. Wir strahlten und waren stolz und zufrieden. Es wurde auch Zeit, dass mal etwas glatt ging.

Ich hatte es nämlich auch noch geschafft, unserem Schiff in der Nesserlander Schleuse bei Emden eine Nase abzufahren. Den ersten Fehler hatte ich gemacht, als ich in der Schleuse bis kurz vor das Tor vorgefahren war – nicht ahnend, dass der Schleusenwart sich einen Spaß daraus machen würde, uns in Schwierigkeiten zu bringen. Der Wasserstand in so einer großen Schleuse kann sanft verändert werden oder mit großer Gewalt. Der Schleusenwart liebte die zweite Methode. Er riss die Ventile auf, und große Mengen Wasser schossen auf uns zu. Gerhard konnte das Schiff nicht an der Schleusenwand halten, die Leine wurde ihm glatt aus der Hand gerissen. Die Manua Siai tanzte in den Strudeln – und ich reagierte genau falsch. Statt Maschine zurück, gab ich voraus, und schon war's passiert. Ein hässliches Splittern und die äußerste Spitze vom rechten Rumpf war weg. Wieder mal musste Gerhard mich am Steuer ablösen, ich zitterte am ganzen Leib. Gerhard drehte die Manua unter Motoren, brachte sie in die Mitte der Schleuse und hielt sie dort, bis wir aus der Falle wieder heraus konnten. Bei der nächsten Anlegestelle machten wir fest, fragten nach Strom und fingen mit der Reparatur an. Zu meiner großen Erleichterung war nichts Wesentliches kaputt, nur Schutzholz, das wir wieder aufkleben konnten. Drei Stunden später fehlten noch die Farbe und ein paar Feinarbeiten, dann würde wieder alles beim Alten sein. Mit Ausnahme meines schon in Bingum angeknacksten Selbstbewusstseins. Von diesem Tag an hatte ich bei Manövern Angst zu steuern.

Aber jetzt, segelnd auf dem Weg nach Juist, ging es mir gut. Ich war fast enttäuscht, als nach ein paar Stunden die Insel am Horizont auftauchte und damit das Ende unseres ersten Segeltages nahte. Dass wir überhaupt nach Juist fuhren, lag am Wind und an der Familie Appel. Der Wind blies schon seit Tagen aus Westen, also aus der Richtung, in die wir wollten. Was tun, wenn man unbedingt segeln will? Die Richtung ändern. Also nach Juist und dann von dort aus nach Holland. Hinzu kam, dass auch Appels mit ihrem Katamaran Himp Hamp dorthin fuhren. Wir hatten sie in Bingum kennen gelernt und uns auf Anhieb gut verstanden.

Die nächste Premiere: Ankern. Ich fuhr, soweit ohne Grundberührung möglich, an die Küste, Gerhard warf den Anker. Ein Ruck ging durchs Schiff, der Anker packte im Watt. Dann Motoren hoch, Ruder hoch. Eine Stunde später war das Wasser unter uns weg, und das Boot stand auf dem Schlick. Wir konnten direkt vom Schiff eine Wattwanderung zur Insel antreten. Nachts Gegurgel und Geschabe, dann schwamm die Manua Siai wieder. Wir sollten noch reichlich Gelegenheit haben, uns an diese Geräusche zu gewöhnen – mehr als zwei Wochen mussten wir vor Juist auf östliche Winde warten.

Aber dann, am 9. August, mehr als einen Monat nach unserer Abfahrt aus Hannover: Ost-Süd-Ost, Stärke zwei bis drei, zunehmend auf vier. Ein schöner, milder Wind für uns Anfänger. Also los! Die Insel bleibt achteraus, vor uns liegt jede Menge Nordsee. Eine Welle hebt uns an, einen Moment lang habe ich ein merkwürdiges Gefühl im Magen. Die nächste Welle, und wieder eine. Schon besser, ich gewöhne mich daran. Die Wellen sind gar nicht so klein – und etwas ganz Neues für uns. Die Sonne kommt heraus und die Manua segelt unter dem Groß- und zwei Vorsegeln ruhig vor sich hin. Ich bin begeistert. Wenn das so einfach ist, dann segeln wir die Nacht doch durch! Friede und Freude herrschen auf dem Boot, wir sind uns einig.

Bis zu dem Augenblick, in dem wir feststellen, dass die elektrische Selbststeuerung nicht richtig funktioniert. »Sollen wir nicht doch lieber einen Hafen ansteuern?«, fragt Gerhard. »Ach was, dann steuern wir eben selbst.« Der Wind kommt schräg von hinten, das Boot steuert sich leicht, wir machen gut fünf Knoten Fahrt. Mir geht es wie beim Champagnertrinken zum Frühstück – es prickelt so schön, es schmeckt so gut, alles fühlt sich leicht an. Ich will mehr. Wir segeln weiter, trinken sozusagen eine ganze Flasche.

Gerhard ist zu Beginn seiner ersten Nachtwache ziemlich nervös. Nur ungern lässt er mich in die Koje ziehen, während er drei Stunden lang allein mit den Segeln, den Sternen, dem Wind und den entgegenkommenden Schiffen am Steuer bleibt. Ich dagegen schlafe bestens und trete voller Begeisterung meine Wache an, genieße die Ruhe, das Alleinsein. Aber dann wecke ich ihn doch zweimal. Einmal, um auf der Seekarte unsere Position eintragen zu können (der Wind ist inzwischen ziemlich böig, und ich traue mich nicht vom Ruder weg), einmal weil mir ein Schiff auf vermeintlichem Gegenkurs Sorgen macht. Jedes Mal reagiert Gerhard sofort auf mein Rufen, ist gleich wach und einsatzbereit. Eine beruhigende Erfahrung. Bei seiner zweiten Wache ist auch er gelassen und entspannt.

Am Nachmittag des nächsten Tages machten wir im niederländischen Den Helder fest. Glücklich, aber vollkommen erledigt. Beide hatten wir rote Streifen am Hintern, weil es auf dem Schiff keinen Steuersitz gab und wir stundenlang auf einem zehn Zentimeter breiten Holzbalken gesessen hatten. Kurz vor Den Helder zahlte ich Tribut an eine anstrengende Nacht. Ich war müde, genervt, gereizt – und ließ es an Gerhard aus. Aber der blieb gelassen und ließ sich nicht aus der Ruhe bringen. Nach dem Festmachen an einem Liegeplatz fünf Minuten vom Stadtzentrum entfernt machten wir noch einen Stadtbummel. Den hätten wir uns sparen können. Vor Müdigkeit konnten wir kaum noch laufen, geschweige denn etwas wahrnehmen. Am nächsten Vormittag sah alles schon ganz anders aus. Wieder gingen wir in die Stadt und kamen mit Kisten voller Lebensmittel zurück. Zwar hatten wir in Deutschland schon für Hunderte von Mark eingekauft, aber irgendwie schien immer noch was zu fehlen. Als alles verstaut war, hätte nicht das allerkleinste Döschen mehr Platz gefunden. Dann: Selbststeuerung neu einbauen, backen, Wäsche waschen (mit Hilfe einer Handwaschmaschine, die wir kurz vor Abfahrt erstanden hatten). Klotürverschluss einbauen und und und. Von wegen »Fahrtensegeln ist Dauerurlaub«.

Unser Bordcomputer, ein altes Schätzchen von Notebook, machte Probleme. Wir brauchten ihn vor allem zum Lesen von Wetterinformationen. Rein theoretisch war er per Modem mit dem Funkgerät zu verbinden und sollte die Wetterkarten anzeigen. Praktisch blieb der Bildschirm aber leer. Also auf zum nächsten Computergeschäft ein paar hundert Meter weiter. Zwei nette junge Männer nahmen sich unseres Problems an – stundenlang und unentgeltlich. Leider auch erfolglos. Also weiter ohne Wetterfax; wir konnten ja im Radio Wetterberichte für unser Gebiet empfangen. Die allerdings verhießen nichts Gutes. Starkwind aus West. Und das tagelang. Wir lernten Den Helder weit besser kennen als geplant ... und die Den Helderer uns. Da wir gleich am Bürgersteig lagen, führten wir ein öffentliches Leben. Was immer wir taten – frühstücken oder arbeiten im Cockpit, duschen auf dem Vorschiff –, wir hatten interessierte Zuschauer und Fragesteller. Jugendliche guckten ohne jede Scheu in die Fenster, ob wir an Bord waren oder nicht. Gerhard: »Hattest du nicht mal was von Vorhänge nähen erzählt?«

Andere Menschen waren schüchterner. Eines Abends stand eine ältere Dame zwanzig Meter vom Schiff entfernt auf dem Rasen. Sie stellte etwas ab, lächelte, winkte uns zu und verschwand im Haus gegenüber. Verblüfft gingen wir nachgucken und fanden eine Flasche selbst gemachten Genever. Danke!

Im Radio wurde immer noch Gegenwind gemeldet, allerdings kein Starkwind mehr. Ich wollte weiter und meinte, dass wir notfalls doch kreuzen könnten, das heißt, im Zickzackkurs gegen den Wind ansegeln. Gerhard bremste mich und versuchte mir zu erklären, dass die Manua Siai mit den gebrauchten Segeln, ohne Seitenschwerter und als Katamaran sowieso nicht die besten Kreuzeigenschaften habe. Es nervte ihn, dass ich trieb. »Wir haben doch Zeit!« Im Prinzip ja, aber anderseits lag zwischen uns und Spanien – unserem ersten südlichen Ziel – der Golf von Biskaya, der ab September oft von tückischen Herbststürmen heimgesucht wird.

Dann endlich wehte der Wind fast optimal für die Etappe Den Helder–Ijmuiden, schlappe zweiundvierzig Seemeilen, also ungefähr achtzig Kilometer. Wir mussten nicht kreuzen. Wenn jetzt noch die Steuerarbeit wegfiele ... Also neuer Versuch, die Selbststeuerung zu starten. Mir war das Gerät suspekt – wie alles Elektronische. Ich hatte gelernt, dass die längliche schwarze Kiste nicht nur viel Strom verbraucht und im Grunde ein kleiner Computer ist, sondern auch einen eigenen Kompass besitzt, der an einer günstigen Stelle im Schiff separat eingebaut wird. Der schwarze Kasten war mit der Steuerung des Bootes verbunden und sah ziemlich filigran aus. Unsere Selbststeuerung hieß, in Erwartung treuer Dienste, Johann. Kurz hinter Den Helder gaben wir Johann den von uns gewünschten Kurs ein. Fehlanzeige. Er steuerte irgendwohin. Und das, obwohl Gerhard eigens den Kompass an einer neuen Stelle mittschiffs eingebaut hatte. Mittschiffs? Gleich unter dem ersten Mast, wo auch die Reserveanker lagen.

Ich erinnerte mich an meinen Segeltörn nach Skagen vor zehn Jahren. Damals hatte der Skipper steif und fest behauptet, wir seien vom Kurs abgekommen, obwohl der Kompass den korrekten Kurs anzeigte. Es hatte sich dann herausgestellt, dass ein Kugelschreiber mit Metallkappe neben dem Kompass gelegen und die Magnetnadel um fünfzehn Grad abgelenkt hatte. Unser Kompass hatte seinen neuen Platz aber neben reichlich Metall, eben jenen Reserveankern. Also stauten Gerhard und ich die Anker um. Es nützte nichts. Entweder war Johanns Kompass kaputt oder der Computer falsch programmiert, ohne dass wir den Fehler im Augenblick finden konnten. Es war nichts zu machen. Aber wir hatten noch eine gebrauchte zweite Selbststeuerung, Otto. Otto wurde eingebaut, funktionierte einwandfrei, und wir waren fortan vom Steuern erlöst. Herrlich. Zusammen konnten wir vorn im Netz sitzen und Ausschau halten, klönen und gemeinsam essen. Das Bordleben veränderte sich völlig.

Ankunft in Ijmuiden. Wir möchten im großen Fischereihafen festmachen, dürfen aber nicht. Wir sollen in den Jachthafen fahren. Aber die Einfahrt sieht auf dem Plan im Handbuch winzig aus, und wir haben so ein breites Schiff. Kein Problem, versichert der Hafenmeister per Funk. In der Einfahrt kommt er uns mit einem Schlauchboot entgegen und lotst uns um die Ecke. Da liegt gleich ein riesiger Rennkat – bestimmt doppelt so breit wie unser plötzlich winzig wirkendes Bötchen. Ich bin am Ruder. Wir haben reichlich Wind, aber ich will trotzdem versuchen, das Anlegemanöver zu fahren. Ich komme auch gut an den Steg, aber bevor wir dem Hafenmeister die Achterleine zuwerfen können, drückt der Wind das Heck wieder weg. Scheiße. Ich werde unsicher und weiß nicht mehr genau, mit welcher Maschine ich vorwärts, mit welcher rückwärts fahren soll. Vielleicht mit beiden in die gleiche Richtung? Ich bitte Gerhard um einen Tipp und bekomme als Antwort einen dummen Spruch im Sinne von: Das musst du inzwischen doch wohl können, wie kann man nur so blöd sein! Der Hafenmeister steht am Steg und wundert sich. Diesmal schreie ich nicht um Hilfe und versuche es weiter, auch ohne Gerhard. Allerdings stehen mir Tränen der Wut in den Augen. Alle meine Versuche bringen uns aber nicht näher an den Steg heran. Jetzt reicht es Gerhard, er nimmt mir das Manöver aus der Hand. Dieser Macker!

Der Hafenmeister nimmt die Leinen an und verkündet

den Preis für die Nacht: sechsundfünfzig Gulden, über fünfzig Mark. Wir versuchen den Preis herunterzuhandeln, der unser Budget für Hafengebühren bei weitem übersteigt, aber da ist nichts zu machen. Also wieder raus aus dem Hafen, der ganze Ärger für nichts und wieder nichts. Und wohin jetzt? Inzwischen ist es fast dunkel. Wir haben nicht weit von der Hafeneinfahrt einen kleinen Strand mit Ferienhäusern gesehen. Ob man da ankern kann? Nein, sagt der Hafenmeister, das ist verboten, »aber wenn ich da ankern müsste, würde ich mich auf die Höhe der Laterne legen, das ist der beste Platz.« Danke, verstanden. Zehn Minuten später fällt der Anker auf Höhe der Laterne, und ich klettere zum Heulen und Rauchen ins Beiboot. Gerhard kommt mir nach und erkundigt sich, wie das misslungene Manöver bei mir angekommen sei. Ich schluchze und zetere.

»Seit der Nesserlander Schleuse bin ich kaum noch gefahren, jetzt hab ich mich mal wieder getraut – und dann so ein Mist. Wieso kannst du diese Kiste fahren und ich nicht? Und deine Überheblichkeit geht mir so auf den Senkel! Ich steige aus!«

Wo ist die glückliche Frau geblieben? Gerhard nimmt mich in den Arm, tröstet mich, entschuldigt sich. »Hey, das war doch gut, nur das mit dem Seitenwind war Pech. Tut mir Leid, wenn ich mich im Ton vergriffen habe. Ich konnte dir in dem Moment nicht erklären, wie du's machen sollst, ich musste es selbst machen.«

»Aber wie soll ich es so lernen?«

»Ja, stimmt, so geht's nicht, ich werd mir Mühe geben, dir mehr zu erklären. Ist versprochen. Aber ich glaube, dass du auch sauer auf dich selbst bist und es einfacher findest, auf mich sauer zu sein als auf dich.«

»Kann sein.«

»Na komm, jetzt trinken wir erst mal den Ankerschluck.«

Ich blieb. Das nächste Anlegemanöver fuhr wieder ich – und siehe da: Es war fast perfekt. Nicht perfekt dagegen waren, wie von Gerhard vorausgesagt, die Kreuzeigenschaften unseres Bootes. Das sollte sich gleich am nächsten Tag zeigen, als wir versuchten, gegen Wind und Strömung nach Scheveningen zu segeln. Wir brauchten vierzehn Stunden für fünfundzwanzig Seemeilen, die letzten fünf Stunden unter Motor.

Als wir endlich auf Scheveningen zukamen, war es dunkel. Nachts in einen fremden Hafen einzufahren ist gefährlich und unvernünftig. Gerhard hatte eine andere Idee: »Lass uns direkt rübersegeln nach England!« Aber ich wollte nicht. Ich hatte Angst vor dem englischen Kanal.

Schließlich wussten wir schon seit Monaten, dass wir auf dieser überfüllten Schifffahrtsstraße von wabernden Nebelmassen verschluckt und von einem Ozeanriesen versenkt werden würden. Dessen Kapitän würde nicht mal bemerken, dass da etwas unter seinen Rumpf geraten war. Schauergeschichten dieser Art hatten wir genug gehört. Ihre Erzähler waren sich einig gewesen, dass die Kapitäne und Wachhabenden von Tankern und anderen Ungetümen heutzutage nicht mehr Wache gehen, dass sie ihr Radargerät sowieso nicht anmachen, und wenn doch, unser Holzschiff mit seinem vergleichsweise winzigen Radarreflektor nicht auf dem Schirm haben. Spätestens seit bekannt war, dass wir uns kein Radargerät leisten konnten, hatten Geschichten über den englischen Kanal in unserer Stammkneipe am Bauplatz zu den beliebtesten Themen gehört.

Dann schon lieber im Dunkeln nach Scheveningen. Die Stadt zeigte eine beeindruckende Skyline, und wir hatten Mühe, bei all den Lichtern die für uns wichtigen auszumachen. Welches Blinken ist ein Leuchtturm, wo sind Rot und Grün der Hafeneinfahrt? Ständig blitzte es an einer anderen Stelle. Wir starrten durch das Fernglas und wurden nicht schlauer. Als wir schließlich nah genug waren, sahen wir, dass ein Feuerwerk im Gange war. Endlich hörte der Zauber auf, und erfreulich bewegungslose Lichter blieben übrig. Wir fuhren nervös, aber ohne Probleme, in den Hafen.

Zwei Tage später. Wind schräg von hinten, Stärke vier, unter dem Groß- und zwei Vorsegeln segelt die Manua Siai mit gefühlten sieben bis acht Knoten Geschwindigkeit erst an der niederländischen Küste entlang, dann an der belgischen. Otto steuert. Die Sicht ist gut. Während meiner ersten Wache komme ich durch ein kleines Verkehrstrennungsgebiet, wo große Schiffe in zwei Einbahnstraßen fahren. Segler müssen diese Einbahnstraßen im rechten Winkel überqueren. Auf dem englischen Kanal wird es auch so sein, nur alles ein paar Dimensionen gewaltiger und nebliger. »Gerhard, da ist jetzt dieses Verkehrstrennungsgebiet, kommst du?« Müde steckt er den Kopf aus der Luke. »Wozu? Mach das allein, kein Problem für dich.« Ups. Recht hat er, ich muss mir abgewöhnen, ihn dauernd um Hilfe zu fragen. Selbst ist die Frau.

Also gut, los geht's. Die ersten Lichter. Ein Tanker. Da drüben, mit viel Abstand, noch einer. Beide zeigen mir grünes Licht, also kommen sie von links. Augen auf und durch. Kein Problem. Die nächsten Lichter. Diesmal rot, die Pötte kommen von rechts. Wieder segle ich mit viel Abstand zwischen zweien durch. Das war's. Nein, nicht ganz. Ich bin mindestens zehn Zentimeter gewachsen. Bald nach diesem berauschenden Erfolgserlebnis schläft der Wind leider ein, wir machen nur noch zwei Knoten oder so. Wie langweilig.

Am späten Vormittag erreichen wir die Höhe von Calais und damit die schmalste Stelle des englischen Kanals. Hier wollen wir rüber. Inzwischen weht nicht mehr der kleinste Hauch und wir laufen unter Maschine. Der Himmel ist knallblau, von Nebel keine Spur. Gut so. Wir ändern den Kurs um neunzig Grad und halten direkt auf England zu. Dann sehen wir sie, die angsteinflößenden Riesen, enorme Tanker und Containerschiffe, vorerst als eine lange Reihe von kleinen Punkten am Horizont. Sie glänzen im gleißenden Licht wie Perlen auf einer Kette. Langsam bewegen wir uns auf sie zu. Zwischen zwei dieser Perlen müssen wir durch. Der Verkehr ist deutlich stärker als in meinem kleinen Verkehrstrennungsgebiet. Je näher wir kommen, desto besser können wir auch Perlenkette Nummer zwei ausmachen. Nummer eins fährt nach rechts zur Nordsee, Nummer zwei nach links zum Atlantik. Eine sehr ordentliche Angelegenheit. Tagsüber bei Sonne ist das alles andere als furchterregend. Beeindruckend, das ja. Als wir kurz davor sind, den Weg der Schiffe zu kreuzen, ragen gigantisch hohe Schiffswände vor uns auf. Wir fühlen uns winzig – so ähnlich muss es einer Ameise angesichts eines Autos gehen. Aber wir fühlen uns auch sicher auf unserem Miniboot und fahren in aller Ruhe und mit reichlich Platz zwischen zwei Giganten durch. Noch mal das Ganze, als wir die zweite Kette erreichen. Geschafft. Wir sind aufgedreht, beglückwünschen uns zu unserem Glück mit dem Wetter und erzählen uns gegenseitig begeistert vom Anblick der großen Schiffe.

Drei Stunden später, in der Nähe von Dover, erwischt uns ein Luftkissenboot. Jedenfalls habe ich den Eindruck, dass es uns erwischen wird. Gerhard guckt hoch und meint: »Da kommt ein Hovercraft.« Und dann sehe auch ich das Monstrum in einem Mordstempo direkt auf uns zukommen. »Nimm mal 'ne Peilung«, sagt Gerhard, aber ich antworte nur: »Wozu? Dass das Ding genau auf uns zuhält, sehe ich auch so!« Ich denke ernsthaft, dass unser letztes Stündchen geschlagen hat, und verabschiede mich zu seiner Verblüffung von Gerhard: »Es war wirklich schön mit dir bis hierher« – ein klarer Fall von rückwirkender Verklärung im Angesicht des nahenden Untergangs – »und hätte länger dauern dürfen. Gibst du mir noch einen Kuss?« Das Luftkissenboot donnert vorbei, bevor Gerhard auch nur eine Chance hat, Letzteres zu tun.

Ab Dover hatten wir wieder Wind, aber Wellen von vorn, und die Manua Siai hüpfte ganz widerlich. Als ich nach vorn zum Netz ging, sah ich, dass einige Meter Rumpf aus dem Wasser kamen und wieder hineinknallten. Das sah beängstigend aus, und für den Rest des Segeltages hatte ich das unangenehme Gefühl, unser Boot würde nach hinten überkippen.

»Gerhard, komm mal und guck dir das an – das ist doch nicht normal!«

»Doch, das ist es, da passiert nichts.«

Ich ging nach hinten ins Cockpit. Aber da hatte ich erst recht das Gefühl, das Boot käme mir entgegen. Die Wellen wurden immer höher. Wir beschlossen, Folkestone anzulaufen. Vierunddreißig Stunden waren wir unterwegs, knapp hundertfünfzig Seemeilen, inklusive Kanalquerung, lagen hinter uns. Zeit für eine Pause. Per Funk meldeten wir uns an und bekamen die Anweisung, bis zum nächsten Hochwasser im Außenhafen zu ankern. Der geschützte innere Hafen dieses Fischerortes fällt bei Ebbe trocken. Wir nutzten die Wartezeit, um Schlaf nachzuholen, und zogen danach in den inneren Hafen um. Dann das gleiche Spiel wie vor Juist: Motor hoch, Ruder hoch, trockenfallen. Diesmal warfen wir allerdings gleich drei Anker aus, zwischen denen unser Boot wie die Spinne im Netz lag. Die Peinlichkeit, bei einer Windänderung in eines der in nächster Nähe vertäuten Fischerboote zu treiben, wollten wir uns ersparen.

England! All ihr Unken hört her – wir sind hier! Die Manua Siai ist nicht abgesoffen, kein Schiff hat uns im Kanal überrannt, unser »Ikea-Regal« segelt prima. Wir werden es auch mit der Biskaya aufnehmen. Ihr werdet schon sehen! Per Telefon und Postkarte verkünden wir unseren Triumph der heimatlichen Welt. Wir sitzen mit Blick auf unser Boot im Pub, genießen englisches Bier und probieren unser Englisch an der freundlichen Wirtin aus. Sie erklärt sich bereit, unsere Wasserkanister zu füllen. Der Wetterbericht sagt Sturm voraus. Wir haben reichlich Zeit.

Zwei Abende später, am Vorabend von Gerhards Geburtstag, konnten wir der Livemusik an Land nicht widerstehen und landeten wieder im »Ship Inn« bei der freundlichen Wirtin. Wir zählten zu den jüngsten Gästen, dafür waren die anderen umso bunter anzusehen. Einige der anwesenden Damen sahen aus, als hätten sie in den sechziger Jahren beschlossen, ihre Frisuren und Kleider einfach weiterhin zu tragen, egal welche Zeiten noch kommen mochten. Andere waren auf dem neuesten Stand, chic im kleinen Schwarzen oder in knalligem Türkis. Dazu die Herren, alle mit Bauch und roten Gesichtern (was an der fortgeschrittenen Stunde und den Bieren gelegen haben mag). Gegen Mitternacht hatte die zweiköpfige Band längst aufgehört zu spielen, und die Herrschaften sangen inzwischen selbst. Ich bat unauffällig um ein Geburtstagsständchen für Gerhard. Großes Hallo, heimliches Herumreichen eines Zettels mit seinem Namen, damit beim Happy Birthday alles stimmte. Kurz nach Mitternacht hörte ein sichtlich gerührter Gerhard den bunt gemischten Spontanchor:

»Happy birthday, dear Görhod«. Nun gehörten wir plötzlich dazu, die netten Menschen wollten alles wissen: Wie alt, woher, wohin … Der Pub war offiziell längst geschlossen, Getränke gab es nicht mehr, und wir saßen immer noch inmitten unserer neuen Bekannten, diskutierten, erzählten, hörten zu und sangen. Die Tatsache, dass wir allein auf einem selbst gebauten Segelboot unterwegs Richtung Süden waren, beeindruckte sie mächtig.

»Nein, wie gefährlich und gewagt!«

»Eure armen Mütter!«

»Seid bloß vorsichtig!«

Gerade rechtzeitig, bevor das Wasser wiederkam, liefen wir zurück zum Schiff. Mir ging durch den Kopf: »Das ist jetzt dein Leben. Du läufst durch ein matschiges Hafenbecken zwischen Fischerbooten zu deinem Zuhause.« Schon komisch.

Ich hatte nach wie vor Schwierigkeiten, die gewaltige Veränderung in meinem Leben zu begreifen. Alles war noch so neu und aufregend. Ich fühlte mich wie im Urlaub, gleichzeitig aber auch nicht mehr. Zwei Monate waren wir nun weg aus Hannover. Zwei Monate auf Reisen und kein Ende abzusehen. Ich hatte keine Ahnung, ob ich nach ein, zwei, fünf Jahren oder nie nach Deutschland zurückkehren würde. Ein irres Gefühl. Die Gespräche mit den interessierten Engländern beschäftigten mich. Waren wir wirklich mutig? War unsere Reise tatsächlich gefährlich? Mir kam es nicht so vor. Ich hatte das Gefühl, dass ich das Richtige tat – und dass uns nichts Übles passieren würde. Nichts wirklich Übles, meine ich, übler als gerammte Motorjachten, abgefahrene Schiffsnasen und erschreckende Schnellfähren. In Anbetracht meiner seglerischen Fähigkeiten und Erfahrungen war es nicht leicht zu erklären, woher dieses Gefühl der Sicherheit kam. Aber es war da.

»Gerhard, wir haben Wasser im Schiff.« Am Nachmittag des nächsten Tages will ich eine Saftflasche aus der Bilge, dem Raum unter dem Fußboden, holen, als ich plötzlich Wasser sehe, wo keines sein sollte. Die Bilgen sind sozusagen unsere Kellerräume, in denen Lebensmittel, Werkzeug, Wasserkanister und hundert andere Dinge verstaut sind. Die, vor der ich knie, ist voll mit Flaschen. Und mit Wasser. Ich halte den Finger rein und lecke. Salzwasser. Zaghaft hebe ich den Deckel der nächsten Bilge. Voll. In der daneben befindet sich die Motorbatterie. Gerhard ist schon ganz blass. Deckel ab – Mist. Dass diese Batterie ihr Leben ausgehaucht hat, sehe sogar ich. Obenauf schwimmt ein ekliger Schleim, der Batterieinhalt, vermischt mit Wasser. Alles muss raus aus dieser Ecke des Schiffs. Wo ist das Leck? Zwei Stunden später sind wir klüger. Es gibt ein winziges Loch, so groß wie ein Streichholzkopf, zwischen Schiffsinnenraum und Motorraum. Ohne Frage Schlamperei am Bau.

Dass im Motorraum etwas Wasser steht, ist normal. Es dringt durch den Schacht ein, in dem der Motor auf und ab bewegt werden kann. Eine Gummimanschette hält normalerweise größere Wassermengen ab. Jetzt allerdings ist sie an einer Stelle durchgescheuert, und es steht mehr Wasser im Motorraum als üblich. Durch das winzige Loch in der Wand ist es nach und nach in die Bilgen getröpfelt. Wirklich erstaunlich, angesichts des Löchleins. Weitere drei Stunden später ist alles geflickt und wieder eingeräumt. Nur der traurige Rest der Batterie wartet außenbords auf Entsorgung.

Wir sind ziemlich erledigt und kurz vorm Verhungern. Und das an Gerhards Geburtstag. Also los, umziehen und zu Fuß auf ins nächste Restaurant. Dummerweise klappt diesmal die Zeitplanung nicht ganz. Als wir, nach gutem Essen und feinem Wein, wohlgelaunt wieder zum Hafen kommen, ist das Wasser schon da. Gerhard macht mir den Helden. Ohne Hose und mit hochgehobenem Pullover versucht er zum Schiff zu waten, um das Beiboot zu holen. Voll des Mitleids sehe ich ihn im nächsten Pril versinken und fluchend wieder auftauchen. Ende August ist die Nordsee nicht besonders warm ... Dieser Geburtstag endet mit Wärmflasche und Grog.

Übrigens kostete uns der Aufenthalt in Folkestone keinen Pfennig Hafengebühr. Wir hatten versucht, Kontakt zu den Hafenbehörden aufzunehmen, aber unsere Anwesenheit schien behörderlicherseits niemanden zu interessieren. Dass man uns nicht gesehen hatte, war ausgeschlossen. Die Manua Siai lag zwischen den Fischerbooten wie ein Kuckucksei. Draußen vor der Hafenmole toste mal wieder Starkwind, der sich zu einem Sturm auswachsen sollte. Also noch ein paar Tage in Folkestone; wir warteten sowieso auf die neue Batterie. Sie kam gleichzeitig mit dem richtigen Wetter. Weiter also, Richtung Penzance.

»Hallo, Max, kannst du mich sehen? Ich bin hier! Wir sind immer noch zusammen, und wir sind unterwegs!« Max war ein Freund von uns, eigentlich mehr ein Freund von Gerhard. Max fuhr jahrelang mit einem weißen Treckergespann durch Deutschland, fotografierte mit seiner Großbildkamera Menschen und philosophierte. Er selbst bezeichnete sich als »Photosoph«, von Beruf aber war er auch Schlosser und Bildhauer. Gerhard hatte bei ihm Schweißen gelernt.

Ich kannte Max nicht gut, aber mich verband eine spezielle Erinnerung mit ihm. Gerhard war eines Tages schlecht gelaunt vom Schweißen nach Hause gekommen und ohne ersichtlichen Grund sauer auf mich gewesen. Ich hatte nachgebohrt. Als Quelle seines Unmuts kam ein Männergespräch mit Max zutage. Inhalt: »Das mit dir und

Bettina funktioniert sowieso nicht, die gibt ihren Job nicht auf. Und du, Gerhard, machst dir was vor.« Ein Satz von Max, und Gerhard war sauer auf mich! Und ich auf Max. Ich stellte ihn zur Rede: »Du kennst mich kaum, wieso glaubst du, über mich urteilen zu können?« Max hatte damals nur gegrinst und gesagt: »Wenn dein Mann dir nicht vertraut, hast du wohl ein Problem.« Ohne dass es mir damals bewusst war, wurde Max damit zu meinem neuen Gespenst. Wann immer ich Angst hatte, dass Gerhard mir oder meinen Fähigkeiten nicht vertraute, spukte Max in meinem Kopf.

Auch jetzt, auf dem Weg nach Penzance, dem geplanten Ausgangspunkt unserer Biscaya-Überquerung, war er bei mir. Trotz optimaler Wetterbedingungen und prall gefüllter Segel kam unser Boot keinen Meter weiter. Ich hatte Wache, es war stockdunkel, und das Boot stand auf dem Fleck. Das war merkwürdig. Schließlich hatten wir Wind und waren bis vor ein paar Minuten vor uns hin gesegelt. »Gut, Max, ich bin hier auf diesem Boot, ich bin kein städtisches Karriereweib, ich bin dabei, eine taffe Seglerin zu werden. Und ich werde Gerhard nicht aus der Koje holen!« Irgendeinen Grund für den plötzlichen Stillstand musste es ja geben. Dummerweise fiel mir keiner ein. Ich startete eine Maschine. Kein Unterschied. Gerhard wachte auf und kam an Deck, hatte aber auch keine bessere Idee. Wir starteten die zweite Maschine, volle Kraft voraus. Nichts. Was konnte das sein? Eine idiotische Situation: Wind von achtern, zwei Maschinen volle Fahrt voraus und nichts bewegt sich. Nach einiger Zeit kamen wir dann der Ursache auf den Grund. In einem unserer Ruder hatte sich die Boje eines riesigen Fischernetzes verklemmt. Wir hingen fest. Mit Hilfe eines langen Bootshakens drückte Gerhard die Boje aus dem Ruder, und wir kamen frei. (Ja, Max, da hätte ich auch allein drauf kommen können, aber du kannst mich mal!)

Zehn Stunden später saßen wir beim zweiten Frühstück im Cockpit und bestaunten ergriffen die Aussicht. Nachdem der Wind deutlich zugelegt hatte, mussten wir Penzance als Ziel aufgeben und waren stattdessen in einer kleinen Bucht in einem Fluss bei Falmouth vor Anker gegangen. Sanft ansteigende tiefgrüne Hügel, gepflegte Rasenflächen, unterteilt von niedrigen Natursteinmauern, auf dem Hügel voraus ein imposantes Herrenhaus mit säulengesäumter Terrasse. Wo blieb der Lord, der uns zum Lunch einlud? Ersatzweise lauschten wir Beethovens Neunter und gönnten uns bei strahlender Sonne Sekt zum Frühstück. Die Pracht der winzigen Bucht gehörte uns allein.

Allein zu sein gefiel uns im Prinzip gut. Andererseits wäre es beruhigend gewesen, noch andere Segler auf dem Weg nach Süden zu treffen. Sollten wir wirklich die Einzigen sein, die Ende August noch durch die Biskaya wollten? Wir tuckerten im Beiboot zum Hafen von Falmouth. Da mussten die anderen Boote sein, schließlich ist Falmouth Sammelpunkt der nordeuropäischen Seglerszene auf Südkurs. Doch keines der vielen Segelboote im Hafen wirkte bewohnt. Nirgendwo hing Wäsche, nirgends schwamm ein Beiboot am Heck.

»Ich finde das seltsam, sind die alle schon weg?«

»Vielleicht sind wir tatsächlich zu spät. Was hältst du übrigens von einem Winter in England? Wenn das Wetter nicht besser wird, müssen wir vielleicht hierbleiben.«

»Nur, wenn's wirklich sein muss – hier ist es im Winter garantiert genauso kalt und feucht wie in Hannover.«

»Na, warten wir erst mal ab, wie sich das Wetter entwickelt. Und vielleicht finden wir doch noch andere Segler, die durch die Biskaya wollen.«

»Lass uns im Laden für Seekarten fragen, vielleicht wissen die was.«

»Doch, da ist noch ein Segler, der hier Karten für die Biskaya bestellt hat, der müsste eigentlich gleich auftauchen, um sie abzuholen«, sagte der nette junge Mann hinter dem Ladentresen. In dieser Sekunde öffnete sich die Tür, und etwas Großes, Gelbes, Tropfendes stand auf der Schwelle. »Da ist ja Mister Khan.« Aus der tropfenden Ölhaut schälte sich ein bärtiger Mann von imposanter Größe, mit schwarzen Augen und grauschwarzem Haar. Zwanzig Minuten später saßen wir mit Mr. Asmat Khan im Pub und unterhielten uns in unserer Muttersprache. Asmat war der in England aufgewachsener Spross einer deutschen Mutter und eines pakistanisches Vaters. Die vergangenen fünf Jahre habe er als Ballonfahrer in Bonn gearbeitet, erzählte Asmat, aber jetzt segle er auf seiner kleinen Antares gen Süden, »dahin, wo die Frauen schön und Wein und Zigaretten billig sind. Vielleicht verliebe ich mich ja und bleibe den Winter über in Spanien.« Wir mochten ihn und überredeten ihn, sein Boot in unsere kleine Bucht zu verlegen. Lange mussten wir ihn nicht überzeugen, auch er segelte mit kleinem Budget und zahlte nicht gern Hafengebühren.

Die nächsten Tagen vergingen mit Diskussionen über die Wetterlage, den richtigen Anker, das beste Beiboot, die optimale Besegelung, Vor- und Nachteile von Windsteueranlagen, unterbrochen von leckeren pakistanischen Linsengerichten, Baked Beans und deutscher Gemüsesuppe. Leider war unsere Bucht gegen Süden offen, und der Starkwind drehte auf Süd. Also zur Sicherheit doch in den Hafen.

An einem kleinen Kiosk hängte der Hafenmeister alle paar Tage aktuelle Wetterprognosen aus. Und bei den Wetterfaxen trafen wir sie dann, die anderen Biskaya-Kandidaten. Ein Boot nach dem anderen tauchte auf – mit lauter sympathischen Menschen. Cato und Christine zum Beispiel aus Norwegen. Cato hatte Christine bei einem Treffen für traditionelle offene Segelboote in Norwegen kennen gelernt und sie am nächsten Tag gefragt, ob sie mit ihm nach Patagonien segeln würde. »Ja«, hatte sie gehaucht – und sich erst Wochen später zu fragen getraut, wo Patagonien eigentlich liegt ...

Oder Tom, irgendwo zwischen vierzig und fünfzig Jahre alt, der mit seinem nicht mal sechs Meter langen Boot namens Ping einhand (sprich: allein) um die Welt segeln und damit einen neuen Rekord aufstellen wollte. Weit war er nicht gekommen – von der Isle of Wight bis in die Biskaya. Dort erwischte ihn ein Sturm, und er kam tagelang nicht voran. Sein größtes Problem war die Zeit. Wer nonstop um die Welt segelt, muss aufgrund der Winde zur richtigen Zeit am richtigen Kap sein, und Tom saß inzwischen die Zeit im Nacken. Jeder Tag, den er im Sturm festsaß und keinen Meter vorankam, vergrößerte das Problem. Tom kehrte schließlich um.

Was treibt jemanden, in einem derartigen Boot allein um die Welt zu fahren, fragten wir uns angesichts der winzigen Ping, in der nur Platz für das Allernötigste war: schmale Koje, einflammiger Kocher, Kanister mit Linsen und Bohnen, Tee, Wasser und Whiskey. Irgendwann fragten wir ihn und hörten die Geschichte eines Mannes, dem etabliertes Landleben nichts bedeutet. Arbeiten zu gehen liegt ihm auch nicht. Und nach dreißig Tagen allein auf See ist Tom unglücklich, wenn er irgendwo ankommt, und will lieber dort draußen auf dem Wasser bleiben. Die Winzigkeit seines Bootes sollte den Rekord garantieren, und der Rekord die Vermarktung der Reise. Tom brauchte Geld. Immerhin warteten zu Hause die schwangere Freundin und eine zweijährige Tochter. »Hoffentlich sehen sie ihn lebendig wieder«, dachte ich für mich. Aber Tom selbst hatte eine andere Sorge: »Ich glaube, meine Freundin will nicht, dass ich jetzt zurückkomme und das Projekt erst einmal abbreche. Sie will nicht, dass ich wieder etwas nicht zu Ende bringe – wie schon so oft in meinem Leben.« Um den Preis, dass er sein Leben riskierte? Ich konnte es nicht fassen. Als wir schließlich ablegten, hatte Tom noch nichts entschieden.

Unsere Wartezeit verging mit Gesprächen. Da waren ja auch noch Mike, Jane, Peter, Tom, Susi, Rob und Pat …

Stundenlang, tagelang diskutierten wir das Wetter. Jede neue Information über Hochs und Tiefs wurde aufgesogen und immer wieder analysiert – manchmal so lange, bis die Tiefs schon fast zu Hochs wurden …

Je länger wir im Hafen lagen, desto weniger bedrohlich hörten sich Windstärke sechs oder sieben an. Gegenseitig hielten wir uns davon ab, aus lauter Wartefrust bei schlechter Prognose loszufahren. Stattdessen redeten wir noch mal über den richtigen Anker, das beste Beiboot, die optimale Besegelung, Vor- und Nachteile von Windsteueranlagen. Wir tranken literweise Tee oder Bier, philosophierten über das, was uns trieb oder hielt, wurden eine kleine verschworene Gruppe und versuchten uns Catos Philosophie über das Warten anzueignen: »We are not waiting, we are here.«

Wir alle hatten Respekt vor der Biskaya und vor den Herbststürmen. Es war September, und das richtige Wetterfenster schien einfach nicht kommen zu wollen. Mit jedem weiteren Wartetag wurden wir nervöser und ungeduldiger.

Aber dann, am 15. September, starrten wir auf die neue Wetterkarte. Das war es, das sah gut aus. Zwar nicht ganz die optimale Windrichtung, aber es müsste gehen. Los jetzt!

Auf allen Schiffen brach hektische Aktivität aus. Lebensmittel wurden verstaut, Segel geprüft, Gerhard und ich kauften auf den letzten Drücker ein gebrauchtes Laptop, um endlich auf See Wetterfaxe empfangen und lesen zu können. Einen gebrauchten Taucheranzug erstanden wir auch noch schnell. Ein Boot nach dem anderen ging ankerauf: »See you at Bayona!« – »Have a nice trip!«

Plötzlich sind wir wieder allein. Keine Autogeräusche mehr, keine aus Pubs dröhnende Musik, kein Hallo auf dem Steg. Wir segeln bei angenehmen drei Windstärken aus Nordwest Richtung Île d'Quessant. Alles läuft gut, nur Gerhard ist seekrank und liegt müde in der Ecke. Mich hat es ausnahmsweise auch erwischt. Ich habe es mir unklugerweise nicht verkneifen können, am ersten Tag auf See stundenlang unter Deck unser Wetterfax auszuprobieren. Ich weiß nicht genau, warum: Grundsätzlich ist die Gefahr, seekrank zu werden, unter Deck größer als an der frischen Luft mit Blick auf den Horizont. Aber nach einem kurzen Anfall von Würfelhusten bin ich wieder okay.

Der Wind lässt immer mehr nach. Da hat man wochenlang Angst vor Stürmen, und dann gibt es Flaute. Aber das ist immerhin noch besser als andersrum. Wir müssen nachts den Motor anlassen, um uns von einer viel befahrenen Schifffahrtslinie fern zu halten. Dann Motoren aus, um Sprit zu sparen. Am nächsten Morgen, Gerhard schläft und ich habe Wache, sehe ich ein kleines Kräuseln der Wellen und spüre den Anflug einer Brise auf meiner Haut. Wind? Eine halbe Stunde warten. Ja, tatsächlich, da ist ein leichter Wind. Vielleicht können wir schon wieder segeln. Ich entscheide, die Manua Siai unter Einsatz der Maschinen in eine günstige Ausgangsposition zu bringen und dann Segel zu setzen.

Dazu starte ich die Backbordmaschine. Sie läuft kurz,

dann folgt ein langes Nichts. »Kein Sprit mehr«, denke ich, schließlich sind wir einige Stunden motort. Kein Problem, wir haben ja zwei Maschinen, tanken kann ich später. Steuerbordmaschine an. Kurzes Anlaufen und – nichts. Gerhard steckt den Kopf aus der Luke.

»Hast du dran gedacht, vor dem Starten der Maschinen die Schwimmleine einzuholen?«

»Nee, hab ich nicht, wieso?«

Meine Augen folgen der knallroten Leine, die wir beim Segeln hinter uns herziehen, für den Fall, dass einer von uns aus dem Boot fällt. Die Idee stammt von einem Einhandsegler, der sich nach einem Unfall nur deshalb wieder an Bord ziehen konnte, weil er die nachgezogene Leine erreichte. Die Geschichte hatte uns so beeindruckt, dass wir stets hundert Meter Tauwerk nachschleppten. Jetzt allerdings schwamm die Leine nicht mehr hübsch und straff hinter uns her, sondern verschwand am Heck unter der Wasserlinie.

»Tja, die wird sich wohl um unsere Propeller gewickelt haben. Hoffentlich kriegst du sie wieder raus!«

Ich habe sofort ein schlechtes Gewissen und verfluche meine Dämlichkeit. Gerhard meint, ich hätte mir doch denken müssen, dass die Leine neben dem Boot schwimmt, wenn wir keine Fahrt machen, und dass der Sog der Maschinen sie dann anzieht. Eine Schwimmleine soll aber doch schwimmen? Ich glaube ihm zwar, verstehe aber nicht wirklich, was da passiert ist. Und jetzt ist auch nicht die Zeit zum Diskutieren. Ich heule und erkläre gleichzeitig trotzig: »Reg dich bloß nicht künstlich auf, das schaff ich schon.«

Schön, dass wir vor drei Tagen den Taucheranzug angeschafft haben. Während ich mich in die schwarze Gummihülle quäle, malt mein reizender Mann Schreckensbilder:

»Wenn wir jetzt Sturm aus West kriegen, drücken uns Strömung und Wind auf die Küste, segelnd kommen wir da nie raus. Ich seh uns schon auf den Felsen. Keine Ahnung, ob wir ohne Motoren die Einfahrt in Bayona schaffen, die soll ziemlich eng sein. Wenn wir da Seitenwind kriegen und der Platz nicht reicht, landen wir auf der Mole ...«

Nein danke, dann lieber ins Wasser. Gerhard bindet mir eine Leine um den Bauch, um mich zu sichern. Als ich mich langsam in die mehrere tausend Meter tiefe See gleiten lasse, dringt der Atlantik eiskalt in den Taucheranzug. Zehn Minuten lang (oder sind es zwanzig?) kämpfe ich mit dem Messer an einem der etwa sechzig Zentimeter unter dem Schiff sitzenden Propeller – vergeblich. Ich kann die Leine nicht frei schneiden, sie sitzt zu fest, und ich werde immer wieder von der Atlantikdünung aus der Arbeitsstellung gekippt. Ich habe außerdem eine irrationale Angst vor dem Tauchen, sogar davor, nur mit der Taucherbrille unter die Wasseroberfläche zu kommen. Meine Möglichkeiten sind dadurch begrenzt. Erschöpft und frustriert klettere ich über die Badeleiter wieder an Bord.

Gerhard unternimmt einen zweiten Versuch. Ihm gelingt der entscheidende Schnitt. Mit viel Geduld kann er schließlich die Leine von den beiden Motoren lösen. Wir sind erleichtert und grinsen uns an: Das passiert uns nicht wieder! Jetzt erst mal einen Tee, und dann setzen wir Segel.

Der Wind hielt durch, nur leider kam er genau aus der Richtung, in die wir eigentlich wollten: aus Südwest. Am Anfang der Biskaya fuhren wir ein paar Stunden alles andere als optimalen Kurs, liefen zwischendurch sogar wieder nach Norden und dann, hart am Wind, in westliche Richtung. »For Biscay make west«, sagt eine alte Seglerweisheit. Je weiter man nach Westen segelt, bevor der Kurs nach Süden gesetzt wird, desto mehr Platz ist zwischen Küste und Schiff, falls ein Sturm in die Bucht steht. Wir wollten zwar ursprünglich nicht bis zum zehnten Längengrad nach Westen segeln, aber der Wind entschied anders.

Gerhard lag derweil meist in der Koje und litt an einer besonderen Form der Seekrankheit. Ihm war übel, und er hatte gleichzeitig Hunger. Alle drei Stunden schleppte er sich ins Cockpit, um Wache zu schieben. Dann hatte ich – theoretisch – drei Stunden lang frei. Theoretisch, weil der Kranke natürlich weder kochen noch abwaschen, geschweige denn unter Deck navigieren konnte. Ich schwankte zwischen Mitleid, Selbstmitleid und blankem Zorn.

»Betsie, ich hätte total Lust auf eine Suppe vorweg, dann auf Kartoffeln mit Spiegelei, und zum Schluss könnten wir doch noch gebratene Bananen essen …«

»Sonst noch Wünsche?«

»Na, wenn du schon fragst, könnten wir danach doch noch ein bisschen kuscheln.«

»Du hast sie wohl nicht alle! Ich denk, dir geht's schlecht?! Wenn nicht, dann komm mal runter und versuch selbst, bei dem Seegang zu kochen. Und bau gefälligst die Sicherung für unseren Herd, damit mir die Töpfe nicht mehr entgegenkommen. Ich glaube, dass selbst du danach keine Lust mehr zum Kuscheln hast!«

Ehrlich gesagt, war unser Liebesleben auf See dürftig. Schon deshalb, weil wir wegen der Wachen in der Regel nicht gleichzeitig in der Koje lagen. Nicht dass wir das nicht versucht hätten. Aber bei mir wollten während dieser gezielten Zehn-Minuten-Versuche nicht die rechte Freude und Entspannung aufkommen. »Gerhard, bist du ganz sicher, dass Letchers Wahrscheinlichkeitsrechnung stimmt und wir abseits von Schifffahrtsstraßen kaum mit Dampfern rechnen müssen?« – »Ja, bin ich, und wenn wir alle zehn Minuten rundgucken, sind wir ganz auf der sicheren Seite.« Aber es half nichts: In meinem Kopf hatte ich statt erotischer Gedanken treibende Container und riesige Frachter. Gerhard kannte solche Probleme nicht – ihm war jede Lebenslage recht.

Wir hatten inzwischen optimalen Wind und liefen direkten Kurs nach Süden. Die kabbeligen Wellen von der Seite, die den Arbeitsaufenthalt unter Deck so anstrengend gemacht hatten, gab es nicht mehr. Gerhard ging es etwas besser.

Das Wetter war nicht übel – tagsüber viel Sonne, nachts allerdings sorgte die hohe Luftfeuchtigkeit für ein nasses Deck. Kalt war es auch. Eingemummelt in warme Strampelanzüge unter den Segeloveralls hockten wir im Cockpit. Mangels zweiter Garnitur immer in denselben. »Sollten wir je in Bayona ankommen, werden wir stinken wie die Pumas!« – »Das tun wir jetzt schon.«

19. September. Eintrag aus dem Log-Tagebuch:
Wir haben keine Funkverbindung zu den anderen Booten aus Falmouth. Ich wüsste gern, wo sie sind. Hier um uns herum sind nur ab und zu von fern die Lichter großer Pötte zu sehen – schon ein merkwürdiges Gefühl, so allein auf dem Ozean. Seit es unter uns mehr als tausend Meter tief ist, hat das Wasser diese tiefblaue Farbe. Jetzt sind wir wirklich Blauwassersegler! Wir haben gerade eine lange weiche Dünung. Nach mehr als 48 Stunden Gebolze und Gebocke gegen Wind und Wellen ist das einfach herrlich. Nur ab und an knallt eine Welle gegen das Schiff. Hoffentlich bleibt's so angenehm wie jetzt.

Ich habe angefangen, Spanischkassetten zu hören, mal sehen, was es bringt. Ansonsten mache ich wenig, die an-

spruchsvollere Literatur steht immer noch im Regal – vielleicht im Süden? Seltsam, es fällt mir schwer, über das rein Sachliche hinaus aufzuschreiben, wie es mir geht. Die großen, tiefsinnigen Gedanken fehlen. Vielleicht bin ich eine geistige Flachpfeife.

Ich sitze stundenlang nur da, gucke auf das Wasser und lasse die Gedanken fliegen. Frage mich, was ich eigentlich so großartig daran finde, hier draußen zu sein. Überhaupt daran, zu segeln. Schwer zu beschreiben. Ich bin hier in einer anderen Welt. Alles, was an Land wichtig ist, zählt nicht. Meine kleine Welt ist ein abgeschlossener Kosmos, nur bestimmt durch den Wind und das, was ich selbst tue. Auf meinen paar Quadratmetern Boot, weit weg von jeder Küste, fühle ich mich frei wie nirgendwo sonst. Hier zählen nur wir und das Wetter. Hier ist wichtig, ob wir mit dem fertig werden, was die See und der Wind für uns bereithalten. Ich weiß nie, was der nächste Tag, was die kommende Nacht bringen wird. Ob ich Zeit haben werde, wie jetzt dazusitzen und zu grübeln. Ob ich bald hektisch Segel bergen oder über einen Regenguss fluchen werde. Ob es ein in aller Ruhe gekochtes Menü geben kann oder nur Linsensuppe aus der Dose. Jeder Tag ist anders, aufregend, neu. Ich finde es einfach herrlich.

An meinem Geburtstag dümpeln wir auf Bayona zu. Kein Wind, der Himmel grau in grau. Um uns herum jede Menge Luftfeuchtigkeit – diesmal immerhin spanische, die zumindest wärmer ist als die englische. Es ist nicht zu fassen: Ausgerechnet auf unserer Biskaya-Tour erwischen wir gleich zwei Flauten. Aber es gibt Hoffnung, dass wir mit Hilfe der Motoren die restlichen zwanzig Seemeilen bis zum Abend schaffen werden. Schließlich habe ich Geburtstag, da ist der Geizgatte mit dem Sprit ausnahmsweise großzügig. Ich freue mich nach sechs Tagen mit Tee, Saft und Nudeln mit roter Soße auf Sekt und Steak.

»Delfine!« Gerhard stand am Bug und war aufgeregt wie ein Kind. Mir ging es nicht anders, ich rannte nach vorn und staunte die große Delfinschule an, die um unsere Rümpfe spielte. Sah das fantastisch aus! So oft hatten wir davon gehört und gelesen. Jetzt erlebten wir diese eleganten Geburtstagsgäste live und konnten uns nicht satt sehen. Wir lagen in den Netzen und konnten sie fast streicheln. Wir sangen ihnen Lieder vor, das schienen sie zu mögen. Immer wenn sie Anstalten machten wegzuschwimmen, sangen wir und sie kamen zurück. Das bildeten wir uns jedenfalls ein. Fast zwei Stunden blieben sie in unserer Nähe.

Kurz vor der Ankunft in Bayona fingen wir an zu spekulieren, ob die anderen Boote, die gleichzeitig mit uns aus Falmouth abgesegelt waren, schon da sein würden. Gerhard hielt das für ausgeschlossen, ich war mir da nicht so sicher. Der Blick durchs Fernglas gab mir schließlich Recht: Der gelbe Rumpf der Camareighes und die kleine, himmelblaue Antares ankerten einträchtig nebeneinander. Dann dröhnte auch Asmats Stimme: »Hey, Manua Siai!« Wir ließen den Anker fallen, zwei Minuten später war unser Freund an Bord, und der Sektkorken knallte. Gerhard musste dringend klären, warum wir langsamer gewesen waren als die anderen (weil wir durch unseren Kurs am äußeren Rand der Biskaya viel mehr Seemeilen gemacht hatten als sie, die direkten Kurs gefahren waren). Dann, nach sieben Tagen und sechs Nächten auf See, fiel die Anspannung allmählich von uns ab. Die Angst vor der Biskaya war Vergangenheit. Ich war restlos glücklich.

Aber mal ehrlich – nur in Spanien zu sein war ja noch nicht der Hit. Da war ich schon oft gewesen. Aber diesmal war es anders. Nicht nur, weil wir auf eigenem Kiel hergekommen waren. Diesmal waren wir keine Touristen mit begrenzter Zeit. Dass es tagelang in Strömen goss, war egal. Wir konnten auf die Sonne warten. Wenn wir wollten, konnten wir monatelang bleiben.

Als wir dann an der portugiesischen Küste entlang nach Süden segelten, wurde uns langsam klar, dass wir unser ursprüngliches Ziel für den Winter – Zypern oder die Türkei – vergessen konnten. Für das Mittelmeer war es zu spät, dort setzten jetzt bereits die Herbststürme ein.

»Gerhard, lass uns auf die Kanaren segeln, da ist es garantiert warm.«

»Ja, und superteuer.«

»So schlimm wird's schon nicht sein, andere segeln da doch jetzt auch hin!«

»Weil sie von da aus in die Karibik segeln, nicht um da zu überwintern.«

»Das könnten wir doch auch überlegen.«

»Betsie, wir haben gerade mal zwanzig Segeltage an Erfahrung, und da willst du gleich über den Atlantik gehen? Wir haben immer gesagt: nicht im ersten Jahr!«

»Ja, ich weiß, aber andererseits hat doch bisher alles ganz gut geklappt …«

»Nein.«

Ich sah ein, dass er vermutlich Recht hatte. Außerdem lernten wir Jens kennen. Jens hatte am Fluss Guadiana zwischen Südportugal und Südspanien eine Finca, ein Grundstück mit einem kleinen Haus. Wir trafen ihn, als er bei Alvor an der Algarve mit seinem Boot auf einer Sandbank festsaß. Der chaotische Lockenkopf war uns gleich sympathisch. Warum also nicht mit ihm gemeinsam in den Fluss segeln? Wir hatten keine festen Pläne mehr und alle Zeit der Welt. Der Fluss musste außerdem etwas Besonderes sein. Schließlich hatte Jens sein Boot ursprünglich auch gebaut, um damit längere Zeit segeln zu gehen. Dann aber war er mit seiner damaligen Freundin nach unangenehmer Herbstsegelei – jede Menge Sturm und Regen – im Guadiana angekommen, war dem Reiz der Umgebung verfallen und hatte ein Grundstück gekauft. Die Freundin war inzwischen eine Ex und zurück in Deutschland; Jens dagegen baute am Fluss seine Finca aus, mit dem Boot als schwimmendem Schlafzimmer gleich davor.

Wir hatten nie vorgehabt, innerhalb von drei Jahren um die Welt zu segeln. Uns war es genug, zu reisen, unterwegs zu sein. Warum also nicht ein paar Monate in Spanien bleiben? Ehrgeizigen Zielen waren wir lange genug gefolgt; genau das wollten wir nicht mehr. Keine festen Zeitpläne, keine fest gefügten Regeln. Hinter mir lagen achtzehn Jahre, in denen der Beruf ganz oben auf der Prioritätenliste gestanden hatte. Fast zwanzig Jahre voller Ehrgeiz. Damit war jetzt (zur großen Enttäuschung meiner Mutter) Schluss. Noch in Deutschland, kurz vor der Abfahrt, war ich wütend geworden, wenn wieder jemand sagte: »Oh, ihr wollt also um die Welt segeln«, nachdem ich mir zehn Minuten den Mund fusselig geredet hatte, dass wir uns kein Ziel stecken, also auch nicht um die Welt segeln wollten.

Ich hatte lange davon geträumt, in der Sonne zu leben, nicht zu arbeiten, mich treiben zu lassen, Neues zu erleben. Allerdings hatte ich nie die Kraft gefunden, mehr zu tun als zu träumen. Tatsächlich war ich bis jetzt herzlich wenig gereist. Ein paarmal nach Spanien, ein paarmal nach Südfrankreich oder England. Strand- und Campingurlaube. Nichts in diesen Urlauben hatte meine versteckte Abenteuerlust ans Tageslicht gebracht. Im Gegenteil: Am liebsten blieb ich zwei oder drei Wochen an einem Fleck, fühlte mich ein bisschen heimisch und machte ab und an einen Tagesausflug.

Nur einmal wäre es fast passiert. Ich war zweiunddreißig und machte zum ersten Mal allein Urlaub. Ich flog nach Gomera und war begeistert. Ich verlängerte den Urlaub und flog sogar ein zweites Mal auf die Insel. Ich wollte mir einen Campingbus kaufen, langsam in Richtung Kanaren fahren und dort eine Zeit lang bleiben. Allein. Aber zurück in Deutschland reichte die Entschlusskraft gerade dafür, ein paar Campingbusse anzusehen und mit der Bank über einen Kredit zu sprechen. Irgendwann hatte dann ein neuer, spannender Job gelockt, und aus mir war statt einer Globetrotterin eine festangestellte Redakteurin mit schöner Altbauwohnung geworden. Aus dem Campingbus eine Einbauküche. Ein paar Jahre später war Gerhard aufgetaucht.

Eiszeit in Spanien

Seit sechs Wochen liegt die Manua Siai vor Jens' Finca, eine Viertelstunde mit dem Beiboot vom nächsten Dorf entfernt – San Lucar de Guadiana auf der spanischen Uferseite. Gegenüber ist Portugal und das Dorf Alcoutim.

Wir haben Heiligabend, eigentlich schon den ersten Weihnachtstag. Ich habe die halbe Nacht bei Feliz und Eli in San Lucar Rotwein getrunken und geheult. Gerhard und ich haben mal wieder Streit. Es ist einer jener Tage, an denen wir uns überhaupt nicht verstehen.

Gestern war unser Hochzeitstag und alles noch eitel Sonnenschein. Wir hatten mittags in Angels Restaurant gegessen, mit dem Wirt geklönt und eine neue Bekanntschaft gemacht. Die Tür war aufgegangen, und ein junges Mädchen hatte einen blinden alten Mann an die Theke geführt. Er hatte Wein bestellt, sich eine Zigarette zwischen die Lippen schieben lassen und ein Gespräch mit uns angefangen, wobei er sich für seinen Sprachfehler entschuldigte; den habe er seit einer Operation. Die Stimme war unnatürlich hoch und kippte ab und zu weg.

Wir hatten mit unseren paar Brocken Spanisch mühsam erzählt, dass wir auf unserem Boot wohnen und den Winter in San Lucar verbringen würden. Er war sehr interessiert gewesen, hatte seinen Wein mit uns getrunken, bis ihn das Mädchen wieder abholte. Abends Lagerfeuer bei Jens und weitere gute Gespräche, dann viel Liebe auf der Manua Siai. Harmonie pur. Gestern. Heute ist von Trennung die Rede. Was immer der eine sagt, kommt beim anderen falsch an. Was ist bloß los mit uns?

Drei Landleinen verbanden die Manua Siai mit dem Ufer, in den Fluss hatten wir zwei Anker ausgebracht, damit das Boot nicht ständig in der starken Tidenströmung drehte. Unser Platz für den Winter hätte idyllischer kaum sein können. Wir waren umgeben von sanft ansteigenden Hügeln, blökenden Schafen und kleinen weißen Höfen an den Flussufern. Über allem prangte ein knallblauer Himmel, und wir frühstückten im Badezeug. Aber weder Sonne noch Landschaft hatten genützt – das aus Kindertagen vertraute Muster hatte uns voll erwischt: kein Weihnachtsfest ohne Familienstreit.

Die schmalen Gassen von San Lucar sind wie ausgestorben, als ich mit trüben Gedanken zu der Party gehe, bei der ich Gerhard vermute. Die Dorfjugend hat gemeinsam eine ehemalige Disco gegenüber der Kirche gemietet, um dort ab Heiligabend zehn Tage beziehungsweise Nächte lang zu feiern. In der Kirche haben wir ein paar Stunden vorher die Messe besucht. »Christmesse im katholischen Spanien, das wird bestimmt schwer feierlich«, hatten wir gedacht. Von wegen.

Die Kirche war zwar voll, und im Altarraum stand eine riesige Krippe, aber feierlich war es kein bisschen. Gleißendes Neonlicht statt Kerzen, keine Orgel. Als der Gottesdienst begann, hatte ich mich gewundert, dass der Pfarrer nicht allein war, sondern am Altar weibliche Unterstützung hatte. Sekunden später war mir auch klar, warum. Der Pfarrer war der blinde alte Mann von gestern, diesmal ohne Wein und Zigarette. Die Feierlichkeit wurde durch seinen Sprachfehler nicht gerade gesteigert.

Im Laufe der Messe waren sich die Menschen in der Kirche plötzlich gegenseitig um den Hals gefallen. Wir hatten nicht gewusst, weshalb (mit unseren geringen Spanischkenntnissen hatten wir keine Chance, auch nur einen Bruchteil der Zeremonie zu verstehen). Wir mochten keine fremden Leute umarmen – und einander schon gar nicht. Halsumdrehen wäre schon eher gegangen.

Dann, gegen Ende der Messe, plötzlich Musik, ein Chor mit Tamburinen. Die Stimmung in der Kirche war fröhlich geworden, die Menschen hatten geredet und gelacht und waren nach vorn zur Krippe gezogen. Wie immer neugierig, hatte ich wissen wollen, was sie da vorne machen, und war mitgegangen. Vor der Krippe hielt die Assistentin des Pfarrers das fast babygroße hölzerne Jesuskind im Arm, in der anderen Hand ein Taschentuch. Einer nach dem anderen küssten die Gemeindemitglieder dem Holzbaby das Knie. Dann ein schneller Wisch mit dem Tuch – und der Nächste bitte! Ich hatte darauf verzichtet, mich den Dorfsitten anzupassen.

Meine Erinnerung an die Messe wird jäh unterbrochen, als mein Blick auf Gerhard fällt. Er liegt – bei minus sechs Grad Celsius – vor der Kirche und schnarcht, komplett abgefüllt mit Gin. Na großartig. Gemeinsam mit Freunden bette ich ihn in den Partyraum gleich gegenüber. Zwei Stunden später ist er transportfähig, und wir fahren mit dem Beiboot die fünfzehn Minuten flussabwärts nach Hause zu unserem Schiff. Frohe Weihnachten!

»Cachaaaaa!« Der Schrei durchdringt das Dickicht der Orangenbäume. »Cachaaaa!« schließt sich eine zweite Stimme an. Es dauert ein paar Minuten, bis ich den Sinn der Schreie verstehe. Sie verlangen Plastikkisten, *cajas*, für die geschnittenen Orangen. Es ist unser erster Arbeitstag auf einer riesigen Orangenplantage. Offenbar ist der Kistenvorrat der spanischen Kolleginnen bereits verbraucht. Ich kann es nicht fassen. In meiner Baumreihe liegen die leeren Kästen noch zu Dutzenden, von Knappheit keine Spur. Vor zwei Stunden habe ich mir eine derbe Stofftasche und eine Zange in die Hand drücken lassen und seitdem sechs Kisten gefüllt – nur sechs. Der aktuelle Akkord liegt bei fünfundvierzig Kisten in sechseinhalb Stunden.

Verdammt, jetzt habe ich wieder meine Orangenzange in eine Frucht gerammt. Genau davor hat der Vorarbeiter alle Anfänger gewarnt. Und ich habe noch gedacht: »Der hält mich wohl für blöd – ist doch klar, dass man nicht mit der Zange in die Orange sticht!«

Aber da wusste ich auch noch nicht, wie dicht die Biester manchmal in Trauben an einem Zweig sitzen. Zack – eine abgeschnitten, die Nächste angeritzt. Die ist jetzt reif für den Müll und fliegt auf den Boden. Weitere Mahnungen des Vorarbeiters im Ohr, arbeite ich mich mit meinen beiden Leidensgenossen, Gerhard und noch einem anderen Anfänger, weiter durch die Baumreihe. Keine Stiele an den Orangen lassen und die Früchte auf keinen Fall pflücken, immer schneiden! Misstrauisch begutachte ich jedes Beutestück, ob es auch ja die Anforderungen erfüllt. Auf diese Weise brauche ich Ewigkeiten für jede Orange und für fünfundvierzig Kisten vermutlich eine Woche. Ich gönne mir eine Pause – zu Studienzwecken. Ob Männer oder Frauen, wohin ich auch gucke, füllen sie die Kisten in enormem Tempo. Es soll Leute geben, die mehr als hundert Kisten am Tag schaffen und dabei noch singen.

Der Nebenbaum ist in spanischer Hand. Drei Frauen machen sich über ihn her. Im Sekundentakt schnippen ihre Zangen, fliegen die Früchte in die Beutel. Der Baum ist hoch, die oberen Zweige sind voll. Eine der Frauen springt, packt einen Ast, zu zweit ziehen sie ihn nach unten, bis er bricht. Egal, schnipp, schnipp, Beutel voll. Ruck, zuck sind sie einen Baum weiter.

Natürlich wird von der Plantagenleitung nicht gern gesehen, wenn ganze Äste von den Bäumen abgebrochen werden. Kontrolleure laufen durch die Baumreihen, prüfen, ob keine Stiele an den geschnittenen Früchten sind, und ermahnen diejenigen, die sie bei der Anwendung der rohen Methode erwischen. Schließlich gibt es Leitern. Die allerdings sind aus Eisen, viel zu schwer und unhandlich. Tage später erfahre ich, dass bei schlechter ebenso wie bei zu langsamer Arbeit Kündigung droht.

Um fünf vor fünf kommt das Zeichen zum Aufhören. Punkt fünf fährt der Plantagenbus die Arbeiter zurück in ihre Dörfer. Wir steigen ein – vollkommen erledigt. Unsere Hände und Unterarme sind zerkratzt; Orangenbäume haben bis zu acht Zentimeter lange Dornen. Aber ich fühle mich prächtig. Die Arbeit unter spanischer Frühlingssonne im Duft der Orangenbäume hat gut getan. Und ich habe den Mindestlohn verdient – umgerechnet fünfundvierzig Mark. In den ersten Tagen wird noch kein Akkord von mir erwartet. Ich bezweifle auch stark, dass ich ihn je schaffe.

»Keine Sorge, das kommt schon«, beruhigen die neuen Kolleginnen und Kollegen. Im Bus geben sie Tipps: »Wenn du lange Socken nimmst und Löcher für die Finger reinschneidest, kannst du deine Arme schützen. Und kauf dir Lederhandschuhe, die gibt es an der Tankstelle in Villa Blanca.«

Als wir am nächsten Tag zur Arbeit erscheinen, sind wir besser gerüstet, haben die Socken und die Handschuhe. Nur gearbeitet wird heute anscheinend nicht. Der Bus bringt uns zwar zur Plantage, aber da tut sich nichts. Andere Arbeiter aus anderen Bussen stehen herum, die Pflücktaschen schlaff an der Hüfte, Zigaretten rauchend.

Die Sonne scheint nicht, es ist kalt, wir hatten heute früh sogar Eis auf dem Schiff. Einige haben sich gegen die Kälte ein Feuer angezündet. Wir steigen nicht aus, und unser Bus fährt – unter Bravorufen der Insassen – wieder ab. Ich verstehe gar nichts. Nach zwei Kilometern halten wir vor einer großen Bar. Aha, wir gehen Kaffee trinken.

»*Que pasa?* – Was ist los?«, frage ich und erfahre, dass wir auf die Sonne warten, damit sie die Orangen trocknet. Wenn die Bäume nass sind, kann nicht geschnitten werden. Nein, die Wartezeit bezahlt der Chef nicht, den Kaffee auch nicht, das Wetter ist unser Pech. In mir rebelliert – still – der deutsche Gewerkschaftsgeist, dem auch die gemeingefährlichen Leitern nicht gefallen.

Aber ich sage nichts. Schließlich bin ich froh, dass ich als Ausländerin Arbeit habe. Ohne große Fragen, ohne bürokratische Hindernisse. Ich habe mich beim Arbeitsamt registrieren lassen, die entsprechende Bestätigung im Plantagenbüro abgegeben, zwei Tage später einen langen, mir unverständlichen Vertrag unterschrieben und angefangen. Ich weiß, dass ich gegen Arbeitsunfälle versichert bin, dass mein Arbeitgeber Steuern für mich abführt und ich selbst zwei Prozent meines Lohns an Steuern zahlen muss. Und dass fünfundvierzig Mark am Tag für Bootsleute in Südspanien mehr als genug zum Leben sind.

Sieben Ausländer arbeiten hier auf der riesigen Plantage eines deutschen Saftherstellers. Zwei von ihnen sind Segler wie Gerhard und ich, die anderen deutsche und englische Aussteiger. Auf der Plantage arbeiten wir Ausländer in einer Gruppe. Manu, unser spanischer Kontrolleur, ist freundlich. Wir sind eine Abwechslung für ihn wie auch für unsere Kolleginnen und Kollegen. Manu erzählt mir in der dritten Arbeitswoche, in der wir unser Pensum immer noch nicht schaffen, dass er bei uns ein Auge zudrückt.

Schließlich sehe jeder, dass Ausländer nicht so gut Orangen schneiden könnten. Ich frage mich wieso. Bekommen Andalusier etwa die Orangenzange schon zur Taufe? Wohl nicht, aber sie tauschen früh alle Tricks aus, und die Frage »Wie viele *cajas?*« ist am Abend die normale Begrüßung. Auch meine spanischen Bekannten im Dorf erkundigen sich stets nach meiner Leistung, um mich dann mit einem mitleidigen Lächeln zu bedenken.

Ich werde es nicht schaffen, mit meiner Antwort Anerkennung zu ernten. So lange, dass ich mich zum Profi entwickle, werde ich nicht in den Orangen arbeiten. Und um die Reisekasse aufzubessern, reicht mir der Mindestlohn. Also versuche ich erst gar nicht, mehr zu schaffen. Wichtiger als das Geld ist für uns etwas anderes. Durch die Arbeit lernen wir die Menschen, in deren Nähe wir leben, besser kennen. Und wir lernen nebenbei Spanisch.

Mittags hocken alle in Grüppchen zwischen den Orangenbäumen. Wir essen gemeinsam, was wir mitgebracht haben. Anfangs sind die Kollegen uns gegenüber schüchtern, aber nach ein paar Tagen ist das vorbei. Sie möchten, dass wir ihren in Knoblauch eingelegten Fisch probieren, wir bieten von unserem selbst gebackenen Kuchen an. Wir erzählen uns voneinander und lachen gemeinsam.

Die nächsten Wochen sind allerdings nicht immer heiter. Der Druck in der Plantage wächst. Es kommt vor, dass meine halb gefüllten Kisten verschwinden oder dass die sonst so netten Kollegen heimlich die leicht erreichbaren unteren Früchte von meinem Baum schneiden. Akkordarbeit schafft keine Freundschaften, und ich bin froh, dass ich diese Arbeit nicht mein Leben lang machen muss.

Eines Abends besuche ich Feliz, der einen Fernseher samt Satellitenschüssel hat. Wir schalten ein deutsches Programm ein – es läuft Werbung für Orangensaft aus spanischen Früchten. »Guckt mal, meine Orangen«, will ich gerade verkünden, da greift auf dem Fernsehschirm eine Männerhand in den Orangenbaum. Ohne Handschuh, ohne Zange, von Kratzern keine Spur. Und dann rupfen die manikürten Finger die Frucht vom Baum. Ich bin ehrlich empört. Mich hätten sie dafür entlassen.

Kein Zweifel, wir führten inzwischen ein Landleben. Morgens um halb sieben stiegen wir bei eisiger Kälte in unser Beiboot und fuhren ins Dorf, dort stiegen wir zu zwei anderen Orangenpflückern ins Auto, fuhren eine weitere halbe Stunde und stiegen in einem anderen Dorf schließlich in den Plantagenbus um. Noch eine halbe Stunde Fahrt, dann die Arbeit. Abends kamen wir nach zehn Stunden erschöpft zurück und tranken einen Wein in unserer Stammkneipe. Dann nach Hause, essen, vielleicht noch ein bisschen bei Jens am Lagerfeuer sitzen, dann ins Bett.

Im Dorf kannten wir inzwischen fast jedes Gesicht, die Leute grüßten uns, wir fühlten uns in San Lucar zu Hause. Dreimal pro Woche nahmen wir, gemeinsam mit Jens, Spanischunterricht bei Luisa. Luisa war fünfundzwanzig Jahre alt, von Beruf Landschaftsplanerin und gerade arbeitslos. Sie lebte, ebenso wie ihre drei Jahre ältere Schwester Carmen, zu Hause bei den Eltern. Unser Unterricht fand im elterlichen Wohnzimmer statt, und allmählich hatten wir die ganze Familie und Luisas Freundinnen kennen gelernt.

»Morgen ist Samstag, da schlachten wir – kommt ihr auch?«

»Ja, klar, warum nicht. Was schlachtet ihr denn?«

»Zwei Schweine und einen Elefanten.«

»Bitte?«

»Das eine Schwein ist so groß, dass wir es unseren Elefanten nennen. Es ist Vaters Lieblingsschwein, er schlachtet es gar nicht gern.«

Am Nachmittag des nächsten Tages hatte ich lahme Arme. Schon seit Stunden schnitt ich mit zwei großen Messern Fleisch. Seit am frühen Morgen die drei Schweine ihr Leben gelassen hatten (ein Ereignis, dem ich lieber nicht beigewohnt hatte), waren wir gemeinsam mit Luisas Familie und etlichen Freunden dabei, die gewaltigen Fleischmengen zu verarbeiten. Auch Jens arbeitete mit. Zusammen standen wir an einem massiven alten Holztisch und schnitten, zwischendurch lösten uns andere ab. Jeder von uns hatte zwei dreißig Zentimeter lange, scharfe Messer in den Händen, die Spitzen der Messer gegeneinander versetzt. Die Haltung war unbequem, und meine Handgelenke schmerzten. Warum zum Teufel benutzten die keinen Fleischwolf? »Weil der Geschmack der Würste besser ist, wenn man das Fleisch mit Messern hackt«, behauptete Luisa.

Sie und ihre Schwester waren damit beschäftigt, Därme zu waschen und das gewürzte, grobe Hack hineinzustopfen. Zig Würste lagen schon auf einem anderen Tisch. Unter der Decke hingen werdende Schinken. Draußen kochten Luisas Mutter und die Tante Blutsuppe. Das hätte mir vor einem Jahr mal jemand erzählen sollen, dass ich in einem andalusischen Dorf bis zu den Armen in frisch geschlachtetem Schweinefleisch stecken und Blutsuppe probieren würde! Fast jedenfalls, bei der Suppenverteilung konnte ich im letzten Augenblick unauffällig kneifen.

Der alte Stall, in dem wir schufteten, lag in erfreulicher Nähe zu Julians Kneipe. Ich machte Pause und ging auf eine Zigarette und einen Kaffee rüber. Die Sonne knallte, inzwischen war der Winter eindeutig vorbei, überall fing es an zu blühen. »Na«, lächelte Julian mich an, »ihr bleibt wohl für immer in San Lucar!« Ich lachte zurück: »Nein, Julian, irgendwann geht's weiter.«

Nachdenklich ging ich zurück zum Schlachtplatz. Sicher, das Leben in San Lucar war angenehm. Wir arbeiteten seit einigen Tagen nicht mehr in den Orangen, weil sich Familienbesuch aus Deutschland angesagt hatte. Endlich hatten wir wieder viel Zeit für uns. Gerhard redete manchmal davon, im Dorf ein billiges Grundstück zu kaufen. Ich war dagegen. Ich hatte doch nicht zweieinhalb Jahre damit zugebracht, ein Schiff zu bauen, um dann in Spanien hängen zu bleiben. Abends an Bord redete ich mit Gerhard.

»Was meinst du, wie lange wollen wir noch bleiben? So allmählich möchte ich weiter, schließlich ist das hier ein Segelschiff.«

»Nur mit der Ruhe – was drängelst du denn?«

»Ich möchte wieder segeln.«

»Noch bis Mai, damit wir die Romeria mitfeiern können, ja?

»Okay.«

Noch vier Wochen. Wir genossen unser Leben ohne Orangenschneiden und nutzen den kostenlosen Internetzugang in der Bibliothek von Alcoutim aus. Bis vor kurzem waren wir noch klassische Internetmuffel gewesen. Inzwischen hatten wir aber entdeckt, wie praktisch es war, per E-Mail Kontakt zu Familie und Freunden zu halten. Fortan würde für uns zur klassischen Fragenkollektion an jedem neuen Ankerplatz – »Wo gibt es Trinkwasser, wo Gas, wo ein Telefon, wo vielleicht eine Waschmaschine? – auch die Frage nach dem nächsten und günstigsten Internetcafè gehören. Wir machten lange Spaziergänge über die täglich grüner werdenden Hügel am Fluss und freuten uns am Frühling: am Weiß der Mandelblüte, am Orange und Gelb der Ringelblumen und dem zarten Rosa kleiner wilder Blüten. In jeder Frühlingswoche bekamen die Hügel eine andere Farbe.

Selbst unser Freund Jens schien zu strahlen – und dann verstanden wir auch warum. Jens war verliebt in Luisa. Und sie in ihn. Das wäre nicht weiter erwähnenswert, wenn da nicht Luisas Vater Manuel gewesen wäre.

»Mein Vater darf von uns nichts wissen«, erklärte Luisa kategorisch.

»Warum denn nicht?«

»Weil du Ausländer bist und auf einem Boot lebst.«

Jens verstand das zwar ebenso wenig wie wir, immerhin gingen wir in Luisas Elternhaus seit Monaten ein und aus und wurden stets freundlich willkommen geheißen. Aber er fügte sich und traf sich heimlich mit Luisa.

Nach einigen Wochen hatten Jens und Luisa die Heimlichkeiten satt. Luisa gestand ihrem Vater die Beziehung – und kam verheult und verzweifelt auf die Finca.

»Er sagt, ich darf Jens nicht mehr sehen! Und keiner von euch darf mehr in unser Haus.«

»Was? Aber warum, um Himmels willen?«

»Für ihn sind alle Bootsleute Drogendealer. Ihr arbeitet nicht regelmäßig und habt trotzdem Geld, da ist für ihn klar, wo das Geld herkommt. Und er will nicht, dass ich mich mit solchen Leuten abgebe!«

Ich war fassungslos. Dieser freundliche ältere Herr, der sich vor drei Wochen noch in seinem Wohnzimmer über uns amüsiert hatte, als wir unsere Karnevalskostüme vorführten, dieser redliche, gutmütige Landwirt, der traurig war, wenn er sein Lieblingsschwein schlachten musste, dieser nette Mensch hatte solche Vorurteile? Dann wurde ich wütend.

»Wie kann dein Vater so über uns urteilen, er hat doch nie nach unseren Hintergründen gefragt! Dem werd ich was erzählen. Dafür wird mein Spanisch schon reichen! Lass mich mit ihm reden!«

»Nein! Das macht alles nur schlimmer!«

Das wollte mir zwar nicht in den Kopf, aber ich respektierte Luisas Wunsch. Sie hoffte, dass sich ihr Vater wieder beruhigen würde. Jens aufgeben wollte sie nicht. Wochenlang sprach Manuel kein Wort mit seiner Jüngsten. Der älteren Tochter Carmen machte er Vorwürfe, sie habe nicht auf Luisa aufgepasst. Die Mutter versuchte zu vermitteln und hatte ständig rotgeweinte Augen. Unser Spanischunterricht wurde zu einer heimlichen Angelegenheit. Luisa litt unter alledem, blieb aber stur. Den Dickkopf hatte sie mit ihrem Vater gemeinsam.

Unter uns »Drogendealern« wurde heiß diskutiert. Wir hatten inzwischen erfahren, dass Luisas Familie sogar anonyme Briefe bekommen hatte: »Eure Tochter treibt sich mit Ausländern rum.« Ich traute eine Weile niemandem mehr in San Lucar. Jedes Lächeln erschien mir falsch. Ich wollte nur noch weg von dieser verlogenen Gesellschaft.

Dann fing ich an, mit ein paar Menschen aus dem Dorf darüber zu reden. Mit Julian zum Beispiel, unserem Lieblingswirt. Er bat um Verständnis für den »eifersüchtigen und besorgten Vater«. Er erklärte, dass viele der älteren Menschen in San Lucar nie weiter aus ihrem Dorf herausgekommen seien als bis zur nächsten Stadt. Alles Fremde sei ihnen verdächtig. Sie könnten sich nicht erklären, wie wir lebten, ohne regelmäßig zu arbeiten. Oder warum die Ausländer in San Lucar so ganz anders aussähen als die Deutschen und Engländer im Fernsehen. Die im Fernsehen seien reich und ehrgeizig, würden Mercedes fahren und feine Anzüge tragen. Die Ausländer in San Lucar dagegen …

Das war natürlich richtig. Die Holländer, Deutschen und Engländer, die mit ihren Booten gekommen waren und sich am Fluss niedergelassen hatten, waren das genaue Gegenteil dieser Fernseheuropäer. Sie waren Aussteiger und wollten lieber mit wenig Geld auskommen und von selbst gezogenem Gemüse leben. Bei unseren jungen spanischen Freunden in San Lucar war es genau umgekehrt; sie wollten Autos und gute Jobs. Außerdem, sagte Julian, wisse in San Lucar jeder, dass viele der Ausländer Marihuana rauchten. Das stimmte – aber es stimmte auch, dass die Dorfjugend ihnen da in nichts nachstand.

Ich erzählte Julian von meinem früheren Leben, von unserem Ersparten, erinnerte an unsere Wochen als Orangenpflücker. Ich sagte auch, dass der Schwede Jan früher Lehrer gewesen sei und jetzt eine Pension beziehe. Dass Mary einmal im Jahr zum Geldverdienen nach England fuhr. Dass John Hotelmanager gewesen sei und Werner Abteilungsleiter bei VW. Ich berichtete ihm, wovon die Ausländer in San Lucar lebten, weil ich wusste, dass Julian mit den anderen darüber sprechen würde – schließlich hatte er eine Kneipe. Wenn Unwissenheit die Menschen in San Lucar dazu brachte, uns für Drogendealer zu halten, dann konnte Information nur nützen. Schließlich setzte ich mich mit meinem Computer demonstrativ unter die Bäume vor Julians Kneipe und schrieb. Jedem, der fragte, erklärte ich, dass ich Journalistin sei und Artikel schreiben würde, weil ich Geld verdienen müsse.

Nach einiger Zeit hatte sich die Aufregung wieder gelegt. Manuel hatte zwar seine Einstellung zur Beziehung seiner Tochter nicht geändert, aber beim Frühlingsfest schaffte er es immerhin, uns zu grüßen. Und seine Frau lächelte sogar.

Ana hat ihren großen Auftritt. Fast hätten wir die unscheinbare Kollegin aus den Orangen nicht erkannt. Hoch zu Pferd sitzt sie mit stolzer Grazie, der gerüschte Rock ihres knallroten Flamencokleides fällt weit über den Pferdehintern. Das schwarze Haar im straffen Knoten schmückt eine große rote Blume. Lässig flirtet sie von Pferd zu Pferd mit Leon. Auch er sieht besser aus denn je: Der dicke Bauch wird von einer breiten, schwarzen Bauchbinde gehalten, darüber bauscht sich eine weiße Bluse. Auf dem Kopf trägt Leon einen schwarzen Sombrero und die engen Reithosen an den kräftigen Beinen lassen Leon fast schmal erscheinen. Verblüfft sehen wir die beiden zum nächsten Zelt abdrehen und starren den breiten Pferdehintern nach. Ich bin hin und her gerissen zwischen Staunen und Angst: Staunen über die veränderte Ausstrahlung unserer Bekannten und Angst vor den Pferden. Angst vor Pferden habe ich immer, aber ganz besonders vor denen, deren Reiter zu viel Bier getrunken haben und ihre Tiere plötzlich im Galopp lospreschen lassen.

Aus zwei Dörfern haben sich die Leute auf freiem Feld getroffen, Zelte und kleine Buden aufgebaut und enorme Mengen Getränke und Proviant herangekarrt. Viele kommen hoch zu Pferd oder weniger hoch mit dem Esel zum Fest, andere stellen ihre Autos hinter den Zelten ab und bringen die Gäule im Anhänger mit. Pferde und Esel sind glänzend gestriegelt. Die jungen Leute reiten von Zelt zu Zelt. Die Zügel entspannt in der einen, das Bier in der anderen Hand. Drei Tage und Nächte wird getrunken, gesungen, geredet, getanzt.

Die Romeria ist ein Fest der Einheimischen. Getränke oder Essen gibt es nicht zu kaufen – die Familien und Cliquen laden sich gegenseitig ein. Wir laufen ein bisschen verunsichert über das Gelände und wissen nicht so recht, ob wir hier erwünscht sind.

»Holà, Bettina y Gerhard! Kommt rein und trinkt was mit uns!«

Marie-Angele, eine andere Kollegin aus den Orangen, hat uns entdeckt und winkt uns in ihr Zelt.

»Mama, das sind Bettina und Gerhard, sie haben mit uns gearbeitet und leben auf einem Boot. Das ist meine Mutter, das meine Cousine Analena, das mein Bruder Josè, das meine Schwester Carla, das …

»Was wollt ihr trinken?! Nichts? Das geht nicht. Und essen müsst ihr auch. Diese Pasteten hab ich gemacht, und die Tortilla ist von meiner Mutter!«

Nach einer Stunde schaffen wir es, uns zu verabschieden – und sitzen zehn Minuten später schon im nächsten Zelt.

»Doch, ihr müsst etwas trinken! Hier sind Tapas, alles selbst gemacht, die Sardellen legen wir nach einem Rezept von meiner Oma ein.«

»Gerhard, wenn das so weitergeht, bin ich gleich betrunken und lege mindestens drei Kilo zu!«

Gegen Mitternacht ist es auf dem Platz richtig voll. Feste beginnen in Spanien selten vor elf Uhr. Während wir allmählich müde werden, kommen unsere Gastgeber gerade erst in Fahrt.

Anas Blume im Haar ist verrutscht, der Haarknoten in Auflösung, das Kleid hat Flecken. Aber Ana strahlt und tanzt Sevellanas. Die Hände drehen sich in eleganten Bewegungen um die Gelenke, als Ana mit großer Anmut abwechselnd die Arme über den Kopf hebt. Die Füße tanzen den Rhythmus, den die Freundinnen klatschen. Die schwarzen Augen im erhitzten Gesicht hängen an Leon, lassen seine Augen nicht los. Die beiden tanzen aufeinander zu, drehen umeinander, berühren sich aber nie.

Plötzlich bricht das Klatschen ab, eine Sekunde lang ist alles still. »Cerveza!«, ruft Leon, Bier, und marschiert zur Bar. Gelächter und Geplapper setzen ein, bis wieder jemand den Takt angibt und das Klatschen beginnt.

Ich stehe in der klatschenden Menge und sauge die Musik und die Bilder in mich auf. Ich sehe Gerhard an, sehe das Leuchten in seinen Augen. Er ist genauso glücklich wie ich.

Neue Ufer

Unser Beiboot drohte zu sinken. Nicht scharfe Felsen würden es vernichten, sondern Dutzende von Konserven, Stapel von Rotweinkartons, sackweise Nudeln, Mehl und Zucker, literweise Olivenöl, ein paar Kilo Kartoffeln und Zwiebeln. Vorsichtig tuckerten wir mit dem überladenen Bötchen zum Schiff.

»Gerhard, man sollte meinen, wir wollten für mindestens drei Monate auf See! Wo, um Himmels willen, bringen wir das alles unter?« Ich brauchte Stunden, um alles zu verstauen. Jetzt noch die Wasserkanister auffüllen und dann los, Richtung Azoren. Ungefähr eine Woche würden wir brauchen, wenn der Wind stimmte. »Gerhard, was ist mit der Katze?«

Vor zehn Wochen hatte Jens' Katze drei Junge bekommen. Zwei waren untergebracht – ein Segler wollte sie auf seinem riesigen Katamaran mitnehmen –, aber ein mageres, dreifarbiges Kätzchen war noch übrig, und Jens bekniete uns seit Tagen, es mitzunehmen.

Gerhard hatte die kleinen Knäuel zu schwimmfähigen Bordkatzen ausgebildet. Morgendliche Szene auf der Finca. Gerhard erscheint, die Katzen verschwinden in den Büschen. Gerhard holt sie dort raus und bringt sie auf den Steg. Ab ins Wasser. Erst nur ein kleines Stück vom Steg weg, dann ein bisschen weiter. Die Kätzchen strampeln zurück und klettern wieder auf den Steg. Die Kleinen sollen lernen, nicht in Panik irgendwohin, sondern zurück zum Steg (später: Boot) zu schwimmen, falls sie am Ankerplatz von Bord fallen. Noch mal. Jetzt reicht's dem Nachwuchs. Kaum wieder auf dem Trockenen, treten zwei der drei Jungen die Flucht an. Nur die zarte Dreifarbige bleibt gelassen hocken und leckt sich das Fell. Der Schwimmlehrer ist angetan.

Gerhard und ich waren uns darin einig, dass ein Boot nicht der richtige Platz für eine Katze ist. Zu wenig Bäume. Und auch die schwimmfähigste aller Katzen hat keine Chance, wenn sie während des Segelns über Bord geht. Wir wollten nicht irgendwo auf dem Atlantik feststellen, dass das Haustier weg ist. Jens würde schon jemanden für Nummer drei finden. Also ein klares Nein zur Katze. Sechs Stunden später hatte sich das kleine Biest auf der Manua Siai schon ein bisschen eingelebt. Wir nannten es Zuckerschnecke – Jens' Kosename für Luisa.

Position 37°05 Nord, 008°36 West. Drei Uhr früh, es ist stockdunkel. Wir segeln hart am Wind. Gerhard schläft, die Katze hat gerade auf meinen besten Pulli gekotzt. Das Schiff setzt hart in die Wellen ein, überall kracht es und knallt. Das ist ganz und gar nicht das, was ich zum Thema Nachtwache in meinem Gedächtnis gespeichert hatte. Nachtwache, das war doch Sterne gucken, dem Wellenrauschen zuhören, nachdenken, wohl fühlen. Stattdessen bin ich angespannt und übermüdet, der Krach geht mir an die Nerven. Was für eine blöde Idee von mir, loszusegeln, obwohl der Wind nicht passt und wir kreuzen müssen.

Segeln kann ich auch nicht mehr. Keine Ahnung, welche Leine wozu da ist. Es ist, als wäre ich noch nie auf diesem Boot gewesen. Frustrierend. Ich rauche ein Zigarette. Soll Gerhard sich doch aufregen. Am Fluss hatte ich wochenlang nicht geraucht. Vor ein paar Tagen, als wir in Culatra an der portugiesischen Küste auf den richtigen Wind warteten, hatte ich aber wieder angefangen. Gerhard war ausgeflippt. Wieder mal hatten wir einen riesigen Streit wegen meiner Raucherei.

»Ich fahre nicht weiter, wenn du rauchst. Basta. Dann bleiben wir eben hier.«

»Das kannst du doch nicht bestimmen!«

»Und ob!«

»Ach ja, so wie du alles bestimmen willst?! Deinetwegen haben wir in der verdammten Lagune festgesessen, du ignorierst meine Wünsche total! Und ich will endlich weitersegeln!«

Culatra ist eine kleine Insel in der Nähe von Faro mit einer schönen Lagune. Die Einfahrt zur Lagune ist so flach, dass selbst ein Katamaran nur bei Hochwasser hinein- oder hinausfahren kann. Ich hatte außerhalb der Lagune ankern wollen, um jederzeit abfahrbereit zu sein. Aber Gerhard war in die Lagune gefahren und schien dort Wurzeln schlagen zu wollen. Vor zwei Tagen hatte es mir dann gereicht. Als Gerhard an Land zu tun hatte und gerade Hochwasser war, hatte ich den gut zwanzig Kilo schweren Anker aufgeholt (nicht ganz einfach, wir haben keine Ankerwinde) und die Manua Siai verlegt. Gerhard hatte nicht schlecht gestaunt, als er sein Boot nicht mehr in der Lagune fand.

»Ob ich rauche oder nicht, ist ganz allein meine Sache.«

»Du willst doch gar nicht rauchen!« (Das stimmte zwar, aber eher hätte ich mir einen Finger abgehackt, als das zuzugeben.)

»Betsie, ich liebe dich doch, ich will nicht, dass du dich mit der Raucherei kaputtmachst. Ich hasse Abhängigkeit. Außerdem schmeckst du wie ein Aschenbecher.«

»Das kann ja wohl keine große Liebe sein, wenn du nicht mit meinen Schwächen leben kannst.«

»Also, ich gehe jetzt ankerauf und fahre zurück nach San Lucar.«

»Gerhard, das bedeutet, dass ich gehe. Willst du das?«

»Vielleicht ist es das Beste, dann hat die Streiterei ein Ende.«

Also packte ich meine Koffer, aber ich fühlte mich furchtbar. Ich musste mein Schiff aufgeben. Ich würde nie bis in den Pazifik kommen. Auch keine schönen und verliebten Tage mehr mit Gerhard erleben. Alles vorbei. Ich wollte nicht weinen, aber die Tränen liefen in Strömen.

Gerhard lachte.

»Hey, ich mache ein Foto für meine Reihe ›Betsie verlässt mich‹, ja?«

»Das ist nicht witzig!«

»Doch, das ist es. Nun komm schon, lächle mal!« Er hatte tatsächlich die Kamera geholt.

Mistkerl, jetzt musste ich auch lachen. Gerhard nahm mich in die Arme, machte schließlich das Foto und dann redeten wir noch mal in Ruhe über alles. Ich fühlte mich ungeliebt, weil er mich nicht so nahm wie ich war, Zigarettensucht inklusive; er fühlte sich ungeliebt, weil mir meine Zigaretten wichtiger waren als er. Jeder konnte den Standpunkt des anderen verstehen, aber den eigenen nicht aufgeben. Patt.

Immerhin war ich nicht mehr so sauer. Gerhard hatte es mal wieder geschafft. Während ich starr werden kann vor Wut und dann um nichts in der Welt bereit bin, auf ihn zuzugehen, kann er nach einer Weile seinen eigenen Ärger kontrollieren und Verständigung suchen. Ich beneidete ihn oft um diese Fähigkeit und war dankbar dafür, wenn ich selbst in meiner Wut gefangen war. Andererseits war seine Welt erst dann wieder in Ordnung, wenn die Versöhnung im Bett endete. Und damit waren wir bei einem alten Dilemma gelandet: Gerhard brauchte Sex, um sich mir nah zu fühlen, ich musste mich ihm nahe fühlen, um Sex genießen zu können.

Eine Stunde später hatte er dann plötzlich gesagt: »Gut, wir segeln jetzt! Das willst du doch!«

Und nun hockte ich hier und fand Segeln schrecklich. Als Gerhard zu seiner Wache erschien, schlug ich kleinlaut vor, am Morgen den nächsten Ankerplatz anzulaufen und auf eine Winddrehung zu warten.

Ein paar Tage danach waren wir unterwegs zu den Azoren. 1600 Kilometer Wasser lagen vor uns, die längste Strecke bisher. Die Distanz sah auf der Karte beängstigend groß aus. Christoph aus Münster, ein Amateurfunker und ehemaliger Weltumsegler, der täglich auf einer Amateurfunkfrequenz Wetterinformationen für Segler auswertete, hatte ein stabiles Hoch angekündigt. Das bedeutete optimale Bedingungen für uns. Gerhard schluckte Stugeron, das wir seit der Abfahrt aus San Lucar bei uns hatten. Wenn er das Mittel rechtzeitig nahm, wurde er nicht mehr seekrank und auch nicht müde.

In der dritten Nacht saß ich plötzlich aufrecht in der Koje, aufgeschreckt durch einen lauten Knall. Was zum Teufel war das? Ich hörte Gerhard über das Deck rennen und steckte den Kopf aus der Luke. »Die Masten stehen.« An Deck war alles klar. Jetzt innen checken. Im Backbordrumpf waren die Deckel der unter dem Schiff angebrachten Lüftungsluken offen, durch die Luken war Seewasser bis an die Decke gespritzt und tropfte herunter. Hatte eine dicke Welle die Deckel hochgedrückt? Das allein erklärte noch nicht den Krach. Also weitersuchen. Gleich neben dem Bett fand sich die Ursache des

Knalls: Zwei schmale Schrankwände waren durchgebrochen. Beide nicht sehr massiv und durch Bohrungen geschwächt. Wir kontrollierten sofort beide Rümpfe, aber sonst war alles heil. Sehr merkwürdig und nicht gerade beruhigend.

Am nächsten Tag reparierte Gerhard die Schrankwände. So weit war alles wieder in Ordnung. Nur unsere Gefühle brauchten länger. Einerseits war es tröstlich, dass keine tragenden Teile gelitten hatten, andererseits machte es uns Angst, dass etwas kaputt war und wir die Ursache des Bruchs nicht kannten – und bis heute nicht kennen. Möglicherweise war eine einzelne große Welle schuld – bei sonst mäßigem Seegang. Später haben andere Segler die Theorie entwickelt, dass uns ein Wal beim Abtauchen mit der Schwanzflosse erwischt haben könnte und dabei die Außenhaut des Bootes wie ein Joghurtbecher eingedrückt wurde und wieder heraussprang. Wer weiß? Wir trösteten uns mit dem Gedanken, dass die Außenhaut des Bootes offenbar einiges vertrug. Nach zwei Tagen war unser Vertrauen in die Manua Siai wieder hergestellt.

Das Vertrauen zu meinen Segelkünsten allerdings nicht. Kein Wunder, ich machte immer noch an allen möglichen Fronten Fehler: Segel setzen, Schoten anschlagen, Position in die Karte eintragen, steuern – ein Missgriff folgte dem anderen. Sollte ich erwähnen, dass Gerhard alles andere als liebevoll, geduldig und didaktisch wertvoll mit meinen Patzern umging? Als wir nach acht Tagen und sieben Nächten den Anker warfen, waren wir zwar froh und glücklich, alles in allem gut angekommen zu sein, aber mein Selbstbewusstsein hatte einen dicken Knacks – Gerhards Vertrauen zu seiner Mitseglerin auch.

Wir sitzen im Cockpit der Manua Siai, trinken Wein und unterhalten uns. Luc, der aus Saint Martin in der Karibik stammt, kennt gute Ankerplätze in seiner Heimat und gibt denen Tipps, die dort hinwollen. Jon, der zweiundzwanzigjährige Neuseeländer mit eigenem Schiff, hört zu. Evalotte aus Hamburg träumt davon, für immer auf den Azoren zu leben. Albert erzählt, wie das war, als er beim großen Erdbeben hier auf Faial sein Haus verlor und für sich, seine Frau und die vier Kinder eine neue Unterkunft finden musste. Lars, der Schwede, singt und spielt Gitarre. Ein ganz normaler Abend im Hafen von Horta, dem berühmtesten Hafen der Azoren auf der Insel Faial.

»Horta ist wie eine olympische Stadt von Seglern«, bringt es Eric aus Connecticut auf den Punkt. Stimmt. Es ist Saison, der Hafen rappelvoll und die Zahl der unterschiedlichen Nationalflaggen beeindruckend. Hier kommen alle vorbei: europäische Weltumsegler auf dem Rückweg, Boote von der anderen Seite des Teichs auf dem Weg nach Europa. Die lange Hafenmauer ist ebenso wie das Pflaster am Hafenrand übersät mit bunten Bildern und Schiffsnamen – sich hier zu verewigen gilt für fast jede Schiffscrew als Ehrensache. Und an der Kneipe »Peter Café Sport« führt auch kein Weg vorbei. Der auch von vielen Einheimischen geschätzte Seglertreff ist weltberühmt.

Nur wir mochten Horta nicht. Jedenfalls nicht sofort. Peters Café war ja ganz nett, aber auch nur eine Kneipe mit hohen Preisen und viel maritimer Dekoration. Von der besonderen Atmosphäre, die in diesem tradierten Seglertreff herrschen sollte, merkten wir nicht viel. Der alte Peter, der sich vor Jahren einen legendären Ruf als hilfsbereiter Freund aller Segler geschaffen hatte, war längst tot. Das Geschäft führte seine Familie weiter. Jeden Abend war das Café überfüllt, die Bedienungen kamen kaum durch. Auch der Souvenirshop gleich nebenan ließ keinen Zweifel daran, dass sich mit Berühmtheit ordentlich Geld verdienen lässt. Für unseren Geschmack war das alles ein bisschen zu geschäftstüchtig.

Außerdem mussten wir im Hafenbecken von Horta zum ersten Mal seit Falmouth vor eigenem Anker Liegegebühren zahlen, umgerechnet 3,50 Euro pro Nacht. Dafür durften wir von morgens bis Mitternacht dem Lärm zweier Hafenbaustellen zuhören.

»Wenn ich könnte, würde ich gleich wieder zurücksegeln nach São Miguel«, meinte Gerhard an unserem ersten Abend in Horta. Er war nicht nur wegen der Liegegebühren sauer, sondern kaute auch noch an dem Ärger, den wir bei unserer Ankunft in Horta gehabt hatten. Aber wir konnten nicht gleich wieder los. Eines unserer Ruder bestand nur noch aus verbogenen und zerbrochenen Einzelteilen. »Hätten wir doch bloß nicht diese Charterfahrt gemacht«, maulte Gerhard. »Jetzt fressen die Liegegebühr und die Kosten für die Ruderreparatur das bisschen Geld auf, das wir verdient haben!«

Vor drei Tagen hatte uns ein Paar aus Holland angesprochen, ob wir sie von São Miguel nach Faial segeln könnten. »Warum nicht?«, hatten wir gedacht. Nach Faial wollten wir ohnehin. Und Fons und Tschieske, beide Ende zwanzig, waren uns sympathisch. Wir einigten uns auf 250 Mark als Beitrag zur Bordkasse; sie übernahmen außerdem die Benzinkosten und den Lebensmitteleinkauf für die zwei bis drei Tage dauernde Tour. Mit einem großen Karton voller Leckereien waren sie angerückt. »Werdet Ihr seekrank?« – »Nein, nie.« Beide hatten Segelerfahrung, allerdings auf Einrümpfern. Einige Male hatten sie im Mittelmeer Jachten gechartert.

Fünf Stunden später hing Tschieske über der Reling und

kotzte. Wir hatten kaum Wind, aber kurze, hohe Wellen, und die Manua Siai bewegte sich ziemlich eckig. Kaum konnte Tschieske wieder aufrecht sitzen, ohne gleich zu spucken, ging es bei Fons los. Aber die beiden waren ganz reizende Seekranke. Sie trösteten sich gegenseitig, mal hielt er ihr den Kopf, mal sie ihm. Und waren die Mägen gerade mal ruhig, dann hatten beide ein Lächeln auf den Lippen. Wirklich beeindruckend. Der begeisterte Segler Fons litt sowieso mehr darunter, dass wir wenig Wind hatten, und war glücklich, als wir um die vier bis fünf Windstärken bekamen. Wache ging er auch, trotz Übelkeit.

Kurz vor Faial. Gerhard erscheint zur Wachablösung und fragt Fons, wie seine Schicht war. »Alles prima«, meint Fons, »endlich Wind, wir segeln super! Ach ja«, schiebt er nach, »wir haben nur noch ein Ruder.« – »Bitte, sag das noch mal, was ist mit dem Ruder?« – »Also, eines funktioniert, aber das andere ist weg.« Gerhard guckt nach. Die Ruderhalterung ist verbogen, das Ruder selbst ist tatsächlich nicht da, wo es sein sollte. Aber es ist nicht weg, sondern hängt wie am seidenen Faden hinter dem Schiff. »Alle Segel runter«, kommt Gerhards Kommando. Doch Fons will nicht. »Wieso? Das Schiff läuft doch prima mit einem Ruder. Endlich segeln wir mal richtig. Und wenn wir jetzt die Segel wegnehmen, verlieren wir Höhe.« Dann hält er angesichts von Gerhards fassungsloser Miene lieber den Mund. Wir bergen die Segel.

Gerhard steigt in den Taucheranzug und baut – zehn Seemeilen vor Horta – das defekte Ruder aus. Das beeindruckt Fons, dem allmählich klar zu werden scheint, dass ein kaputtes Ruder noch mehr Schaden nimmt, wenn man es ein paar Stunden lang bei sechs Knoten Geschwindigkeit im Wasser lässt. Und dass es bei uns nicht zugeht wie auf einer Charterjacht – da wird ein Schaden der Versicherung gemeldet, und für den Segler hat sich das Thema erledigt.

Ein Lager ist gebrochen, ein Augbolzen aus 16 Millimeter Edelstahl ist glatt durch. Materialfehler? Eine Spätfolge der »Walbegegnung« oder der Grundberührung vor Bingum (damals, kurz bevor wir aus Deutschland los sind)? Wieder gelingt es uns nicht, die Ursache des Schadens zu klären.

Unter Maschine liefen wir nach Horta und gingen in einer Bucht vor Anker, die uns ein Freund empfohlen hatte. Ein paar Jahre zuvor hatte er dort eine Zeit lang mit seinem Schiff gelegen. Die Einfahrt in den Hafen von Horta wollten wir vorerst meiden, weil wir zwischen den Inseln Faial und Pico hätten hindurch müssen. Der Wind blies inzwischen heftig (natürlich gegenan) und baute in dieser Durchfahrt steile Wellen auf. Mit nur einem Ruder da durch? Lieber nicht.

In der Badebucht machten wir das Beiboot klar, fuhren an den Strand und gingen zu Fuß in den Hafen von Horta, um uns bei den Behörden anzumelden – die Gäste samt Gepäck. Sie flogen von Horta aus nach Holland zurück. Auszug aus ihrem Eintrag in unser Gästebuch: »Besides the thirty times throwing up, not eating for two days, and the broken rudder, it was a nice and unforgettable trip.«

Angekommen bei der Hafenpolizei, gab es gleich Ärger. »Der Katamaran in der Badebucht mit den roten Masten? Der muss da weg.« Man hatte uns also schon gesehen. Gerhard versuchte, dem mäßig englisch sprechenden Herrn zu erklären, dass wir nur ein Ruder hätten und deshalb in der Badebucht gern abwarten würden, bis sich der Wind etwas legte. Nein. »Da ist Ankern verboten!« Mit verschlossenem Gesicht lehnte der Wachhabende sich in seinem Bürostuhl zurück und faltete die Hände über dem dicken Bauch. Gerhard stellte genau die falsche Frage: »Wer sagt das? In meinem Handbuch steht etwas anderes« – »*Ich* sage das!« Alles klar. Die Alternative, die der reizende Herr noch anbot: Wir könnten die Manua Siai in den Hafen schleppen lassen, gegen Gebühr, versteht sich.

Gleich neben der Hafenpolizei legte sich Tschieske derweil versehentlich mit dem Herrn vom Zoll an. Ihr war angesichts des Hafenwassers wieder schlecht geworden, und sie hatte sich kurz hingelegt, damit sich ihr Magen beruhigte. Leider lag sie im Eingangsbereich des Zollbüros. Schimpfend stieß ein Beamter die Tür auf und verscheuchte die leichenblasse Tschieske. Kein »Was fehlt Ihnen?«, kein »Kann ich Ihnen helfen?« Was für ein Empfang. Und das in Horta, über das im Handbuch zu lesen steht: »Der Insel Faial und dem Hafen Horta gebührt ein besonderer Platz im Herzen aller Segler, die diesen Hafen einmal angelaufen haben, denn beide sind seit langem auf besondere Weise der See, den Schiffen und Seglern verbunden.«

Ich hatte unterdessen ein Mädchen angesprochen, das an einem Schiff mit deutscher Flagge werkelte. »Kennst du jemanden, der hier günstig Schweißarbeiten macht?« Zwei Minuten später hatte ich die Telefonnummer von Ralf. Das Mädchen hieß Evalotte. »Lebst du auf dem Schiff?«, fragte ich sie. »Nee, Albert und ich reparieren nur die Scheuerleiste.« Albert, ein Mann mit dunklem Bart und buntem Kopftuch, hockte etwas abseits auf dem Pflaster am Hafenrand und bohrte in aller Ruhe Loch um Loch in eine lange Leiste. »Wenn ihr Lust habt, kommt doch nach der Arbeit auf ein Glas Wein zu uns«, lud ich die beiden ein. »Heute geht's nicht«, lächelte Albert, »ich muss nach Hause zu meiner Frau und den Kindern. Aber morgen kann ich mir freinehmen.«

Beim Wein am nächsten Abend auf der Manua Siai erzählte Albert, ursprünglich Westfale, wie er während eines Urlaubs der Insel verfallen war und beschlossen hatte, für immer hier zu bleiben. Eines Tages hatte er es geschafft, auch seine Frau von der Idee zu überzeugen. Sie hatten ihr Geschäft in Deutschland verkauft und ein Haus auf Faial erstanden. Auch Verwandte von ihnen hatten auf der Insel ein Haus gekauft, allerdings ohne sich auf Faial niederzulassen. »Wir waren gerade sechs Monate hier, da kam das Erdbeben. Vor genau einem Jahr.« Auch jetzt noch stand der Schrecken in Alberts Augen. »Na, immerhin ist keinem von uns etwas passiert.« Neun Menschen hatten an diesem Tag auf Faial ihr Leben verloren.

Alberts Familie hatte von einem Tag auf den anderen keine sicheres Dach mehr über dem Kopf. Aber seine kleine Werkstatt, ein hölzernes Schmuckkästchen mit Klimaanlage, geregelter Luftfeuchtigkeit und feinsten Maschinen zum Instrumentenbau, war heil geblieben. Auch das Wohnhaus stand noch, allerdings mit dicken Rissen in den Außenmauern. Albert und Uta bewohnten mit den vier Töchtern jetzt das Haus der Verwandten ein paar Straßen weiter.

Auf dem Weg zu Albert wurde uns drastisch klar, dass es andere Familien weit schlimmer getroffen hatte. Die Straßen waren gesäumt von Wohncontainern, kaum ein Haus schien noch bewohnbar. Einem Haus fehlte die gesamte Vorderfront; es gab den Blick frei auf ein Sofa und die anliegende Küche. »Das erinnert mich an Bilder aus der Nachkriegszeit«, sagte ich schockiert zu Gerhard. Es war schwer zu verstehen, warum auch ein volles Jahr nach dem Beben viele Gebäude aussahen, als seien sie gerade erst verlassen worden. »Die meisten Menschen hier haben noch kein Geld von der Versicherung bekommen, oder sie waren gar nicht versichert«, erklärte Albert den langsamen Wiederaufbau. Auch er selbst stritt noch mit seiner Versicherung.

Der gelernte Instrumentenbauer schlug sich mit Holzarbeiten auf Jachten im Hafen von Horta durch. Seine Frau verdiente gelegentlich mit Näharbeiten etwas dazu. Geld war knapp. »Hier zu leben ist mein Traum. Vor allem für die Kinder ist es toll, so mitten im Grünen zu leben.« Alberts Begeisterung erschien mir gewollt. Sicher, die Mädchen tobten mit ihren Hunden im riesigen Garten und waren den ganzen Tag draußen (auf den Azoren dauern die Sommerferien geschlagene vierzehn Wochen). Aber ihre zarte Mutter wirkte dauergestresst. Und Albert? Ich fand ihn alles andere als entspannt und glücklich.

Wir hatten inzwischen Ralf angerufen, einen deutschen Schiffsingenieur. Er wollte uns helfen. Gerhard stemmte sich das verbogene Rudergestänge auf die Schulter und trampte vorbei an tiefgrünen Feldern mit knallblauen Hortensienhecken gen Norden zu Ralfs Häuschen. Trampen ist auf den Azoren nicht mal dann ein Problem, wenn man ein paar unhandliche Kilo Edelstahl mit sich herumträgt.

Den Ersatzbolzen schickte Max aus Deutschland. Wir mussten einige Tage warten und hatten Zeit, Ralf, Albert und noch einige andere der deutschen Aussteiger näher kennen zu lernen. Zu Einheimischen hatten wir auf Faial wenig Kontakt – wir sprachen nicht portugiesisch. Die Deutschen, die wir kennen lernten, kamen uns alle nicht besonders glücklich vor. Ralf sprach vom Inselkoller, der nach einer gewissen Zeit unweigerlich einsetze. Er selbst sei in solchen Phasen reif für Urlaub von der Insel.

Gerhard genoss jede Minute mit Ralf. Die beiden Männer freundeten sich beim gemeinsamen Arbeiten an, und Ralf wurde auf der Manua Siai häufiger und gern gesehener Gast. Für seine Hilfe revanchierten wir uns mit einem Nachmittag Steineschleppen auf seinem Grundstück, Edelstahlschrauben aus Bordbeständen und hundert Mark aus der Bordkasse.

»Ich muss nach São Miguel, meinen Pass abholen. Könnt ihr mich mitnehmen?« Vor uns stand Evalotte. Evalotte war dreiundzwanzig, Absolventin eines Bootsbau-Colleges in England, sprach fünf Sprachen und war ein Kontaktgenie. Vor ein paar Wochen war sie mit einem Freund von England aus auf die Azoren gesegelt, um ihre Freunde Albert und Uta zu besuchen. Als Bootsbauerin war sie großer Fan der schönen traditionellen azoreanischen Walfangboote.

Durch Zufall hatte sie einige Tage zuvor João kennen gelernt, einen der letzten Männer auf den Azoren, die diese Boote noch bauen konnten. João lebte normalerweise auf der Insel Pico, war aber im Moment im amerikanischen New Bedford mit dem Bau eines Walfangbootes für ein Museum beschäftigt und nur kurz auf Heimatbesuch. Die Geschichte New Bedfords und die der Azoren sind durch den Walfang miteinander verbunden. Evalotte hatte es geschafft, João und auch der amerikanischen Chefin des Projektes klar zu machen, dass sie bei diesem Bootsbau fehle. Jetzt hatte sie in Amerika für ein paar Wochen einen Job. Mit leuchtenden Augen erzählte sie uns, dass sie in ein paar Tagen fliegen würde. »Hoffentlich kriege ich meinem Pass rechtzeitig, den muss der Konsul in Ponta Delgada noch verlängern.«

Unsere Ruderanlage war wieder eingebaut, wir konnten los. Am nächsten Morgen bezog Evalotte die Gästekoje, und wir gingen nach zwei Wochen Horta ankerauf. Zwei Tage wunderbares Segeln bei strahlender Sonne. Evalotte spielte Gitarre, wir sangen zusammen, lagen vorn im Netz in der Sonne und tranken literweise Tee. Ich versuchte Evalotte zu erklären, wie frustriert ich war. »Ich krieg das mit dem Segeln einfach nicht in den Griff. Gerhard kann alles besser, und das macht mich fertig. Ich tue schon gar nichts mehr an Bord außer Putzen und Wäschewaschen, aus lauter Angst vor Fehlern und noch mehr Frust.«

Evalotte wunderte sich: »Du? Du wirkst doch so selbstbewusst. Da wäre ich nie drauf gekommen, dass du Probleme hast.« Das kannte ich schon. Nichts gegen eine starke Außenwirkung, aber ... Wann immer ich jemandem meine Angst anvertraute, irgendetwas nicht bewältigen zu können, hatte ich dieses erstaunte: »Betsie, du?« zu hören bekommen. Ja, ich.

»Gestern haben Gerhard und ich uns mit einem frisch getrennten Segler unterhalten, dessen Ex-Frau sich gerade ein eigenes Boot gekauft hat«, erzählte ich Evalotte. »Dieser Thomas meinte, wenn du als Paar segelst, hast du schon deshalb Probleme, weil du nie nur über das Manöver redest, das gerade anliegt, sondern auch darüber, ob du in der letzten Nacht Sex hattest oder nicht. Oder ob dich schon seit Wochen nervt, dass dein Partner die Zahnpastatube nicht zudreht. Ich denke, da ist schon was dran. Aber weißt du, was er noch gesagt hat, als ich ihm erzählte, dass ich gern lernen würde, unsere Motoren zu warten oder zu reparieren? ›Ja, das wollte Nathalie auch. Klar kann sie was über Maschinen lernen – aber nicht auf meinem Schiff!‹ Noch so ein Macho – sind alle Skipper so?« Evalotte kannte angeblich auch andere: nette, freundliche Skipper.

Im Gespräch mit ihr dämmerte mir zum ersten Mal,

dass nicht in erster Linie Gerhard mein Problem war. Ich war es selbst. Ich musste mir mehr zutrauen. Wo war mein Selbstbewusstsein hin? Das war doch nicht ich, die hier nur noch als Putzfrau auftrat und ansonsten jammerte!

Zwei Wochen danach sitzen wir mit anderen Seglern im Jachthafen von Ponta Delgada auf den Steinen der Mole. Der Däne Karl grillt auf einem Rost zwischen Gesteinsbrocken Fleisch, wir anderen reden und trinken Wein. Neben mir sitzt Susanne. Ich kenne sie kaum. Sie ist ungefähr in meinem Alter und vor kurzem mit ihrem Mann Jan von einer zweijährigen Segeltour zurückgekommen. Susanne gehört nicht zu den Frauen, die nach einem gemeinsamen Glas Wein ihr Leben und ihre Sorgen erzählen. Vielleicht, weil sie mal in Hamburg eine Bar hatte und gelernt hat, nicht jeder dahergelaufenen Bekanntschaft ihr Innerstes auszubreiten. Ich bin anders und außerdem randvoll mit meinem Frust. Das Gespräch mit Evalotte rumort noch in mir. Es hat gut getan, aber Evalotte ist so verdammt jung. Ich brauche ein Gespräch mit einer Frau, die vielleicht besser verstehen kann, wovon ich rede. »Susanne, kann ich dich mal was fragen?« Skeptischer Blick. Ich habe das deutliche Gefühl, dass sie jetzt lieber woanders wäre. Egal. Bewusst ignoriere ich die Zeichen. »Ich weiß, ich kenn dich kaum, aber ich muss einfach mit einer Frau reden …«, bricht es aus mir heraus. Ich schütte ihr all meine Enttäuschungen vor die Füße. Rede darüber, wie unfähig ich mich fühle. Dass nichts klappt.

»Ja«, sagt Susanne trocken, »kenn ich.« Es stellt sich heraus, dass ihr Jan auch so ein widerlicher Alleskönner ist. Sie kennt genau dieselben Versagensgefühle. Sie weiß, wie es ist, wenn einer immer alles besser weiß, und das dummerweise oft tatsächlich auch stimmt. Bin ich froh, nicht die Einzige mit solchen Problemen zu sein! Schlagartig fühle ich mich nicht mehr allein auf weiter See. Das tröstet und baut auf. Mein Selbstbewusstsein werd ich schon wieder in den Griff kriegen.

»Verdammt, was machst du denn? Du sollst gefälligst ruhig sitzen bleiben und mich machen lassen!« Gerhard brüllt. Ich brülle zurück: »Warum sagst du mir nicht vorher, wie du anlegen willst? Ich habe es nun mal auf meine Weise machen wollen!« Das Ganze ist lächerlich. Vor drei Tagen haben wir für zwei Flaschen Wein ein kleines zweites Beiboot erstanden, an dem Gerhard noch einiges reparieren muss. Jetzt sind wir mit beiden Booten an den Steg gefahren. Das kleine Boot hat den Motor, und Gerhard ist damit gefahren. Mich hat er in dem schweren Boot geschleppt. Kurz vor dem Steg habe ich zum Ruder gegriffen, um zu verhindern, dass die Nase meines Bootes an den Steg knallt. Gerhard hat »Lass das!« gebrüllt, ich habe verschreckt das Ruder weggelegt, und mein Boot ist prompt angestoßen. Jetzt hat weder sein Anlegemanöver geklappt noch meines. Nichts ist kaputt, aber Gerhard führt sich auf, als hätte ich gerade eine Vase aus der Ming-Dynastie zerschmettert.

Wieder mal habe angeblich ich den Fehler gemacht. Das will ich diesmal nicht auf mir sitzen lassen. Ich finde mein Verhalten richtig und das meines Mannes völlig daneben. Wutschnaubend rudere ich zurück zum Boot. Gerhard kommt nach, und wir streiten, streiten, streiten.

Gerhards Mutter ist seit einiger Zeit zu Besuch und steht hilflos zwischen uns beiden ausbrechenden Vulkanen. »Tut mir Leid, Heilgard, mir reicht's, mit deinem Sohn kann ich nicht zusammenleben!« Ich gehe runter und fange an zu packen. Ich höre, wie Gerhard zum zehnten Mal zu erklären versucht, warum mein Verhalten im geschleppten Boot vollkommen falsch gewesen sein soll.

Mir ist das jetzt so egal, ich will nur noch weg hier, weg von ihm.

Heilgard kommt zu mir. »Betsie, nun beruhige dich doch, lauf doch nicht weg. Bitte versucht es doch noch mal. Es gibt doch auch schöne Zeiten.«

Widerwillig lenke ich ein, in diesem Augenblick ihr zuliebe. Das Klima zwischen Gerhard und mir bleibt eisig. Ich verspreche mir: »Das war das letzte Mal. Wenn ich das nächste Mal packe, dann gehe ich auch!«

Wir gaben uns Mühe, Heilgard den hässlichen Streit vergessen zu lassen. Sie sollte die ersten Wochen ihres Besuches in Erinnerung behalten und nicht unseren Ärger kurz vor ihrem Rückflug. Schöne Tage und Augenblicke mit ihr hatte es in Hülle und Fülle gegeben. Die Insel São Miguel mit ihren riesigen Kratern und Kraterseen, den heißen Schwefelquellen, den kleinen Fischerhäfen und farbenfrohen Blumen war wunderschön. Wir hatten viele Touren gemacht, Freunde gefunden und Spaß gehabt. Heilgard war sogar zum ersten Mal mit uns gesegelt, auf die Nachbarinsel Santa Maria.

Nach dem Streit nahmen wir uns zusammen. Tagsüber freundlicher Umgang, nachts herrschte Frost. Beim Abschied ein paar Tage später nahm ich meine Schwiegermutter in die Arme und versprach ihr feierlich, es noch einmal mit Gerhard zu versuchen. Wir hatten auch gar keine Zeit für grundsätzliche Klärungsversuche. Wir bekamen schon wieder Besuch.

Roger und Christoph aus Hannover wollten mit uns nach Porto Santo, der Nachbarinsel von Madeira, segeln. Mit Roger kam ein Stück meines alten Lebens an Bord. Wir waren nicht nur Freunde, sondern auch Kollegen. Ich platzte vor Neugier auf Neuigkeiten aus der alten Welt. Ich wollte wissen, welche der von mir angefangenen Projekte nach einem Jahr noch existierten, was sich in meiner ehemaligen Abteilung getan hatte, welche Kolleginnen inzwischen schwanger waren, allen Klatsch und Tratsch. Schon erstaunlich, wie nah mir diese Welt plötzlich wieder war.

Roger hatte gemeinsam mit Gerhard unser Beiboot gebaut und auch sonst beim Bau unseres Schiffes geholfen. »Eines Tages will ich auch ein Boot«, hatte er gesagt. »Ich füll schon mal das Traumkonto.« Er war neunundzwanzig und voller Träume.

Jetzt träumte er von einem großen Fisch. Gerhard und Roger zogen los, um unser Angelequipment zu verbessern. Roger investierte sogar in eine neue, stärkere Rolle für unsere Angel, damit auch große Tiere die Chance hatten, von uns an Bord geholt zu werden. Mit der Vorbereitung seiner Karriere als Hochseeangler ließ sich gut Zeit totschlagen. Das Radio hatte behauptet, dass ein ehemaliger Hurrikan jetzt als kräftiger Sturm zu den Azoren unterwegs sei. Wir konnten nicht auslaufen. Unserem umtriebigen Freund passte das gar nicht. Roger war zum Abenteuerurlaub angetreten, und stattdessen musste er Schnorcheln und die Insel besichtigen. Wie langweilig.

Seinem Freund Christoph, den wir erst hier kennen gelernt hatten, ging es ähnlich. Aber er war eine stillerer Typ. Er regte sich nicht einmal auf, als unter seinem Gewicht unsere morsche Badeleiter nachgab und sich die Reste einer Stufe in seinen Fuß bohrten. Aber auch Christoph wollte allmählich los. Verständlich – er war als zahlender Gast an Bord und wollte segeln für sein Geld.

Der Ex-Hurrikan hatte ein Einsehen und zog in eine andere Richtung. Wir konnten los, bei leichten Winden. Am dritten Tag war wieder Flaute. Allmählich entwickelten wir uns zu Flautenspezialisten. »Ist doch super, dann können wir schwimmen gehen«, tönte Gerhard. Aber Roger mochte nicht in den Atlantik springen. Er filmte uns mit der Videokamera, und als das langweilig wurde, lag er im Netz und maulte. »So hab ich mir das nicht vorgestellt.« Nach zwei Tagen Ruhe kam gottlob wieder ein bisschen Wind auf.

»Geht das nicht schneller? Können wir nicht mehr Segel hochziehen?« Nein, Roger, könnten wir nicht. Die Manua Siai ist ein Fahrtensegler und kein Flitzer (nicht dass ich nicht auch gern schneller gesegelt wäre, aber mit wenig Wind und kleiner Segelfläche ist da nichts zu machen). So langsam hatte ich genug von meinem Gast und seinen Erwartungen.

»Du, Gerhard, meinst du, dass es an uns liegt? Warum können wir die Fahrt hier genießen, und ein anderer findet sie langweilig?«

»Wir haben uns halt verändert.«

»Wenn das stimmt, dann frage ich mich, wie wir je in Deutschland wieder klar kommen sollen. Mit all der Hektik und dem dauernden Unter-Strom-Stehen. Jetzt ist in meinem Leben so viel Ruhe. Ich kann mir auch nicht mehr vorstellen, wieder mit weniger Zeit für mich auszukommen.«

»Vielleicht gehen wir ja nicht zurück.«

»Wenn's nach mir geht, jedenfalls nicht so bald!«

Unsere Gäste flogen von Porto Santo aus nach Hause. Einige Zeit später schrieb uns Roger, er habe sich vom Traumkonto ein neues Auto gekauft.

Gerhard und ich hatten wieder Zeit für uns – das war auch bitter nötig. Porto Santo war genau richtig, um ein bisschen zu uns zu kommen. Dieses auf den ersten Blick erschütternd trockene Eiland neben der Blumeninsel Madeira besitzt eine glasklare Badebucht mit mehlweißem

Strand als Ankerplatz und dazu strahlende Sonne. Wir entspannten uns und kamen uns langsam wieder näher. Nach ein paar zweisamen Tagen tauchten wir wieder in die Fahrtenseglerszene ein.

Gottes Tiergarten ist groß

Nie wieder erzähle ich jemandem, dass Harald Elektroingenieur ist.« Verena guckte entnervt vom Cockpit ihres Bootes in den kleinen Salon. Auf dem Tisch lagen die Einzelteile von Valentinos altersschwachem Funkgerät. Über die Einzelteile gebeugt, stand Verenas Freund Harald, assistiert von Gerhard. Sie bastelten jetzt seit ungefähr drei Stunden. Eigentlich wollten wir alle zusammen essen gehen, aber das hatten die Herren inzwischen vergessen. »Vielleicht sollte ich in Zukunft sagen, Harald sei Maler«, meinte Verena. »Wer hat schon Verwendung für einen Maler?« – »Zur Sicherheit könntest du hinzufügen, dass er in einer Schaffenskrise steckt«, schlug ich vor. »Ein Schäfer wäre vielleicht noch sicherer.« Wir einigten uns auf einen Schäfer in der Schaffenskrise.

Weitere zwei Stunden sowie diverse Zigaretten und Frauengespräche später brachte Valentino Verena um den Rest ihrer Nerven. Nachdem die Restaurants inzwischen geschlossen, wir dem Hungertod nah und die Einzelteile des Funkgerätes wieder zu einem funktionierenden Ganzen zusammengefügt waren, hatte Verena sich in die Kombüse gestellt und Spaghetti mit Soße gekocht. »Was'n das für 'ne Soße? Sind das Gurken? Das hab ich befürchtet. Habt ihr keinen Ketschup?« Nur die nackte Nudel fand vor den Augen Valentinos Gnade. Verena war den Tränen nah. »Mir reicht's – ich will zurück nach Bielefeld!« Verständlich.

Wir kannten Valentino schon von den Azoren. Dort hatte er eines Abends eine nette Gesprächsrunde mit den Worte gesprengt: »Heute Morgen bin ich aufgewacht in einem Meer von Sperma!« Ah ja. Bis zu diesem Moment hatten wir ihn nur vom Sehen gekannt: bunte Batikhosen, ewig schmuddeliges T-Shirt, fettige blonde Haare, Weinflasche in der Hand. Kein Typ, um dessen Bekanntschaft wir uns gerissen hätten. Aber an jenem Abend in Horta kamen wir nicht drum herum. Valentino suchte Publikum und fand es in uns, die wir vor einer Kneipe am Straßenrand hockten, weil uns drinnen die Musik zu laut war.

Und wie oft kommt es schon vor, dass einem ein Wildfremder seine feuchten Träume erzählen will? Also blieben wir sitzen. Zugleich abgestoßen und fasziniert hörten wir Valentino mit schwerer Zunge dozieren, dass ein Orgasmus nicht das Ziel aller Wünsche sein sollte: »Es ist doch so: Du denkst, du schießt, aber in Wirklichkeit wirst du abgeschossen!« Schließlich verschwand er mit den Worten: »Übrigens bin ich bekennender Ejakulist.« Na dann gute Nacht, Valentino!

Das nächste Mal hatten Gerhard und ich ihn auf einer anderen Insel getroffen. Die Haare diesmal gewaschen, Hose und T-Shirt sauber, in der Hand statt der Weinflasche einen Schraubenzieher, mit dem er an seinem Boot herumschraubte. Nüchtern war er auch. Wir hatten bei ihm an Bord Tee getrunken und ihn gemocht. Er war herzlich, offen und selbstironisch, begeistert vom Segeln und von seinem Schiff. Das Problem mit Valentino war nur, dass wir nie sicher sein konnten, in welcher Stimmung wir ihn erwischen würden. Er war entweder ein angenehmer und interessanter Gesprächspartner oder aber schlicht nervtötend.

Eines Tages erzählte uns der knapp Vierzigjährige seine Geschichte. Sein Vater war ein reicher Erziehungswissenschaftler, mit dem er sich nie verstanden hatte. Auch Valentinos Zeit in Indien bei einem Guru fand nicht des Vaters Zustimmung. Eines Tages hatte Papa gesagt: »Ich zahle dir jeden Monat eine Rente – vorausgesetzt, du kommst mir nicht mehr unter die Augen.« Das ließ sich der Sohn nicht zweimal sagen. Valentino mietete sich in Amsterdam ein und erklärte das Haus zu einem Tempel des von ihm verehrten Gurus. Dann starb seine Oma. Valentino wurde nach Hause beordert, um ein Millionenerbe anzutreten. »Das war einfach schrecklich«, erzählte er uns mit großem Ernst. »Was sollte ich mit dem Geld machen? Aktien? Immobilien? Ich habe drei Nächte nicht geschlafen. Das ist doch ungesund, so was. Dann bin ich zu meinem Vater und habe ihm gesagt, dass ich auf das Erbe verzichte. Er soll mir meine Rente erhöhen und gut.«

Seitdem hatte Valentino ein Boot und pendelte im Sommer zwischen den Kanaren und den Azoren. Es gab nichts Schöneres für ihn, als auf dem Wasser zu sein. Nackt und meditierend. Im Reinen mit sich, der Natur und seinem Guru.

»Ah Christian, du Meuchelmörder! Du hast mein Leben zerstört!«, tönte es aus dem Funkgerät an Bord der Miss Sophie, dem Boot von Harald und Verena. Verena hörte Kanal 72 ab, weil Gerhard und Harald mit unserem Beiboot zu einer kleinen Insel unterwegs waren. Sie hatten ein Handfunkgerät dabei, um Kontakt aufnehmen zu können, falls etwas passierte. Stattdessen schallten verrauschte Verwünschungen aus der Funke. Verena setzte sich in ihr Beiboot und kam zur Manua Siai, um mir von den seltsamen Klängen zu berichten. Zusammen kamen wir drauf: Das konnte nur Valentino sein, der auf

Kanal 72 alle wissen ließ, dass er heute nicht so gut auf seinen Gott – Hare Krishna (= »Ah Christian«) – zu sprechen war. »Der ist doch komplett verrückt.« Verenas bester Freund würde Valentino garantiert nie. Sie grinste: »Was sagte mein Vater immer? Gottes Tiergarten ist groß.«

Dafür freundeten Verena und ich uns immer mehr an. Und auch Gerhard und Harald verstanden sich prächtig. Ich mochte den ruhigen Harald mit dem bissigen Humor auch. Verena und ich redeten über Männer, rauchten und lachten, die Männer bastelten und diskutierten tausend technische Fragen. Im Gegensatz zu uns waren Harald und Verena nach sechzehn gemeinsamen Jahren erfrischend harmonisch. Verena über uns: »Aus euch könnte man problemlos eine Seifenoper machen.« Gemeinsam segelten wir von Porto Santo nach Madeira und von dort aus auf die Kanarischen Inseln. Gemeinsam, das hieß: Die Boote legten gleichzeitig ab. Dann dauerte es ein paar Stunden, und die schnelle, nur 9,40 Meter lange Miss Sophie mit Harald und Verena war aus unserem Blickfeld verschwunden. War ich sauer! Da hatten wir einen gut elf Meter langen Katamaran und mussten uns von dem kleinen Boot in Grund und Boden segeln lassen. »Gerhard, wir müssen Gewicht loswerden! Wir sind viel zu schwer. Und ich will größere Segel!« – »So ’n Quatsch, ist doch schön so langsam. Außerdem kommt Harald vom Sportsegeln und hat entsprechend viel Geld für sein Rigg ausgegeben. Das können wir uns nicht leisten.«

Trotzdem ärgerte es mich, wenn ein gleich großes oder sogar kleineres Schiff schneller war als wir. Ich bin halt ehrgeizig, auch beim Segeln. Gerhard nicht. Der will seine Ruhe und Bequemlichkeit. »Komm Gerhard, lass uns das größere Vorsegel anschlagen.« – »Wozu?« – »Blöde Frage.

Damit wir mehr Speed machen.« – »Nö, Betsie, das lohnt doch nicht wegen einem Knoten mehr.« Genauso war es mit dem Reffen. Wenn wir viel Wind bekamen, schneller wurden und ich gerade anfing, die Geschwindigkeit zu genießen, reffte Gerhard, verringerte also die Segelfläche. »Gerhard, so finden wir nie raus, wie schnell die Manua läuft.« – »Müssen wir auch nicht, ist viel zu gefährlich.« Das Problem bei einem Katamaran ist, dass man den richtigen Zeitpunkt zum Reffen über die Geschwindigkeit finden muss. Wird das Boot zu schnell, kann es kentern. Und ein gekenterter Kat richtet sich nicht wieder auf.

Auf eine Kenterung waren wir theoretisch bestens vorbereitet: Unser Unterwasserschiff war mit oranger Leuchtfarbe angemalt – damit uns die Besatzung eines Suchflugzeuges im Notfall gut sehen könnte. Wir hatten Luken eingebaut, die sich von außen und innen öffnen ließen, damit wir sowohl aus dem Schiff heraus als auch wieder hinein konnten, wenn es auf dem Rücken lag. Unter dem Schiff gab es Halteleinen – damit wir uns an den Rümpfen festschnallen konnten, sollte gerade Sturm herrschen. Solche Sicherheitsleinen gab es auch an der Oberseite des Schiffes. Im Prinzip gingen wir aber optimistisch davon aus, dass unser Schiff mit den Rümpfen nach unten schwamm, wie es sich gehört.

Der Katamaran hat einen großen Vorteil. Wenn er kentert, sinkt er aufgrund seines vergleichsweise geringen Gewichts und des fehlenden Bleiballastes aller Wahrscheinlichkeit nach nicht. Ein gekenterter Kat ist eine große Rettungsinsel, besser als jedes Schwimmzelt, das sonst als Rettungsinsel verkauft wird. Hofften wir jedenfalls. Aber natürlich war es das Allerbeste, eine Kenterung gar nicht erst zu riskieren. Zumal schnelles Segeln auch schnellen Verschleiß bedeutet – das Material leidet stärker. Schön langsam segelten wir von Insel zu Insel und refften frühzeitig. Meistens sah ich auch ein, dass Langsamkeit dem Risiko vorzuziehen war. Und schließlich hatte unser Boot andere Vorteile als die Geschwindigkeit:

Funkkontakt mit der Miss Sophie auf dem Weg nach La Graciosa. Es gibt leichte achterliche Winde, und wir haben gerade in aller Ruhe gekocht. »Na, wie ist die Lage bei euch?«, fragt Verena, die einige Meilen vor uns durch die Wellen geschaukelt wird. »Bestens, wir hatten gerade Hühnchen in Weißweinsoße mit grünem Salat und Nudeln!« – »Sehr witzig.« – »Wieso witzig, das ist mein voller Ernst!« Verena gesteht, dass bei ihnen auf dem Schiff wegen des Hin- und Herrollens zur Zeit nur allerschlichteste Gerichte kochbar seien. Bei uns dagegen gab es kein Schaukeln und keine Schräglage, wir konnten tun und kochen, was wir wollten.

Die Wege der Miss Sophie und der Manua Siai trennten sich auf den Kanaren. Zwar wollten wir beide zu den Kapverden, aber für die Kanarischen Inseln hatten wir unterschiedliche Pläne. Schade. Aber das Seglerleben und Abschiede von neuen Freunden gehören unabänderlich zusammen. Und mit ein bisschen Glück würden wir Verena und Harald auf den Kapverden wiedertreffen.

Lanzarote, im Fischereihafen von Arrecife. Die Jachten ankerten dicht an dicht. Nur mit Mühe hatten wir für unsere dicke Kiste einen Platz gefunden. Der Abstand zu den nächsten Booten schien knapp auszureichen. Gerhard und ich saßen im Cockpit bei einem Glas Wein, knabberten Oliven und Käse und unterhielten uns. In den vergangenen Wochen hatten wir uns gut verstanden, und wir beide genossen die anhaltend entspannte Stimmung. Es war windstill und ruhig, nur das Hupen eines Autos war ab und an zu hören.

»Hello, I'm Andrea.« Die freundliche Stimme schien direkt in mein Ohr zu sprechen. Irritiert drehte ich mich um und sah mich einer lächelnden dunkelhaarigen Frau um die dreißig unmittelbar gegenüber. Sie stand auf dem Bug ihres Schiffes, dessen Spitze im Begriff war, sich in unser Heck zu bohren. Dankenswerterweise hielt Andrea einen Fender dazwischen, einen Puffer aus Kunststoff. Gerhard und ich waren so in unser Gespräch vertieft gewesen, dass wir nicht mitgekriegt hatten, was um uns herum passierte. Kein Boot schien mehr auf seinem alten Platz zu liegen.

In der Windstille hatten sich bei leichter Strömung sämtliche Boote munter um ihre Anker gedreht, jedes in eine andere Richtung (normalerweise richtet der Wind die Boote in eine Richtung aus). Die Decanter, das Boot von Andrea und ihrem Mann Paul, war langsam immer mehr auf die Manua Siai zugedriftet. Was tun? Abwarten und Wein trinken. Wir pufferten die scharfe Nase der Decanter gründlich ab, dann machten unsere Nachbarn einen kleinen Schritt und kamen zu uns an Bord. Auch eine Art, Leute kennen zu lernen.

Paul und Andrea waren ein ungleiches Paar. Er war Anfang sechzig, Rentner, zweifacher Großvater und eher ruhig. Die Wissenschaftlerin Andrea war zweiunddreißig und besaß Energie für zwei. Beide lachen gern, vor allem über sich. Da war zum Beispiel die Geschichte mit Pauls Mutter. Die alte Dame war gestorben, kurz bevor Paul und Andrea zu ihrer Reise aufbrachen, und hatte sich vorher gewünscht, dass Paul ihre Asche am Ausgang des englischen Kanals verstreuen möge. Die Urne wartete auf seinem riesigen Dachboden auf dieses Ereignis. Paul ist jemand, der schlecht Dinge wegwerfen kann, ein echter Jäger und sammler (er hat sogar seine Lieblingsfußballsocken aus der Schulzeit und seine College-Uniform aufbewahrt, berichtete Andrea und verdrehte die Augen). Der Dachboden war voll gestopft mit Dingen. Andrea hatte die schwierige Aufgabe, sowohl ihren als auch seinen Haushalt aufzulösen. Dazu nutzte sie schlau die eine Zeit, in der Paul krank zu Bette lag. Sie packte riesige Säcke voll: zum Verkauf, für die Wohlfahrt, für den Müll. Schließlich war alles leer, auch der Dachboden. Die beiden segelten los – und plötzlich fiel Andrea die Mutter in der Urne ein. Sie konnte sich beim besten Willen nicht erinnern, was sie damit getan hatte. Tagelang quälte sie der Gedanke, dass Pauls Mutter versehentlich im Müll gelandet sein könnte. Aber sie traute sich nicht, Paul von ihrer Sorge zu erzählen. Eines Tages suchte sie in einer Vorratskiste unter Pauls Koje nach einer Tomatendose und fand – seine Mutter. »Paul«, schrie sie zur Verblüffung ihrer Bootsnachbarn, »was hat deine Mutter unter deiner Koje zu suchen?!« Paul brüllte zurück, er könne seine Mutter unter seiner Koje haben, so lange er wolle. Das seien schließlich seine Koje und seine Mutter!

Beiden fanden, dass es nun endgültig an der Zeit sei, sich von der Asche zu trennen, wie es sich die alte Dame gewünscht hatte. Der Tag, den sie sich für die Zeremonie aussuchten, erwies sich allerdings als unglücklich gewählt. Kaum waren sie im Kanal, frischte der Wind böig auf und drehte – just in dem Moment, in dem Paul die Urne geöffnet hatte ... Mutters Asche kam zurück! Noch ein Jahr später hatten die beiden einen Hauch von ihr an Bord.

Die Kanarischen Inseln sind für viele Segler Ausgangspunkt ihrer Atlantiküberquerung. Hier werden Lebensmittel gebunkert, letzte Reparaturen erledigt, Ersatzteile besorgt. Auch wir machten einen Großeinkauf. Schließlich wollten wir zu den Kapverdischen Inseln, von denen wir gehört hatten, dass es dort nicht viel zu kaufen gab und das Wenige zu astronomischen Preisen. Also erstanden wir Oliven, Zucker, Mehl, Kartoffeln, Gemüse, Getränke und Konserven aller Art – so viel wir unterbringen konnten.

Unser Ankerplatz im kanarischen Puerto Mogan sollte zu einer echten Herausforderung werden. Idyllisch zwischen schroffen Felsen gelegen, war gegen die Bucht an sich nichts einzuwenden. Und das Touristenstädtchen am Hafen war zwar für Unmengen deutscher und britischer Touristen künstlich angelegt worden, aber immerhin mit Stil: blumenumrankte Torbögen und kleine Gassen, die flachen Apartmenthäuser auf klassisch spanisch getrimmt, dazu die am Berg gelegene malerische Altstadt. Doch, das war schon in Ordnung. Und es gab Pommes rot-weiß mit deutscher Currywurst.

Aber die Ankerbucht war nach Südwest offen, und genau aus dieser Richtung kam der Wind. Und zwar nicht zu knapp. Fünf Windstärken, sechs, sieben, acht – der Windmesser unserer Nachbarn zeigte immer höhere Zahlen. Schwell drückte in die Bucht – unangenehm hohe Wellen, die ein Sturm weit draußen auf See aufgebaut hatte. Die Manua Siai bewegte sich wie wild. Wir brachten zusätzliche Anker aus. Die Felswand hinter uns sah nicht eben einladend aus; daran wollten wir nicht landen. Wir gingen Ankerwache und trauten uns zwei Tage nicht vom Schiff. Nur noch drei andere Boote harrten mit uns vor Anker aus, alle andern waren in den sicheren Hafen geflüchtet. »Gerhard, meinst du nicht, wir sollten auch reingehen?« – »Zu teuer, kommt gar nicht in Frage.« Die Anker hielten, und der Wind ließ wieder nach. Fein, so konnten wir mit den Crews von einigen anderen Booten am Strand grillen.

Gitarrenmusik, Gesang, Gespräche, leckeres Essen und

guter Rotwein, das Schiff sicher – was will man mehr? Mehr Rotwein. »Schenk ich mir einen Wein ein, was kann daran gemein sein?« Frei nach Tetsche trank ich Glas um Glas, ohne zu merken, dass ich allmählich zu viel hatte. Bis ich dann mal um die Ecke musste, und schon das Aufstehen mir verdächtige Schwierigkeiten bereitete. Bloß nichts anmerken lassen ... Erfreulicherweise war es schon dunkel. Silke empfahl mir ein Plätzchen hinter einem Felsen: »Aber Vorsicht, da geht's bergab, geh nicht zu weit.« Selbstverständlich machte ich den entscheidenden Schritt zu viel. Ich rutschte aus, mein Brustkorb knallte auf ein Stück Fels, und meine Hand griff zielsicher in eine Scherbe. Na großartig. Irgendwie rappelte ich mich auf und teilte mit schwerer Zunge meinem Gatten mit, dass ich betrunken sei und er mich jetzt nach Hause bringen müsse. Er hatte weniger getrunken und lästerte heftig, verfrachtete mich aber ins Beiboot und fuhr mit mir nach Hause. Auf dem Boot machte ich die Hand auf, und das Blut floss nur so. Ein tiefer Schnitt klaffte am Daumenansatz; ein klarer Fall für unsere Klammerpflaster. Die Rippen taten irrsinnig weh. Gerhard verarztete mich und zeterte. »Was säufst du auch so viel?!« Er hatte ja Recht, aber konnte er nicht bitte trotzdem die Klappe halten? Ich hielt vorsichtshalber meine.

Am nächsten Morgen frischte prompt der Wind wieder auf, natürlich auflandig, und bald kam auch wieder der Schwell. Der Windmesser stieg und stieg. Es blies in der Nacht, es blies am nächsten Tag. Das Boot war ständig in Bewegung und ich samt meiner geprellten Rippe auch. Ich war beim Arzt gewesen und hatte Schmerztabletten bekommen. Die schluckte ich jetzt, eine nach der anderen.

Als wir Böen von neun bis zehn Windstärken hatten, waren wir in der Bucht mutterseelenallein. »Bitte, Gerhard, ich kann nicht mehr. Mir tut alles weh. Lass uns auch in den Hafen gehen!« – »Nein.« – »Bitte!« – »Du hättest ja nicht saufen müssen!« Wir standen über Funk mit einem anderen Kat in Verbindung. Dessen Skipper versuchte ebenfalls, Gerhard zu überreden, in den Hafen zu fahren, wenn auch aus einem anderen Grund. Bei auflandigem Starkwind dicht an einer Felswand vor Anker zu bleiben hielt er schlicht für Wahnsinn und schlechte Seemannschaft. »Keine Sorge, unsere Anker halten«, gab Gerhard zurück. »Falls wir Probleme kriegen, melden wir uns.« – »Gerhard, so teuer kann eine Nacht im Hafen doch nun auch wieder nicht sein, und der Wind wird ja nicht ewig so blasen.« Ich war mittlerweile in Tränen aufgelöst und wollte nur noch, dass diese Tortur ein Ende habe. Ich hätte jeden Preis bezahlt, um für eine Weile meine Rippen zur Ruhe zu bringen. Endlich, um zehn Uhr abends, gab Gerhard nach.

Wir fanden Platz an der Hafenmauer. Die ruhige Nacht war der reine Balsam. Gleich am nächsten Morgen ging ich zur Hafenverwaltung, um zu fragen, ob wir auf dem Platz bleiben könnten, bis der Wind nachließ. Der Hafen war voller Jachten, und wir wussten, dass es nicht einfach war, hier einen Liegeplatz zu bekommen. »Ja, bis Dienstag kein Problem«, meinte die freundliche Dame. Ich hätte sie küssen können. Freudestrahlend überbrachte ich Gerhard die frohe Botschaft. Der saß gerade mit einer Tasse Kaffee bei Pitti und Silke auf deren Boot Tooloo. »Wir können drei Nächte bleiben, ist das nicht Klasse?« Silke und Pitti freuten sich für mich. Gerhard nicht. »Und was kostet das?« – »Das hab ich glatt vergessen zu fragen.« – »Dann hol das nach!« Wieder ging ich ins Hafenbüro. »Fünfundvierzig Mark die Nacht«, berichtete ich an Bord der Tooloo. »Dann gehen wir sofort wieder raus!« – »Das ist doch nicht dein Ernst?« – »Und ob.« Ich brach in Tränen aus. »Du Unmensch! Ich scheiß auf das Geld. Ich will da nicht wieder raus«, schluchzte ich. Pitti und Silke sahen sich fassungslos an. Dann ging Pitti auf Gerhard los. »Was bist du eigentlich für ein Mensch?! Liebst du die Frau oder nicht? Du musst doch mitkriegen, dass es ihr dreckig geht! So pleite kannst du gar nicht sein!« Gerhard blieb die Anwort schuldig. Aber er bestand nicht mehr darauf, wieder vor Anker zu gehen. Ich sagte nichts mehr. Ich war so verletzt, ich wollte nicht mal mehr streiten.

Auch andere Freunde hatten mitbekommen, dass es mir nicht gut ging. Eva und Uwe von der Quinuituq kamen vorbei, um mich zu trösten. Eva schenkte mir eine selbst gemachte Kette. Tat das gut! Ich saugte Mitleid auf wie ein Schwamm. Gerhards Laune blieb während der Hafentage unter aller Würde. Die Tatsache, dass mir mit geprellten Rippen und in düsterer Stimmung nicht nach Sex zumute war, trug auch nicht zur Entspannung bei.

Am zweiten Tag an der Hafenmauer, den die Katze und ich genossen, ging Gerhard aufs Nachbarschiff, um mit der Segelnähmaschine des Besitzers wie verabredet eines unserer Segel zu flicken. Stunden blieb er weg. Dann ging auch ich mit einer Flasche Wein rüber auf das Boot, um mich mit der Nachbarin, einer eleganten Spanierin namens Dolores, zu unterhalten.

Dolores zeigte sich beeindruckt von den Schwimmfähigkeiten meiner Katze. Wieso wusste Dolores, dass Zucki schwimmen konnte? Die Antwort hieß Ikea und war der Hund von Dolores. Sie erzählte, dass sie mit ihrer Familie, inklusive Hund, spät nach Hause gekommen sei und Zucki auf ihrem Boot angetroffen habe. Zucki mochte Hunde nicht. Sie hatte sich deshalb spontan zur Flucht entschlossen und war ins Hafenbecken gesprungen. Aber statt zu unserem Schiff zu schwimmen, hatte sie in ihrer Aufregung die falsche Richtung erwischt, weg von unserem Schiff und damit von ihrem Kletternetz, über das sie wieder an Bord hätte kommen können. Jetzt waren die Nachbarn in Panik und machten ihr Beiboot klar, um die Katze zu retten. Aber Zucki war schneller. Sie schwamm entschlossen so lange an der Hafenmauer entlang, bis sie eine Treppe fand und an Land klettern konnte. Dann war sie zu unserem Schiff marschiert. Jetzt wusste ich auch, warum Zucki klatschnass zu mir ins Bett gekrabbelt war.

Gerhard hatte nach getaner Arbeit ein Bier mit dem Skipper getrunken. Jetzt wollte er nach Hause. »Ich hab Hunger. Kommst du rüber, damit wir kochen können?« – »Gleich, Gerhard, ich bin gerade gekommen. Ich trinke mein Glas Wein aus, und dann komme ich.« – »Ich habe aber jetzt Hunger!« – »Dann geh doch schon rüber und fang an zu kochen.« Grollend zog er ab. Plötzlich ein Poltern und Donnern. Die Geräusche kamen aus unserem Schiff. »Was ist denn los?« Erschreckt lief ich rüber. Ich fand Gerhard inmitten unserer sämtlichen Konserven, die er aus der Bilge auf den Boden geknallt hatte. Daher also das Poltern. »Kannst du mir mal erklären, was das soll?« – »Das ist doch ein Scheißsystem, das du hier hast, ich kann nicht mal 'ne Dose Tomaten finden! Und glaub bloß nicht, dass ich das wieder einräume. Das machst du, und zwar nach meinen Anweisungen!« Der hatte sie doch nicht alle.

Zwei Tage lang stiegen wir stur über die immer noch auf dem Boden verteilten Dosen, bis wir sie schließlich gemeinsam wieder einräumten. Der Wind hatte nachgelassen, und wir wollten wieder vor Anker gehen. Beim Bezahlen rechnete die freundliche Dame im Hafenbüro zwinkernd statt dreier Nächte nur zwei ab. Die Ruhe im

Hafen hatte uns keine hundert Mark gekostet – und meine Schmerzen hatten deutlich nachgelassen. Körperlich war ich auf dem Weg der Besserung. Aber in meinem Inneren sah es anders aus. Ich war nicht sicher, ob ich Gerhard sein Verhalten je würde verzeihen können. Er hörte seinerseits nicht auf, von meinem »teuren Besäufnis« zu reden. Schließlich war ich fit genug, um zu den Kapverden aufzubrechen, ein Törn von ungefähr einer Woche. Die Wetterprognose war gut, und eine Reihe von deutschen Booten machte sich auf den Weg. Zum ersten Mal verließen wir Europa – und hatten das Gefühl, dass unsere Reise ein zweites Mal begann.

Position 26°50 N, 016°21 W, kurz nach Mitternacht, wir sind seit zwölf Stunden auf dem Weg zu den Kapverden. Ein netter Ostwind mit geschätzten fünf Windstärken bringt uns gut voran, wir laufen sieben Knoten unter Genua und Fock; das reicht. Über uns ein gigantischer Sternenhimmel und mehr Sternschnuppen, als man Wünsche haben kann. Neben mir schläft die Katze, im anderen Rumpf Gerhard, und alle zehn Minuten gucke ich mich draußen um. Satt sind wir auch, nach Gulasch mit Kartoffeln und Erbsen.

Vierte Nacht auf See. Laufen bei Wind sechs bis sieben fünf Knoten unter Genua, die Wellen sind ein bis zwei Meter hoch und kabbelig. Nach zwei Tagen und einer Nacht unter Passatsegeln war Reffen nötig, schade! Nur noch 295 Seemeilen bis zur Insel Sal. Ich will gar nicht ankommen, hier draußen ist es viel zu schön. Bin uferlos glücklich – sogar mit Gerhard. Heute Nacht ist der Himmel zum ersten Mal verhangen, ganz ohne Sternschnuppenregen. Zappenduster da oben. Manchmal ein bisschen unheimlich, wenn man die Wellen nicht sieht. Ich habe schlecht geschlafen – es ist so laut im Schiff, die Wellen knallen seitlich mit Getöse an den Rumpf. Wir laufen Raumschot- bis Halbwindkurs, je nachdem, wie die Wellen uns rumdrücken. Die Selbststeuerung schafft es meist allein, gut! Ich habe in der vergangenen Nacht und heute die kapverdische Gastlandflagge genäht – die erste selbst gemachte! Beim obligatorischen Rundblick mal wieder das große Nichts. Seit der Abfahrt haben wir zwei Schiffe gesehen, beide tagsüber. Es pfeift ganz schön da oben. Ich habe meine dritte Zigarette geraucht, also ist die Wache gleich um.

Position 20°16 N, 021°10 W, 13 Uhr, fünfter Tag. Was für ein Ritt! Wir haben eine heftige Nacht hinter uns. Während Gerhards Wache hatten Wind und Wellen zugelegt – und nicht zu knapp. Sieben bis acht Windstärken, in Spitzen bis vierzig Knoten, das sind siebzig Stundenkilometer, dazu drei bis vier Meter hohe Wellen (ein paar Seemeilen vor uns segeln Pitti und Silke mit der Tooloo, die haben einen Windmesser und eben per Funk die Daten durchgegeben). Glücklicherweise hatten wir – vorgewarnt durch den Amateurfunk und die ersten Böen – rechtzeitig die Passatsegel eingeholt, nur noch die vordere Genua gesetzt und alles gut festgezurrt. Erst war drei Stunden Gerhard an der Pinne, dann drei Stunden ich. Aber nur, um die Selbststeuerung zu unterstützen. Ich habe gleich zu Beginn meiner Wache ungewollt eine Halse gefahren, war aber nicht so schlimm. Den Blick starr auf die Wellen hinter uns und auf die Steuerungsstange gerichtet – wie das Kaninchen vor der Schlange. Ein bisschen beängstigend, wenn hinter einem nur noch Wasser in Sicht ist, kein Horizont, nur ein Berg von Wasser. Aber auch berauschend, spannend, erregend! Sechs Knoten unter Genua, die Wellen mal von schräg hinten, mal brutal hart von der Seite.

Eine Urlaubspostkarte für den Chef vom Bauplatz der Manua Siai.

Passatwind von hinten: Zeit für das zweite Vorsegel.

Kochen an Bord: Auf einem Katamaran fast immer problemlos.

Picknick im Cockpit: Auf See geht es auch ohne Tisch und Stuhl.

Links: Auf zu den Kanaren. Madeira bleibt achteraus.

Sonnenuntergang mit Rotwein und Pavarotti – zum Weinen schön.

Land in Sicht!

Rechts, Mitte: Segelalltag auf Langfahrt. Das Boot steuert sich selbst. Rechts, unten: Süßwasserspülung für die Haare – Luxus vor dem Landfall.

Die Bucht Tarrafal auf der Kapverdeninsel Santiago.

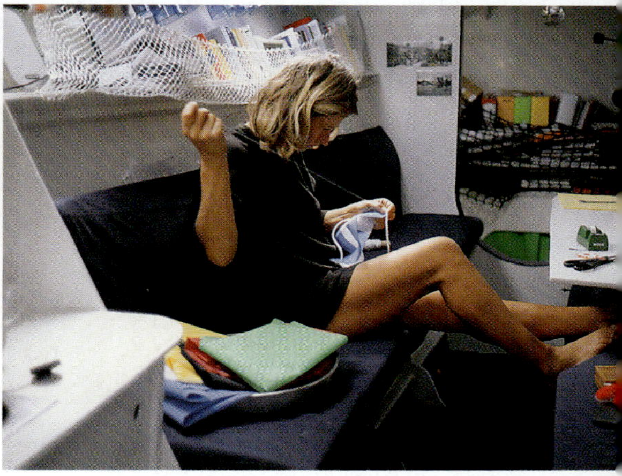

Rechts, oben:
Frische Goldmakrele – ein Fest für alle an Bord.
Rechts, Mitte:
Selbst ist die Frau – Gastlandflaggen in Heimproduktion.
Rechts, unten:
Bewährtes Prinzip auch auf den Kapverden – Wasserholen mit Kanistern.

Schnapsproduktion wie zu Großvaters Zeiten: Henrys Zuckerrohrpresse auf Brava.

Klingt wirklich grausig, wenn so eine Welle an den Rumpf knallt. Probleme gab es aber keine, Manua Siai hat alles weggesteckt. Jetzt ist es ruhiger, wir haben beständig sechs Windstärken, Wellen nicht über drei Meter.

Position 18°49 N, 021°47 W, 9.33 Uhr, sechster Tag. Haben gerade gefrühstückt – Pfannkuchen. Die See hat sich beruhigt, da geht das. Angenehme Nachtwachen liegen hinter uns. Entspannte, schöne Stimmung an Bord, auch die Katze ist hochzufrieden – ihr fliegen die Fische hier direkt ins Maul! Übrigens ist sie seit jener ersten heftigen Nacht nie wieder seekrank geworden und macht jeden Seegang klaglos mit. Ich habe sogar den Verdacht, dass es ihr auf See besonders gut gefällt, weil wir uns da den ganzen Tag mit ihr beschäftigen können und sie einen von uns fast immer in der Koje vorfindet. Die fliegenden Fische sind leider die einzigen frischen an Bord – wir haben seit dem Trip zu den Azoren keinen anständigen Fisch mehr gefangen. Dabei soll es hier reichlich Fische geben, und Gerhard hat mittlerweile Unsummen ins Angelequipment gesteckt. Wir haben alles an Bord: diverse Gummitintenfische, Metallköder mit eingebauter Tieftauchvorrichtung, eine teure Angelrolle, drei Angeln, kilometerweise Angelschnur verschiedener Stärken, mehrere Schleppangeln, weltumseglererprobte Selbstbauköder, eingelegte und trotzdem widerlich stinkende Köderfische, eigene Ködervariationen und was weiß ich mehr. Alles wird ausprobiert, und nichts funktioniert. Gerhards neueste Theorie: Die Fische halten unsere Rümpfe für Delfine und bleiben deshalb weg. Unsere Freunde mit den Einrümpfern (außer der Tooloo ist auch noch die Treana auf dem Weg zu den Kapverden) haben nämlich je einen Thunfisch gefangen, Heinz konnte sich vor zwei Wochen auf seiner Fahrt vor Fischen kaum retten, die Leute von der Eos auch, nur Wolfgang und wir mit unseren Katamaranen nicht. Aber wir versuchen es weiter, noch 135 Seemeilen lang.

Position 18°07 N, 022°11 W, 18 Uhr. Fisch!! Wir haben vor einer halben Stunde eine herrliche Goldmakrele gefangen, über siebzig Zentimeter lang. Im Wasser hat sie stahlblau ausgesehen, an Bord goldgelb mit Tupfen. Ein Fest für alle an Bord. Die Katze kennt bei frischem Fisch nur zwei Zustände: »Ich habe Hunger« oder »Mir ist schlecht«. Wir selbst freuen uns auf Sashimi (rohes Fischfilet, das wir mit Sojasoße und scharfem grünen Meerrettich genießen). Goldmakrelen wissen also zwischen Katamaranen und Delfinen fein zu unterscheiden – ihr Pech.

Position 17°39 N, 022°29 W, 00 Uhr. Die letzte Nacht vor unserer Ankunft, morgen früh gegen zehn müssten wir da sei. Der Fisch war roh nicht so lecker wie erhofft. Frischer Thunfisch ist besser, azoreanischer Schweinefisch auch (der so heißt, weil er auf alles beißt). Also bereiteten wir das hauchdünne Filet lieber in einer Pfanne mit Butter – das war großartig. Sonst: Klasse Segeln heute, mal halber Wind, mal Backstagbrise, fünf Windstärken und Sonne. Allerdings ist es dabei leicht diesig – angeblich typisch für Afrika und die Kapverden. Der Dunst besteht aus feinem gelben Sand.

16°52 N, 23°02 W, 11 Uhr. Zweieinhalb Seemeilen von Sal entfernt, und die Insel kommt einfach nicht in Sicht! Der Staub in der Luft hüllt alles ein, trotzdem kommt die Sonne durch. Der Wind ist kräftig, um die sechs Windstärken. Gleich werden wir uns die Haare waschen (in der Pütz, also im Eimer), damit wir sauber ankommen. Tolles Segeln heute! Wir stehen im Funkkontakt mit der Tooloo, die anderen sind gerade angekommen. Es scheint die Insel also tatsächlich zu geben! Wir haben gerade über Funk gehört, dass Wolfgangs Schiff Talamanca vorgestern vor der

Insel Boavista bei hohem Schwell die Ankerkette gebrochen ist – Wahnsinn. Zum Glück war er an Bord und konnte gleich reagieren. Es ist nichts passiert. Ein Taucher hat nach zweistündiger Suche auch den Anker wieder gefunden. Hoffentlich passiert uns so etwas nie!

Diesseits von Afrika

Sand. Feiner roter Sand in der Luft, weißer Sand am Strand, brauner Sand rechts und links der einzigen asphaltierten Straße. Sand in jedem Schrank, Sand in der Koje, Sand im Kochtopf. Dazu Wind. Was für ein Wind! Immer aus Nordost und immer stark. So stark, dass wir zwei Tage lang weder von Bord gehen noch draußen sitzen konnten. Das also war Sal, unsere erste Kapverdische Insel.

Fünfhundert Kilometer östlich lag Afrika. Von dort, aus der Sahara, kam der feine rote Sand. Der Rest war immer schon da. Sal ist das trockenste Stück Erde, das ich je gesehen habe, und erstaunlicherweise eine der wenigen Inseln der Kapverden, die touristisch halbwegs erschlossen ist. Ein Blick auf die Urlauber erklärte das Erstaunliche: Die meisten waren jung, hatten enorme Oberarme, starke Beinmuskeln und surften den lieben langen Tag. Windsurfer brauchen eben nicht viel mehr als Wasser, Strand und viel Wind.

Wir schon. Wir waren neugierig auf die Menschen, die auf dieser kargen Insel lebten und denen der Ruf großer Freundlichkeit vorauseilte. Im Ferienort Santa Maria allerdings war davon nicht viel zu spüren. Die dunklen Gesichter waren verschlossen. Nur wenn in einer der Kneipen mit Geige, Gitarre, Schlagzeug und Gesang kapverdische Musik gemacht wurde, sahen wir die Menschen lächeln. Wir und die anderen Touristen blieben Zaungäste der einheimischen Geselligkeit.

Es hielt uns nicht lange in unserer ersten Ankerbucht nahe Santa Maria. Mit Mühe kämpften wir uns unter Motor gegen den starken Wind weiter nach Palmeira. Das kleine Hafenstädtchen war uns von anderen Seglern zwar nicht gerade empfohlen worden (»ein Dreckloch«), aber wir erhofften uns Schutz vor dem starken Wind. Außerdem war Heiligabend, und wir waren in Palmeira verabredet.

Gemeinsam mit den anderen deutschen Seglern wollten wir Weihnachten feiern.

Das »Dreckloch« gefiel uns auf den ersten Blick. Palmeira war nicht viel mehr als eine Ansammlung von einfachen Häusern, noch schlichterer Kneipen, einem kleinen Laden und einer Wasserstelle. Nicht zu vergessen die einzige Telefonzelle. Die kleine Hafenbucht war durch eine Mauer einigermaßen geschützt. Etwa zwanzig Boote unterschiedlicher Nationalitäten lagen vor Anker.

Endlich war ein Landgang möglich, ohne dass uns der Wind aus dem Beiboot blies oder die Wellen uns fast kentern ließen. Wir schafften es sogar, uns nicht in den zahllosen Landleinen der kleinen Fischerboote zu verheddern, die an der Mole festgemacht waren. Schwarze Hände nahmen unsere Leine an, ein strahlendes Lächeln begrüßte uns im Städtchen. Hier kommt selten ein Tourist vorbei, und wenn, dann ist es ein Segler oder eine Seglerin. Die Menschen in Palmeira hatten für jeden von uns ein Lächeln übrig, begrüßten die weißen Fremden mit einem »Bom dia« und halfen, wo sie konnten.

Heiligabend 1999 an der Telefonzelle. Wir wollen in Deutschland anrufen und haben im kleinen Lädchen Telefonkarten erstanden. Nun stehen wir in der Schlange. Am 24. Dezember wollen offenbar nicht nur Europäer mit den Verwandten telefonieren, auch die Kapverdianer schätzen das ausführliche Weihnachtsgespräch. Wir warten. Eine

Frau spricht uns an, erst auf Kreol, der Alltagssprache der Kapverden, dann in der Amtssprache Portugiesisch. Woher wir kommen, möchte sie wissen – so viel verstehen wir –, und dann spricht sie offenbar über die Insel und ihre Familie, die wir kennen lernen sollen. Später sei Tanz im Dorf, wir müssten unbedingt kommen. Schließlich ist die Telefonzelle frei, und wir können unseren Familien kurz »Frohe Weihnachten« wünschen, ehe die Telefonkarten auch schon leer sind.

Unsere freundliche Gesprächspartnerin treffen wir zehn Minuten später wieder. Sie winkt uns in eine kleine Kneipe, die aus wenig mehr als Theke und Kühlschrank besteht. Wir trinken Bier mit den Einheimischen, und Camilla stellt uns ihre hübschen Töchter vor. Aber was heißt schon hübsch auf den Kapverden? In den nächsten Wochen können wir uns kaum satt sehen an den schönen Menschen, die die kapverdische Geschichte hervorgebracht hat. Langgliedrige Körper, feine Gesichtszüge, Hautfarben in allen Schattierungen und bildschöne Augen. Die für uns verblüffendste Farbmischung: schwarze Haut, dunkle Augen, blondes Kraushaar.

Heiligabend verbrachten wir in einer kleinen Hafenkneipe und sorgten gemeinsam mit den anderen deutschen Seglern für ungewöhnliche Klänge. Während lautstark kapverdische Popmusik aus Lautsprechern dröhnte, schmetterten wir rumselig »Stille Nacht, Heilige Nacht« und »O Tannenbaum«.

Zehn Tage blieben wir auf Sal, dann setzten wir wieder Segel – auf zur zweiten Wüsteninsel, Boavista. Die Strände noch länger, der Sand noch feiner, das Wasser noch blauer. Dazu riesige weiße Dünen, die schon vertrauten Surfer und natürlich – wie fast immer auf den Kapverden – jede Menge Wind und freundliche Einheimische. Silvester kamen wir ohne einen Pfennig kapverdischen Geldes in der Tasche an. Wir hatten es auf Sal nicht mehr geschafft, zum Flughafen zu fahren, wo die einzige Wechselmaschine der Insel stand. Egal, wozu brauchten wir Geld? Erst wurde an Bord lecker gegessen, dann packten wir Bordsekt ein und begaben uns in Erwartung der kapverdischen Variante des Millenniumspektakels an Land.

Es schien ein Fest zu geben – bunte Lichterketten leuchteten in einer Bar direkt am Hafen, Livemusik erklang, einige Menschen waren zu sehen. Irritierend war nur, dass am Eingang scheinbar alle kontrolliert wurden. Tatsächlich: Dies war eine Touristenparty mit dem stolzen Eintrittspreis von umgerechnet zwanzig Euro für zehn Freigetränke und ein Büfett. Für Einheimische nicht zu finanzieren. Schwarze mussten draußen bleiben. Auf dieses Fest hatten wir wenig Lust und außerdem kein kapverdisches Geld.

Das Problem war nur – es gab kein anderes Fest. Das ganze Dorf lag wie ausgestorben, kein Mensch war unterwegs. Und so landeten wir doch auf der Touristenparty. Die Veranstalter ließen uns unbekannte Segler freundlicherweise auf Kredit und zum Sonderpreis ein, und so feierten wir doch noch ein bisschen. Später kamen auch einige einheimische Gäste, offenbar die bessere Gesellschaft von Boavista. Draußen am Zaun standen Jugendliche und guckten mit großen Augen zu. Wir fühlten uns nicht wohl und waren bald wieder auf dem Schiff.

In den nächsten zwei Wochen gelingt es uns nicht, auf Boavista auch nur ein einziges Ei zu kaufen. Zwar haben wir inzwischen kapverdisches Geld, aber es gibt keine Eier. Sämtliche Eier auf der Insel sind gleichzeitig verdorben, und wegen der Feiertage ist schon lange kein Versorgungsschiff mehr da gewesen.

Auf dem Markt von Boavista sitzen einige alte Frauen, die Kohl, Kartoffeln, Bananen, Kürbis und wenig ansehnliche Tomaten anbieten. Alles teuer. Wir sind froh, auf den Kanaren reichlich Konserven eingekauft zu haben. Trotz des Tourismus wirkt die Insel arm. Und bei Celso, dem Wirt einer kleinen Kneipe, erfahren wir auch, warum: »Wir haben nichts von den Touristen«, klärt uns der Sechzigjährige auf, der einige Jahre als Gastarbeiter in Deutschland gewesen ist und gebrochen Deutsch spricht. »Das Geld verdienen die Italiener.« Etwas außerhalb des Hauptortes Sal Rei, vor dem wir ankern, liegt eine große italienische Hotelanlage, mit eigenem Restaurant, eigenem Strand und eigenem Kulturprogramm. Sogar die Lebensmittel werden eingeflogen. Die Urlauber verbringen ihre Zeit auf dem Hotelgelände. In die kleinen Dorfläden und Kneipen gehen sie kaum. Celso hoffte inständig, dass sich das ändern würde: »Hier sind fast alle arm, keiner hat Arbeit, und wir brauchen doch die Arbeit!«

Nachmittags. Wir haben das kleine Dorf Rabil besucht, in einer Hinterhofkneipe Kaffee getrunken und uns ausführlich mit der netten Wirtin unterhalten, die Spanisch versteht. »Gerhard, hast du die Küche gesehen?« – »Nee, wieso?« – »Geh einfach mal gucken.« Die Küche ist ein winziger Verschlag mit verrußten Wänden, einem einflammigen Kocher und einem Spülbecken. Schrecklich ärmlich. Aber die Besitzerin ist stolz auf das, was sie hat. Wir dürfen ein Foto machen. Nachdenklich spazieren wir durch das Dorf. »Wie kann man mit so wenig so zufrieden sein?« – »Glaubst du, dass du so leben könntest?« – »Nein, ich glaube, wir Mitteleuropäer kämen hier nicht klar.«

Wir wollen noch ein bisschen weiter über die Insel touren. Per Aluguer – meist ein offener Pickup, auf dessen Ladefläche sich Menschen, Hühner und Kartoffeln stapeln. Die

Fahrt kostet umgerechnet zwischen fünfundzwanzig Cent und einem Euro, je nach Entfernung. Sonst kommen diese Autos in regelmäßigen Abständen an uns vorbei, nur heute nicht. Schließlich hält ein Pickup mit zwei Männern drin, die lauter leere Wasserkanister geladen haben. Nein, meint der Fahrer, nach Norte – zu unserem Ziel – will er nicht. Er fährt zu einem anderen, unaussprechlichen Ort. Egal, sagen wir, dann eben da hin. Nach ein paar Minuten hält er noch mal an. Er könne uns für tausend Escudo (fünf Euro) nach Norte bringen. Aber wir winken ab. Ob wir wirklich mit ihm mit wollen, fragt er nach weiteren fünfhundert Metern noch mal nach. Ja, wirklich, seinen ungläubigen Augen zum Trotz.

Nach ein paar Kilometern in rasendem Tempo über die holprige Straße biegt er ab. Eine Hütte kommt in Sicht, die mehr aus Wellblech und Plastik als aus anderem Baumaterial besteht, davor ein paar Hühner und eine ältere, rosa gekleidete Frau. Drei weitere Dreißig-Liter-Kanister werden vertäut. Was für eine Armut, denken wir einmal mehr. Dann weiter, es geht in die Wüste.

Wir kommen uns vor wie in einem Western, es fehlt nur, dass die wenigen kleinen Büsche vom Wind verweht werden. Eine halbe Stunde holpern wir durch die staubige Ebene, dann ist das Ziel erreicht. Kein Dorf, nur eine Wasserstelle. Alles aussteigen bitte. Die merkwürdigen Touristen werden gebeten, sich die Beine zu vertreten. Wir bestaunen artig die grünen Bäume rund um den Brunnen, die vom Passatwind nach Südwest ausgerichtet wurden, viel mehr gibt es nicht zu sehen. Die beiden Männer versenken einen kleinen Wassereimer nach dem anderen im Brunnen und füllen das Wasser mit Hilfe von aus Plastikflaschen gebastelten Trichtern in die Kanister um. Gerhard hilft mit, und wir kommen mit den beiden ins Gespräch. Das Wasser hier sei besser als in ihrem Dorf, sagen sie, deshalb würden sie den weiten Weg machen.

Ein zweiter Pickup kommt, bestückt mit einem Tausend-Liter-Tank und moderner Technik. Schlauch in den Brunnen, Generator an, in null Komma nichts ist der Tank voll. Davon können unsere beiden nur träumen. Aber – wir sind schließlich auf den freundlichen Kapverden – von der zweiten Pickup-Besatzung kommt das Angebot, den Schlauch zu benutzen. Es ist ein beeindruckendes Bild, als einer der Männer versucht, direkt den Schlauch auf einen Kanistertrichter zu setzen – der Druck dürfte etwa dem eines Feuerwehrschlauches entsprechen. Das Wasser spritzt sonst wohin, nur nicht in den kleinen Trichter. Ergeben kehrt er zu seinem Eimer zurück.

Als alle Kanister voll sind, springt der Pickup nicht mehr an, wir schieben – und tatsächlich, der Motor meldet sich zurück, die Rückkehr aus der Oase ist gesichert. Wir halten wieder bei der ärmlichen Hütte. Unser Fahrer und sein Helfer gehen hinein, und als sie zurückkommen, winken sie uns in den Unterstand. Es ist der Arbeitsunterstand einer offenbar wohlhabenden bäuerlichen Familie. Um die Ecke stehen eine Kuh samt Kalb, ein Esel und ein Schwein. Felder mit akkurat angepflanztem Gemüse liegen dahinter. Drinnen erwartet uns die gar nicht so alte Dame in Rosa mit frischer Melone, danach sind wir zum Abendessen der Familie eingeladen, Reis mit Ziegenfleisch und Kürbis. Als Nachtisch gibt es über dem offenen Feuer geröstete Maiskolben, alles sehr lecker. Nur mit der Kommunikation ist es schwierig. Ersatzweise lächeln wir, bis die Gesichtsmuskeln schmerzen.

Es ist die Familie unseres Fahrers. Nach einer Stunde setzt er uns mit viel Gelächter und Gestrahle wieder in Rabil ab. Wir gönnen uns in der nächsten Kneipe ein Bier und werden beim Eintreten fast von einer abgezogenen Ziege erschlagen, die am Türpfosten hängt. Sie hat nur noch drei Beine und wird offensichtlich Stück für Stück verzehrt. »Gerhard, diesen Tag vergesse ich nie!«

Nach einem erholsamen Zwischenstopp auf der vergleichsweise grünen Insel Santiago, mit Palmenstrand und beeindruckenden Gebirgszügen im Inland, waren wir bereit für die nächste Portion Kargheit. Fogo ist eine Vulkaninsel. Damit nicht genug. Der Vulkan auf Fogo ist aktiv und zuletzt 1995 ausgebrochen. Den wollten wir sehen. Aber erst mal mussten wir die Einfahrt zum Hafen finden. Wir hatten uns mit der Zeit verkalkuliert und erreichten Fogo in finsterster Nacht. Es war windstill, das Meer spiegelglatt. Ausnahmsweise wollten wir nachts vor Anker gehen. Das GPS half uns, den Hafen zu finden. Theoretisch jedenfalls. »Gerhard, das kann hier nicht sein – ich sehe kein einziges Licht!« – »Lass uns näher heranfahren!« Schließlich konnten wir in der Finsternis einen dunklen Streifen erkennen. Die Hafenmauer? Zum hundertsten Mal guckten wir auf die Zeichnung in unserem Handbuch. »Ja, das muss es sein. Aber trotzdem komisch, dass kein einziges Licht zu sehen ist.« Die Einfahrt war gespenstisch. Ziemlich unsicher warfen wir nahe am schwarzen Strand, den wir nur mit Hilfe eines starken Strahlers ausmachen konnten, den Anker. Unruhig schliefen wir ein – aber nicht für lange. Morgens um sechs Uhr um uns herum Getöse.

Ich steckte den Kopf aus der Luke. Gleich neben uns ankerte ein riesiger Frachter. Lange Ruderboote kamen an uns vorbei, und mit viel Gerufe und Gedränge wurden Kisten und Gerätschaften vom Frachter in die Boote umgeladen. Wir hatten Glück gehabt. Hätten wir ein paar Meter weiter links geankert, wären wir dem Frachter im Weg gewesen. Und ein paar Meter vor uns lauerte ein dicker Stein unterhalb der Oberfläche des glasklaren Wassers. »Nächstes Mal warten wir auf Tageslicht, ich schwöre es!« An Land erfuhren wir, warum es nachts so finster gewesen war: Stromausfall.

Am Rande des Hafens von Fogo fühlten wir uns wie im Kino. In unserem Cockpit saßen wir sozusagen in der ersten Reihe, direkt vor uns war die Action. Die Entladung der großen Versorgungsschiffe unterhielt uns stundenlang. Die Schiffe spuckten Menschen aus, Kühe, Cola-Kisten und Bauholz. Und alles wurde über die Ruderboote, so genannte Leichter, entladen. Das Highlight im Programm war das Entladen eines Autos. Auch das kam ins Ruderboot und passte so gerade eben. Das Heck des Wagens ragte allerdings über das Heck des Bootes hinaus – anders hätten die beiden Ruderer vorn keinen Platz mehr gefunden. Dann griffen die starken Arme in die Riemen und ruderten gemächlich an Land. Beeindruckend. Und verwunderlich. Der Hafen von Fogo hatte nämlich an anderer Stelle eine sichtlich neue Hafenmauer. Segelboote durften dort nicht festmachen – sie war für die Berufsschifffahrt reserviert. Aber fast alle Frachterkapitäne ignorierten diesen Liegeplatz, der das Ausladen um einiges erleichtert hätte.

»Die Kapitäne müssen sich erst daran gewöhnen«, erklärte uns schließlich ein breitschultriger Deutscher, der sich als Bauleiter des Hafenausbaus entpuppte. Lübbo Fischer, ein gebürtiger Ostfriese. Die Häfen der Inseln Fogo und Brava waren gerade mit Hilfe deutscher Gelder ausgebaut worden, die Baustelle auf Fogo war fast abgewickelt. »Ja, sicher, auf die Dauer werden die Leichterfahrer ihre Arbeit verlieren. Aber ich denke, es geht nicht anders. Die Frachtzahl steigt ständig, und immer mehr wird mit Containern abgewickelt. Und Container lassen sich nicht mehr mit Leichtern entladen.« Er zeigte uns die Hafenpläne, erklärte, wie die nötige Stärke der Hafenbefestigung errechnet worden war und dass er seit drei Jahren auf der Insel sei. Er lud uns für den kommenden Sonntag zu einer Fototour in den Norden der Insel ein.

»Gerhard, guck mal, da kommt ein Segler.« Langsam schob sich ein Mast auf der anderen Seite der Mauer entlang. Wir sahen nur die oberen Meter. Dann kam der Bug des Seglers um die Ecke. »Du, ist das nicht ...?!« Ja! Die Miss Sophie mit Harald und Verena! Große Freude auf beiden Booten. Wir wussten zwar, dass die beiden auch im kapverdischen Archipel unterwegs waren, hatten aber allmählich die Hoffnung aufgegeben, sie noch zu treffen. Die Miss Sophie hatte die nördliche Inselkette ersegelt, wir die südliche.

Nie vorher auf unserer Reise war mir so deutlich bewusst geworden, wie sehr ich Freunde vermisste. Vertraute Gesichter. Menschen, die mich kannten. Denen ich mich nicht mehr vorstellen musste und mit denen ich Erinnerungen teilte. So schön es war, immer wieder neue Menschen kennen zu lernen, so anstrengend war das manchmal auch. Jetzt waren Harald und Verena da und für die nächsten Wochen konnten mir andere Segler gestohlen bleiben.

Glücklich wieder vereint, bestaunten wir zusammen die Vulkanlandschaft Fogos. Bizarr erstarrte Lavamassen markierten junge und alte Ausbrüche des Pico. Schwarz und Grau schimmerten in unzähligen Tönen. Über allem thronten die riesigen Vulkankegel, umgeben von giftig-gelbem Schwefel. Beim Aufstieg zum kleineren Krater verbrannte ich mir fast die Finger – dieser Vulkan war unverkennbar aktiv. Heiße Dämpfe stiegen aus Löchern im Vulkangestein und entzündeten problemlos ein hineingehaltenes Büschel Gestrüpp. Vor ein paar Jahrhunderten war das Tal, in das wir blickten, das fruchtbarste der Insel gewesen, ein Weinanbaugebiet. Jetzt war der ergiebige Boden unter der Lava begraben. Gänsehautatmosphäre.

Ein kleines Dorf am Rand der Vulkanlandschaft. Der Fahrer bringt uns in eine kleine Kneipe, in der es den starken Fogo-Wein zu kaufen gibt und Touristen wie wir vom Wirt freudig mit Musik begrüßt werden. Ein junger Mann schrubbelt den Rhythmus auf einem Instrument, das aussieht wie ein gebogenes Waschbrett. Der Wirt spielt Gitarre und singt. Der Geigenspieler sei heute leider nicht da, entschuldigt sich der Chef. Macht nichts, uns gefällt es auch so. Wir trinken und kaufen Wein. Draußen bieten Kinder kleine Hütten an, die sie aus Lavagestein gebastelt haben. Wir sind die einzigen potenziellen Kunden.

Wieder einmal fragen wir uns, wovon die Menschen hier bloß leben. Und wie sie es schaffen, trotz aller Armut eine solche Zufriedenheit und Fröhlichkeit auszustrahlen. Der schwere Alltag drückt sich am ehesten in der melancholischen Musik aus. Die »Mornas« erzählen von der Not und vom Hunger, aber auch von der Liebe und der Schönheit der Kapverden.

»Ja«, lacht Henry, »wer hier weggeht, der behält die Sehnsucht.« Er muss es wissen. Henrys Familie ist vor Jahrzehnten nach Amerika ausgewandert – wie so viele andere seiner Landsleute. Von 1,1 Millionen Kapverdianern lebten 1996 etwa 700000 im Ausland. Dreimal pro Jahr bringt ein Schiff Geschenke von den amerikanischen Verwandten. Henry ist inzwischen Frührentner in den Vereinigten Staaten und kommt jedes Jahr für drei Monate zurück auf die Kapverden. Wir treffen ihn zwei Wochen später auf seiner Heimatinsel Brava, der kleinsten der zehn bewohnten Inseln und unserer letzten Station auf den Kapverden. Gemeinsam mit der Miss Sophie und der Talamanca liegen wir in der idyllischen Bucht Faja d'Agua vor Anker, umgeben von steilen Felsen. Vor uns zieht sich ein kleines Dorf mit weiß-bunten Häusern die Bucht entlang und einen palmenbewachsenen Hügel hinauf. Da wollen wir hin, heftiger Brandung und steinigem Strand zum Trotz. Schließlich trauen wir uns gemeinsam mit den Crews der anderen Schiffe an Land, alle zusammen im stabilen und großen Plastikbeiboot der Talamanca.

Vorausgegangen sind ausführliche Studien der ortsüblichen Anlandetechnik. Die Fischer warten mit ihren Booten auf eine Brandungspause – notfalls zehn Minuten –, rudern dann so schnell wie möglich auf den Steinstrand und schleppen flott das Boot nach oben – außerhalb der Reichweite der Wellen. Wir machen es genauso und kommen heil und trocken im Dorf an.

Zur Belohnung ziehen wir umgehend in die nächste (und einzige) Kneipe im Örtchen. Alle Leute strahlen uns an und grüßen. Nur die Wirtin ist erst ein bisschen muffig. Wir bestellen Kaffee. Eine bunte Tischdecke wird für uns aufgelegt, goldfarbene Glastassen gedeckt. Wir bekommen eine Thermoskanne voll mit heißem Wasser, dazu eine Plastikdose mit Instantkaffee und ein Kännchen Milch. Ein sympathischer Mann sitzt in unserer Nähe. Er spricht Spanisch, und wir unterhalten uns. Dreißig Familien leben im Dorf, erzählt er, es gebe ein Motel mit vier Zimmern, sonst sei nicht viel los.

Auftritt Henry: Unter viel Geschnaufe stapft ein kleiner Dicker in Bermudashorts und mit goldbesticktem Sonnenkäppi das Hügelchen zur Bar hoch. Kaum sitzt er, lässt er anfragen, ob wir Englisch sprechen. »Ich bin Henry, und wenn ihr wollt, kann ich euch eine 1A-Grogue-Destillerie zeigen, noch wie aus dem vorigen Jahrhundert.« Grogue ist kapverdischer Zuckerrohrschnaps. »Und wenn ihr die

Insel sehen wollt«, sagt Henry, »kein Problem, ich habe Zeit und ein Auto.«

Nach dem Kaffee begleiten wir Henry zum Schnaps. Auf dem kurzen Weg zur Destillerie besichtigen wir sein Haus mit Sonnenterrasse und Buchtblick. So ein großes und elegantes Haus haben wir auf den Kapverden noch nicht gesehen. Henry hat alles: Kühlschrank, Farbfernseher, Faxgerät, riesige Stereoanlage, schöne Möbel. Die Fotos seiner Frau und seiner Kinder stehen in sichtlich teuren Bilderrahmen auf der Kommode. Ich spreche den offenherzigen Henry auf seinen Wohlstand an.

»Entschuldige die Frage, Henry, aber ist das nicht schwierig, in so einer armen Gegend ein reicher Mann zu sein?« – »Ach«, lacht Henry, »hier bin ich ein großer Fisch, aber ich vergesse nie, dass ich da draußen« – seine Hand zeigt auf das Meer – »nur ein ganz kleiner bin.« Das Telefon klingelt. Henry redet schnell auf Kreol und kommt wieder zu uns. »Eine alte Frau braucht Land für ihre Ziege, nur ein paar Quadratmeter. Ist doch gut, dass ich ihr das geben kann. Meiner Familie gehört viel Land hier. Fast jeden Tag kommt so ein Anruf.«

Henry schenkt starken Grogue aus, dann führt er uns durch Hinterhof und Garten zur »Fabrik«. Das Zentrum des Geschehens ist eine Zuckerrohrpresse. Zwei Männer sind damit beschäftigt, die Zuckerrohrstangen zwischen dicken Zahnrädern durchzuschieben, während ein dritter ein kleines Pferd und einen Esel antreibt. Runde um Runde drehen Tiere und Mann um die Presse, die sie so in Bewegung halten. Alle drei sind magere und zottelige Gestalten und sehen aus, als würden sie schon seit Jahrzehnten im Kreis laufen. Ein paar Meter weiter befeuert jemand mit getrockneten Zuckerrohrresten und Palmenblättern die eigentliche Destille, in der Zuckerrohrsaft erhitzt und zu

Grogue verwandelt wird. Gekühlt wird die Destille mit Wasser. Vorher muss der Saft aus der Presse in Fässern fünf Tage lang gären (der Saft in den Fässern sieht ekelhaft aus, nicht zuletzt dank der darin umherschwimmenden toten Spinnen). Dann ist der Grogue fertig und schmeckt wirklich gut. Angeblich macht er auch nicht blind.

Henry verkauft den Rum, wohin er kann: auf andere Inseln, an Segler, in die USA. Aber es geht ihm vor allem darum, die 1910 von seinem Großvater gegründete Destille zu erhalten und einigen Leuten Arbeit zu geben. So wenige scheinen das gar nicht zu sein. Ungefähr zwanzig Männer sehen wir, und einige Kinder. Henry lacht. Arbeiter habe er hier nur sechs, alle anderen seien da, weil es direkt an der Destille umsonst Grogue gebe. Das sei Tradition und wichtig für die Qualität des Schnapses. Die Kinder kauen Zuckerrohrstangen. Allabendlich meldet der Vorarbeiter, wie viel von der Tagesproduktion in Flaschen und wie viel durch die Kehlen der »Qualitätsprüfer« geflossen ist.

Natürlich müssen wir den frischen Schnaps probieren. Das wasserklare Getränk rinnt direkt aus einem Kupferrohr in der Wand in eine handtellergroße Nussschale. Der frische Grogue darf aus nichts anderem getrunken werden, auch so eine Tradition.

Die nächste Runde gibt es dann wieder auf der schönen Dachterrasse mit Meerblick. Eine monströse tragbare Stereoanlage spielt kapverdische Musik, und den Grogue trinken wir diesmal gemixt mit dem Saft frisch geschlagener Kokosnüsse. Wir sitzen in der Sonne und genießen es, hier zu sein. Henry bietet uns an, jederzeit bei ihm zu wohnen, falls wir mal ohne Boot in die Bucht kämen. »Henry, warum bist du so freundlich zu uns – du kennst uns doch gar nicht!« – »Das ist einfach. Ich war selbst in der Fremde. Viele Menschen waren damals freundlich zu mir und haben mir geholfen. Da hab ich mir selbst versprochen, das Gleiche für alle Fremden zu tun, die in mein Dorf kommen.« Als wir den Hausherrn schließlich verlassen, sind wir beduselt. Nicht nur vom Schnaps, auch von den vielen Eindrücken und Informationen. Jetzt nur noch schnell einkaufen und dann zurück auf die Boote.

Im einzigen Laden des Ortes, winzig klein und mit bescheidenem Angebot, erstanden wir immerhin italienische Nudeln. Wir orderten ein Kilo, aber die Nudeln waren nach amerikanischen Gewichtsangaben verpackt. Am Kilo fehlten knapp hundert Gramm. Wir versuchten der jungen Frau hinter der Ladentheke gerade auszureden, eine weitere Nudeltüte zu öffnen, um die fehlenden paar Gramm aufzufüllen, da wurden wir wieder angesprochen, auch diesmal auf Englisch. Ein anderer Rückkehrer aus Amerika, was sonst; dieser war sogar Bürgermeisterkandidat. Als Amerikaner allerdings ein Kandidat ohne Chancen, wie er gleich hinzufügte. Er kannte uns gerade fünf Minuten, da bot er uns schon an, uns auf der Insel herumzuführen. Zack waren wir für den nächsten Morgen um zehn Uhr verabredet.

»Ihr braucht Wasser?« Zwei Kinder sahen die beiden leeren Wasserkanister, die wir dabeihatten. Die Wasserstelle war zu. »Wir füllen sie für euch, morgen!« Große Augen in dunklen Gesichtern strahlten uns erwartungsvoll an. »Nein, lasst mal, so wichtig ist das nicht.« Gerhard wollte seine Kanister nicht an Land lassen. »Bitte, bitte, wir machen das für euch!« Also gut. Wir ließen ihnen die Kanister. Endlich waren wir wieder an Bord und ziemlich erledigt. Die Kraft reichte gerade noch zum Kochen und Essen. »Schlafen«, dachte ich, »schlafen!«, und ging in die Koje. Es sollte nicht sein. Kaum lag ich im Bett, da rief Gerhard von oben: »Komm rauf, wir kommen der Talamanca zu nahe« (wir hatten in der vorigen Nacht schon eine zarte Berührung mit dem anderen Katamaran gehabt). Inzwischen war es stockdunkel. Es begann eine fast dreistündige Ankeraktion. Entweder wehte gar kein Wind, oder er kam in kräftigen Böen von den Bergen, ständig aus einer anderen Richtung. Mal kam die Talamanca uns nah, dann wir ihr. Danach ging das gleiche Spiel zwischen der Talamanca und der Miss Sophie los. Skipper Wolfgang auf der Talamanca, ein Einhandsegler, war inzwischen entnervt. Eine Bemerkung, die Gerhard ihm zurief, brachte ihn noch mehr in Rage. Gerhard verstand nicht, warum. Wolfgang ging ankerauf. Er verschwand in die Nacht – und wir hatten ein schlechtes Gewissen. Immerhin war sein Boot als Erstes am Ankerplatz gewesen. Wir konnten nun in Ruhe schlafen, er dagegen würde draußen auf dem Meer auf den Morgen warten und dann an anderer Stelle vor Anker gehen.

Am Morgen war klar, dass aus unserer Verabredung zur Inselrundfahrt nichts werden würde. Wolfgang war samt Beiboot weg. Mit unserem Beiboot konnten wir nicht an Land. Außerdem nahm der Schwell in der Bucht immer mehr zu, und die Wettervorhersage kündigte eine Winddrehung an. Wir fühlten uns nicht mehr sicher. Aber die Kinder hatten noch unsere Wasserkanister. Also schwamm Gerhard mit Flossen, Brille und Schnorchel an Land, um unsere gefüllten Wasserkanister abzuholen und die Verabredung abzusagen.

»Hey, Sie, warten Sie mal!« Die junge Frau aus dem Laden von gestern lief ihm hinterher. »Sie haben etwas vergessen!« Verblüfft ließ sich Gerhard ein Portemonnaie in die Hand drücken – meines. Samt Geld, Euro- und Visacard sowie Personalausweis. Wir hatten noch gar nicht bemerkt, dass ich es hatte liegen lassen. Angesichts von

Gerhards Badehose ging sie noch mal in ihren Laden und wickelte die Börse in eine Plastiktüte. Ich guckte ganz schön dumm, als Gerhard mit meiner Barschaft an Bord auftauchte. Wir segelten in den staubigen Hafen des Städtchens Furna und ankerten vor einer geschäftigen Baustelle. Zum Staub gesellte sich der Hafendreck. Reizend.

Furna ist eine kleine, wenig attraktive Hafenstadt mit einer beachtlichen Anzahl magerer, kranker und verschreckter Hunde. Viele der Menschen sahen kaum gesünder aus und waren offensichtlich bitterarm. Kaum ein T-Shirt oder Hemd ohne Löcher, viele offene Wunden an Armen und Beinen und scheußliche Geschwüre. Wir wurden oft angesprochen und um irgendetwas gebeten – um ein Stück Angelschnur, ein Stück Seil als Ersatz für einen Gürtel, um eine Zigarette. Die Kinder bettelten um Kugelschreiber für die Schule. Nach einer Weile mussten wir ihnen erklären, dass wir leider keine Kugelschreiberfabrik an Bord hätten und deshalb jetzt Schluss sei mit der Kuliverteilung.

Furna stank. Nach Kloake und nach Müll. Der Müll wurde in der Regel in ein altes Flussbett gekippt – auf das ihn das Meer bei nächster Gelegenheit hinwegspüle. Wir beschlossen, unseren Müll zu sammeln und auf tausend Meter Wassertiefe selbst zu verklappen. Den Plastikabfall wollten wir so lange an Bord behalten, bis wir an einen Ort kamen, an dem Müll deponiert oder verbrannt wurde.

Nach dem Umzug nach Furna besuchten wir Henry und seine Freunde noch einige Male. Während eines dieser Besuche kam ich ins Gespräch mit Jonny, Henrys Hausmeister und rechter Hand. Er sprach Spanisch. Ich sagte ihm, wie sehr mir sein Heimatort gefiel. »Ja, sicher ist das schön hier«, sagte der Vierzigjährige. »Aber zu eng. Ich würde gern woanders leben, wo mehr los ist. Aber wie? Wenn ich auf eine andere Insel gehe, brauche ich für uns ein Haus« –

Jonny hat Frau und drei Töchter – »und das kostet viel Geld. Und es gibt keine Arbeit. Also muss ich hier in Faja d'Agua bleiben.« Jonny lehnte am Terrassengeländer und blickte nachdenklich auf die Bucht. »Aber du«, sagte er nach einer Weile, »du hast doch bestimmt Familie in Deutschland – vielleicht kann ich da hingehen? Bei euch gibt es doch Arbeit.«

Vor meinem geistigen Auge erschien das Bild meiner Schwester. Wie sie wohl gucken würde, wenn ich ihr Jonny schickte? Das Bild zeigte mir einen Vogel. Meine Eltern? Sie hätten vielleicht Platz genug. Aber auch diese Vorstellung wollte nicht passen. »Weißt du, Jonny, die Deutschen sind nicht so offen und gastfreundlich wie ihr hier. Bei uns käme kaum jemand auf den Gedanken, wildfremden Menschen seine Wohnung anzubieten.« Mein eigenes Land, meine Familie waren mir plötzlich peinlich. »Hier bei euch teilt jeder mit den Gästen, was er hat. In Deutschland wird sofort misstrauisch gefragt, was am Ende auf der Rechnung steht. Das ganze System ist anders. Vielleicht ist Deutschland auch zu groß, als das man dort viel Vertrauen haben könnte. Das kann gefährlich sein.« Jonny konnte sich das schlecht vorstellen und zuckte enttäuscht die Achseln. Ich nahm mir vor, mich für Jonny nach Arbeitsmöglichkeiten umzuhören, wenn ich wieder in Deutschland war. Aber ich glaubte kaum, dass er überhaupt eine Arbeitserlaubnis bekäme.

Doch auch ich hatte eine Bitte: »Jonny, kümmere dich um meine Katze, streichle sie ab und zu, ja?« Zuckerschnecke stromerte neugierig durch die Büsche von Henrys Garten, nicht ahnend, dass sie Gerhard und mich heute zum letzten Mal sah. Wir hatten uns schweren Herzens entschlossen, unsere Katze auf den Kapverden zurückzulassen.

Schon seit einiger Zeit fühlte sie sich an Bord der Manua

Siai nicht mehr wohl. Immer häufiger verlangte sie schreiend und maunzend nach einem Kater. Und sie langweilte sich offenbar. Schließlich hatte sie aus Protest gegen ihren eingeschränkten Lebensraum angefangen, statt wie früher ins Katzenklo an alle möglichen Stellen zu pinkeln. Zuletzt in unser Bett. Da hatte es Gerhard gereicht. »Die Katze kommt von Bord!« Ich konnte reden und heulen, so viel ich wollte. Er war unerbittlich. Und eigentlich war auch mir klar, dass es für Zucki besser wäre, an Land zu leben. Aber ob ausgerechnet die Kapverden der richtige Ort für sie waren, da hatte ich doch meine Zweifel. Soweit ich sehen konnte, waren die Katzen auf den Inseln – magere, bemitleidenswerte Geschöpfe – nur als Mäuse- und Rattenjäger geduldet. Und hier, wo sie zwischen Müll und Fußtritten enden würde, sollte ich meine verwöhnte und verschmuste Zuckerschnecke aussetzen. Niemals!

Die Rettung war in Gestalt von Henry erschienen. »Bring deine Katze zu mir – ich werde sie lieben so wie dich.« Also steckten wir Zucki in eine Reisetasche und stellten uns an die Haltestelle in Furna. Eine halbe Stunde verging, eine Stunde, eineinhalb. Kein Aluguer. Ausgerechnet heute war in ganz Furna kein einziges Auto unterwegs. Wir hockten am Straßenrand. Zucki guckte aus der Tasche und beäugte interessiert und überraschend ruhig die Umgebung. Ich nutzte die letzte Chance, unser scheidendes Crewmitglied zu beschmusen. Sehr zum Amüsement sämtlicher Furnenser, die an der Straßenecke vorbeikamen und offenbar noch nie jemanden mit einer Katze hatten schmusen sehen. Noch Tage später konnten sich diverse Teenager das Kichern nicht verkneifen, wenn sie mich sahen. Ich hörte immer nur »gata« – »Katze«, sah sie verstohlen mit dem Finger auf mich zeigen und dann losprusten. Nach geschlagenen zwei Stunden konnten wir mit Hilfe eines freundlichen Furnensers einen Fahrer überreden, uns in die Hauptstadt Nova Sintra zu bringen, wo Henry uns mit seinem Wagen abholen wollte. Zucki würdigte uns in ihrem künftigen Domizil keines Blickes mehr. Die neue Umgebung war für sie weitaus aufregender als wir.

Als kleines Andenken hatte Zucki uns stinkende Bettwäsche hinterlassen, die wir sofort in Seifenlauge eingeweicht hatten und jetzt auswaschen mussten. An der Wasserstelle in der Nähe des Marktes war auch der öffentliche Waschplatz. Aber er lag verwaist, am Wasserhahn prangte ein Schloss. »Nichts zu machen, kommt morgen Vormittag wieder«, beschied uns der Herr über den Hahn. Mit unserer feuchten Wäsche und ein paar leeren Wasserkanistern machten wir uns auf den Weg zurück zum Hafen.

Wir kamen am Haus von Iris vorbei. Die füllige Dame mit dem strahlenden Lächeln kannten wir schon vom Vortag. Da hatte ich mit Harald Wasser holen wollen und ebenso vor verschlossenem Hahn gestanden. Iris hatte uns in ihr Haus gewunken und aus ihrem eigenen Wasservorrat fast alle Kanister gefüllt. Sobald ein Behälter voll war, hatte eines der umstehenden Kinder ihn gegriffen und für uns die achthundert Meter zum Hafen getragen. Ich hatte gemerkt, dass Iris sich mit einem ihrer Helfer kichernd darüber unterhielt, ob sie mich wohl um etwas bitten könne. Sie hätte so gern einen Bikini, kriegte ich mit. Geld wollte sie nicht.

Ich fand für sie tatsächlich ein Exemplar, das mir zu groß war. Iris hatte sich mächtig über ihren Bikini gefreut. Bei unseren kleinen Trägern hatten wir uns mit Kugelschreibern bedankt, und später hatten Gerhard und Harald noch unzählige Fahrradreifen für die Kinder geflickt.

Jetzt winkte Iris mich wieder zu sich. »Wäsche müsst ihr waschen? Kein Problem, das könnt ihr bei mir machen, kommt rein.« Mittlerweile bekamen wir genügend Portugiesisch mit, um die frohe Botschaft zu verstehen. Eine Minute später stand ich in ihrem winzigen Hinterhof, umgeben von Oma, Opa und zwei Töchtern; dazu grunzte in einer Ecke das kleine Hausschwein. Iris zeigte mir einen Waschbottich samt Waschbrett und ein Wasserfass. Also los. Die Mädels kicherten (»Das ist doch die mit der Katze«). Zaghaft fing ich an, auf dem Waschbrett rumzurubbeln. Iris verdrehte die Augen (»Gott, diese Deutsche kann ja nicht mal richtig waschen!«) und verscheuchte mich vom Waschbottich, um die Wäsche in die eigenen resoluten Hände zu nehmen. Ich sollte sie auswringen. Das konnte ich aber auch nicht richtig (das liege an einem kaputten Handgelenk, versuchte ich den Damen zu erklären, allmählich kam ich mir reichlich blöd vor). Also wrangen die kichernden Töchter und hängten unsere Wäsche auch gleich auf.

Mir blieb nur, im Lädchen gegenüber für Waschmittelnachschub zu sorgen (gewaschen wurde mit Chlorix, das ich für zehn Cents im Laden aus einer großen Flasche abgefüllt bekam). Gerhard fotografierte derweil das Szenario. Drei Stunden später konnte ich meine Wäsche trocken und gelegt wieder abholen – sauberer, als ich es je selbst hinbekommen hätte. Wir bedankten uns mit einem T-Shirt für Iris und ein paar schicken neuen Slips für die Mädels.

Wir waren jetzt fast drei Monate auf den Kapverden. So allmählich wollten wir weiter – die Frage war nur: wohin? Afrika war ein Wunsch von Gerhard. Mich reizte der Schwarze Kontinent weniger. Außerdem bedeutete das garantiert eine ruppige Fahrt mit Gegenwind bei hohen Wellen. Auf dem Weg von Faja d'Agua nach Furna hatten wir den Afrikakurs probeweise angelegt – und einen der unangenehmsten Törns unserer bisherigen Segelgeschichte erlebt. Sogar nass waren wir geworden, weil die Gischt bis ins Cockpit gespritzt war. »Nö, Gerhard, dazu hab ich echt keine Lust, es gibt schließlich noch andere schöne Kontinente!«

Der letzte Fingerzeig, dass wir nicht nach Afrika segeln sollten, kam im Wortsinne. Gerhard hatte sich mit einem Tauchmesser in den Finger geschnitten. An sich kein Problem, es war kein sehr tiefer Schnitt, aber nach anfangs guter Heilung entzündete sich die Wunde, und der Finger nahm beachtliche Dimensionen an. Schuld waren vermutlich die Tauchgänge zum Anker. Wir lernten: Wunden ins Meerwasser zu halten – auf den Azoren bewährtes Rezept –, taugte im Hafen von Furna gar nichts. Zu viele Bakterien.

Der leidende Skipper begab sich auf die Suche nach ärztlicher Behandlung. Er zeigte den Leuten in Furna seinen vermummten Finger und wurde auf dem Dorfplatz Lilli vorgestellt, einer männlichen Krankenschwester. Lilli setzte Gerhard auf sein Motorrad und fuhr mit ihm zur Krankenstation, einem Vier-Zimmer-Häuschen mit Büro, vier Belegbetten und einem Behandlungsraum. Dort wickelte Gerhard den Finger aus, Lilli gab ein »Oh, oh« von sich und griff zu einer Schere, die inmitten von diversem medizinischem Besteck auf einem Tisch im Hintergrund lag. Nun zeigte der Patient deutliche Fluchttendenzen. Gerhard war nicht gewillt, Lilli mit der unsterilen Schere an seinen Finger zu lassen. Die Verständigung war schwierig, Lilli sprach Kreol und verstand ein bisschen Spanisch. Aber dann verstand er, worum es ging, und verschwand im Hinterzimmer. Er kehrte mit Gummihandschuhen und einer steril verpackten Skalpellklinge zurück und schritt zur Tat.

Der Finger wurde vereist, die Haut um die Wunde herum

abgeschnitten, der Eiter floss. Ein Hautfetzchen war allerdings hängen geblieben, und ehe Gerhard es verhindern konnte, hatte Lilli dann doch zur Schere gegriffen, mit der sonst offenbar das ganze Dorf behandelt wurde. Danach Wundversorgung mit Jod. Nun müsse er ihm Antibiotika spritzen, ließ Lilli den Patienten wissen, aber der wollte wieder nicht. Gerhard misstraute dem Spritzbesteck. Stattdessen nahm er später ein von Lilli für gut befundenes Antibiotikum in Tablettenform aus Bordbeständen der Miss Sophie ein.

Danach ging die Heilung voran, aber es dauerte. Einmal täglich kam Lilli zur Visite und zum Teetrinken an Bord, freute sich über Zigaretten und ließ Gerhard seine kaputten Turnschuhe kleben. Damit war die Behandlung inklusive Hausbesuche bezahlt. Gerhards Finger schmerzte noch, und es war sicher keine gute Idee, mit einem invaliden Skipper hart am Wind gen Afrika zu segeln. Also: mit dem Wind nach Brasilien!

Über den Äquator

16. Februar, nachmittags. Wir legen ab. Verena rollen Tränen über das Gesicht. Die Miss Sophie wird direkt in die Karibik segeln, und wir wissen nicht, ob sich unsere Kurse noch einmal kreuzen werden. Verena ist empfindsamer als ich. Nicht dass ich nicht traurig wäre. Ich habe die Zeit mit den beiden genossen, die Trennung fällt auch mir schwer. Aber das traurige Gefühl ist nicht so stark wie meine Aufregung. Es geht über den Atlantik! 2400 Kilometer Wasser liegen vor uns. Nichts als Wasser. Zwei Wochen auf See (wir haben entschieden, zuerst die Insel Fernando de Noronha an der Nordostspitze Brasiliens anzulaufen, und damit unsere Atlantiküberquerung so kurz wie möglich angelegt). Wir werden über den Äquator segeln und in die südliche Hemisphäre eintreten – zum allerersten Mal. Vielleicht geraten wir in die Doldrums, die berühmt-berüchtigten Windstillen in der Nähe des Äquators. Vielleicht haben wir Glück, und der Passatwind hält durch. Ob wir in der zweiten Woche wohl immer noch Lust auf Segeln haben werden? Oder wollen wir uns da schon gegenseitig die Köpfe einschlagen? All das geht mir durch den Kopf. Ich habe keine Zeit für Tränen.

Fünf Bücher und zwölf Tage später weiß ich, dass eine Atlantiküberquerung auf dieser Route und zu dieser Jahreszeit alles andere als aufregend ist. Aber gerade die Ereignislosigkeit ist das Großartige. Die ganz große Ruhe. Entspannung pur. Nacktes Herumgammeln. Als Hauptaufgabe Kochen und Essen. Ab und zu mal ein Segel einholen. Ein anderes setzen. Lesen. Gedanken schweifen lassen. Briefe schreiben.

Ihr Lieben! Nur der Atlantik, der Passat, der Vollmond und wir ... die lange Dünung schiebt sanft von hinten, der Nordost-Wind ist so schläfrig wie ich. Wir laufen unter Passatbesegelung fünf bis sechs Knoten. Ja, das liest sich wie eine Postkarte, ist aber nun mal wahr.

Die dritte Nacht auf See, wir haben uns wieder an das Aufwachen alle drei Stunden gewöhnt, fühlen uns ausgeruht und sind allerbester Laune. Heute Nachmittag konnten wir einen riesigen Fisch hinter unserem Köder herschwimmen sehen; leider hat er den Gummitintenfisch verschmäht und auch den selbst gemachten Mogelfisch an der zweiten Angel links liegen lassen. Aber es besteht Hoffnung!

Wenn es zur Zeit überhaupt ein Problem gibt, dann das: wie man sich angesichts der leeren Weite da draußen motiviert, die Nachtwachen konsequent einzuhalten. Spätestens alle halbe Stunde wird draußen rundgeguckt, das ist der feste Vorsatz. Trotz Vollmond und schöner Stimmung sitze auch ich nicht mehr wie früher die ganzen Wachen über draußen im Cockpit – Sterne guckend, träumend, angespannt Ausschau haltend. Schon merkwürdig, was alles normal werden kann. Inzwischen versuchen wir nur noch, die Nachtwachen möglichst kurzweilig hinter uns zu bringen. In meinem Fall: abwaschen, schreiben, lesen. Gerhard stellt sich die Eieruhr und schläft während seiner Wachen im Viertelstundentakt.

Acht Tage später. Noch 35 Seemeilen bis zum Landfall. Das sollte heute zu schaffen sein – es sei denn, der schwache Wind dreht noch weiter auf Südwest, und wir müssen kreuzen. Dann kämen wir vielleicht erst bei Dunkelheit an. Das würde bedeuten, dass wir die Segel runternehmen und uns bis Tagesanbruch treiben lassen müssten. Aber das ist immer noch besser, als in eine Flaute zu geraten (die hatten wir auch schon einen Tag). Gedankenspiele, die uns schon seit gestern oder vorgestern beschäftigen – seit der Wind nicht mehr mit uns ist. Es könnte uns egal sein, ob wir einen Tag früher oder später ankommen, aber ... solange viele Seemeilen vor uns liegen, haben wir die Ruhe weg, da kann es dauern, so lange es will. Sind es dann nur noch ein paar Meilchen, dann wird die Zeit lang, und wir wollen ankommen.

Kurz vor Fernando zogen wir Bilanz: sechs Tage perfektes Passatsegeln, eineinhalb Tage Flaute, zwei Tage Gegenwind, Schietwetter am Äquator (schwüle Luft mit heftigen Regenböen). Getragene Kleidung: jeder von uns gegen Abend ein T-Shirt; verbrauchtes Süßwasser: achtzig Liter (davon für Tee: vierzig), gelesene Bücher: fünfeinhalb (ich: fünf, Gerhard ein halbes – und das hatte er sich von mir vorlesen lassen), gefangene Fische: drei (zwei Bonitos, ein Seehecht). Generatorstunden: fünfzehn (bei bedecktem Wetter reichte die Stromversorgung mit Solarpaneelen nicht für die durchgehend laufende Selbststeuerung); Ehestreit: null (!). Geschlafen: reichlich. Sex: angenehm. Spannende Situationen: eine (die erste tropische Regenböe – von Windstärke drei auf Windstärke sechs, in der Bö dann sogar acht Windstärken, ein Segel weggenommen). Gesichtete Schiffe: fünf (alle in großer Entfernung).

Es war verblüffend: Trotz diverser Manöver hatten wir keines unserer kleinen Machtspielchen veranstaltet. Wir hatten viel geredet und viel geschmust. So weit weg von allen Schifffahrtsstraßen hatte selbst ich keine Frachter im

Kopf gehabt. Vielleicht schafften wir es ja doch, ein richtig nettes Ehepaar zu werden. Im Geiste schickte ich einen Gruß an Max.

Fernando de Noronha – laut Reiseführer »Smaragd des Atlantiks« – besteht aus einunzwanzig Inseln, aber nur eine ist bewohnt. Der »Smaragd« ruht auf einem Sockel von Vulkangestein, der über zehn Millionen Jahre alt ist und bis zu einer Tiefe von viertausend Metern reicht. Auf der Insel gibt es viele grüne Bäume, Büsche und prächtig leuchtende Blumen. Blendend weiße Strände an kristallblauem Wasser. Dazu grell lackierte Autos und farbenfroh gekleidete brasilianische Touristen. Pastellfarbene Häuschen. Nach den Kapverden der reinste Farben-Overkill.

Die ersten Schritte an Land galten, wie es sich gehört, den Einreiseformalitäten. Wir hatten Schauergeschichten gehört und gelesen über eine Umweltsteuer von fünfundzwanzig Dollar pro Person und Tag, die zu zahlen sei. Ein kleines Wunder, dass mein geiziger Mann trotzdem bereit gewesen war, hierher zu kommen. Es war aber auch klar, dass bei solchen Preisen kein Daueraufenthalt geplant war. Am Hafen fand sich eine Bretterbude von der Größe dreier Badelaken mit der vielversprechenden Beschriftung »Capitania do Porto«. Darin saß der Hafenmeister, dessen Bauch zwischen Schreibtischkante und Rückwand gerade noch Platz fand. Nüchtern war er nicht, dafür aber umso freundlicher.

Mit ein paar Brocken Englisch seinerseits und ein bisschen Spanisch von unserer Seite ging der formelle Teil unserer Ankunft reibungslos vonstatten. Wir müssten im Hauptort unsere Pässe kopieren lassen und mit den Kopien wieder zu ihm kommen, erfuhren wir. Jetzt wollte er die Schiffsdaten notieren. Der Block mit den Formularen erwies sich allerdings als leer. Unter Mühen suchte er in seinem winzigen Domizil auf dem einzigen Regalbrett nach Nachschub. Nichts. »Egal, die kann ich später besorgen. Wenn ihr die Kopien habt, habe ich die Formulare!« Alles ganz entspannt. »Und dann ist da noch die Umweltsteuer.« Und wir hatten schon gehofft, das sei nur eine Gerücht. Aber nein. Der Hafenmeister nannte zwar die Summe nicht, sagte aber, dass das Geld am Flughafen bezahlt werden müsse. »Aber« – ein vielsagender Blick – »der ist sehr, sehr weit weg. Und falls euch jemand fragt – ich habe euch über eure Zahlungspflicht informiert ...!« Verstanden, danke. Offenbar mochte er Segler.

Zehn Meter von diesem netten Menschen entfernt fanden wir dann das, was Fernando am meisten prägt: Touristen und Buggys. Das sind offene Autos, ohne die es sich auf der Insel offensichtlich nicht leben lässt. Die Karosserien sind auf das alte VW-Käfer-Chassis geschraubt. Gefahren werden sie in der Regel von gut betuchten Urlaubern, die Menschen ohne fahrbaren Untersatz gern mit ins nächste Dorf nehmen. Trampen auf Fernando – kein Problem.

Alles andere schon: Die Lebensmittel waren knapp und teuer, Zigaretten kosteten ein Vermögen, Trinkwasser war laut Segelhandbuch nur in schlechter Qualität zu haben, Geldwechseln bei der Bank unmöglich. Nein, hieß es, kein Wechsel, keine Akzeptanz von Kreditkarten oder Reiseschecks. Da standen wir nun mit unseren Dollars und unserer Kreditkarte und ohne Landeswährung.

Der freundliche Banker wusste Rat: »Fragen Sie doch mal im Tauchladen nebenan.« Und richtig, da konnten wir ein paar Dollar zu einem akzeptablen Kurs tauschen. Es gab auch nur ein einziges öffentlich zugängliches Telefon auf der ganzen Insel, von dem Auslandsgespräche möglich waren. Dieses Telefon befand sich in einem Hotel zehn Kilometer vom Hafen entfernt. Was für eine merkwürdige

Ferieninsel. Wären die Menschen nicht so freundlich und hilfsbereit gewesen, hätten wir Fernando trotz aller Blumen und Bäume womöglich nicht gemocht.

Später Vormittag. Wir stehen vor einer kleinen Zapfanlage für Trinkwasser und fragen uns, wie man wohl an das Wasser herankommt. Es gibt zwar Münzschlitze, aber normale Münzen passen nicht. Also frage ich im Supermarkt gegenüber, ob ich die richtigen Münzen kaufen kann. *»Não, Não«,* heißt es mit entschiedenem Kopfschütteln. Aha, kann ich also nicht. Ich will gehen, aber der Mann hält mich fest und bedeutet mir zu warten. Drei Minuten später drückt er mir einige Münzen in die Hand, die ich nicht bezahlen darf. Nett von ihm. Wir holen unsere Kanister und stellen fest: Die Münzen reichen für vierzig Liter, aber wir wollen hundertfünfzig. Ich gehe wieder in den Supermarkt und erkläre, dass wir auf einem Schiff leben und viel Wasser brauchen. Ich frage, ob es nicht doch einen Ort gibt, an dem ich Münzen kaufen könne. »Ja, in Villa dos Remédios, gleich neben der Post.« Remédios ist der Hauptort. Ein buntes Durcheinander von Häusern und Hütten mit dem Charme einer Schrebergartensiedlung ohne Schrebergartenverordnung, dazu ein hübsch restaurierter Regierungspalast mit antiken Kanonen und eine barocke Kirche.

Wir tragen unsere Kanister wieder nach Hause. Am nächsten Tag trampen wir nach Remédios. Wir finden auch auf Anhieb das Büro, wo die Münzen ausgegeben werden. Wieder hören wir ein freundliches »Nein, leider unmöglich.« Was jetzt? Auf See haben wir Wasser gespart, aber inzwischen sind wir fast eine Woche auf der Insel und haben Wäsche gewaschen, geduscht, das Schiff geputzt; wir brauchen dringend Wasser. Der Münzverwalter versteht, verschwindet und erscheint mit genügend Münzen, um sämtliche Kanister zu füllen. Verkaufen darf er sie zwar nicht an uns, aber verschenken schon! Also, ab zum Schiff, die Kanister holen.

Wieder an der Zapfanlage. Das Wasser läuft, der erste Kanister ist voll, der zweite halb, da versiegt die Quelle … so wie allmählich auch unsere gute Laune. Ein Einheimischer macht uns klar, dass das Wasser aus einer Meerwasserentsalzungsanlage im nebenstehenden Häuschen kommt. Diese produziere nur eine bestimmte Menge Wasser, und jetzt sei der Tank eben leer.

Diesmal tragen wir die Kanister nicht zurück, sondern deponieren sie bei dem hilfsbereiten Herrn im Supermarkt. Wir wollen es später noch mal versuchen. Als wir nach ein paar Stunden wieder auftauchen, kommen uns mehrere Lastwagen mit vollen Wasserkanistern entgegen. Mist, hoffentlich haben die nicht alles abgezapft. Nein, haben sie nicht, wir kriegen endlich unser Wasser. Da stehen wir nun, haben noch Kohl, Mehl, Reis, Kartoffeln und Getränke eingekauft und rund zweihundert Kilo Gewicht um uns versammelt. Und Gerhard verkündet, er gedenke nach Hause zu trampen, weil ein Taxi zu teuer sei. Ich drehe mich entnervt um und sehe, dass gerade ein kleiner Laster das Gelände verlassen will. Stopp! Ich stelle mich vor den Wagen und halte den Daumen raus – und tatsächlich, der Fahrer nimmt uns samt Kanistern mit und bringt uns bis zu unserem Beiboot. Dann steht Rudern auf dem Programm, weil der Motor seit gestern nicht mehr anspringt. Doch der Skipper eines Ausflugsbootes hat uns beobachtet, auch er will raus zum Ankerplatz. Jetzt greift er sich unsere Vorleine und schleppt uns zu unserem Boot.

Wir blieben noch ein paar Tage auf der grünen Insel, machten lange Spaziergänge und trampten von einer Bucht zur nächsten. Wir saßen am Strand mit Fischern zusammen, redeten mit Händen und Füßen, machten Zeichnungen in den Sand, lachten mit ihnen über unsere Verständigungsversuche. Brasilianisches Portugiesisch sprachen wir so wenig wie Festlandsportugiesisch, und es klang für uns noch fremder. Die Fischer ihrerseits verstanden kein Spanisch. Egal, wir schafften es auch so, uns voneinander und von unseren Leben zu erzählen. Die Fischer schienen fröhliche Leute zu sein. Das Wichtigste seien ihnen ihre Holzboote, meinten sie, das Zweitwichtigste die Feste. Es gefiel ihnen, dass wir uns zu ihnen gesetzt hatten. Zumal Naudinho gerade heute seinen Geburtstag feiere und sie deshalb nicht arbeiten würden. Ein Schiffsneubau am Strand lag heute brach. Sie tranken Bier und warteten auf die Frauen, die das Essen bringen würden. Uns wollten sie gar nicht wieder weglassen – sie hatten nur selten Kontakt zu Seglern oder anderen Touristen.

Auf Fernando de Noronha machten wir auch unsere erste Erfahrung mit einem ausgewachsenen tropischen Gewitter. Als sich das leuchtende Blau des Himmels innerhalb von Minuten in ein düsteres Dunkelblaugrau verwandelte, waren wir gerade im Dorf. Das sah nicht gut aus. »Gerhard, wir müssen uns beeilen, die Bettwäsche hängt draußen, und auf dem Schiff sind alle Luken offen.« Jetzt bitte schnell ein Auto! Ein Buggy hielt. Gut. Wir hetzten zum Strand und paddelten wie verrückt zum Schiff. Zu spät. Ein Regenguss à la Weltuntergang erwischte uns auf halbem Weg. Nass bis auf die Knochen kamen wir zum Schiff: Die leichte Daunenbettwäsche auf der Leine war ein einziger durchgeweichter Klumpen. Auf den Seekarten unter der offenen Luke bildete sich ein kleiner See. Die Schaumstoffmatratzen waren voll gesogene Schwämme. Na, das war jetzt ohnehin nicht mehr zu ändern. Wir lachten, machten die Luken zu, damit es nicht noch schlimmer würde, zogen unsere Sachen aus und sprangen in die Bucht. Nass waren wir sowieso schon. Es kam uns vor, als wären wir in die Badewanne gesprungen – das Meerwasser war viel wärmer als der Regen. Ein verwirrendes Gefühl.

Ab und zu sahen wir in den nächsten Tagen eine der Meeresschildkröten vorbeipaddeln, für die Fernando de Noronha berühmt ist. Auch Delfine sollte es geben. Täglich, hieß es im Reiseführer, würden Hunderte von ihnen in einer bestimmten Bucht erscheinen, um sich dort von genauso vielen Touristen bestaunen und sogar streicheln zu lassen.

»Mit all den anderen dahin zu gehen habt ihr doch nicht nötig. Fahrt mittags mit eurem Boot zu der Bucht, dann könnt ihr die Delfine gar nicht verpassen.« Diese Idee kam von einem Schotten, der auf Fernando lebte – vor allem wegen seiner Leidenschaft für Delfine, wie er uns erzählte. Wir gaben ihm Recht – warum mit Hunderten von Menschen die Delfine teilen, wenn wir sie für uns allein haben konnten? Wir planten das Treffen mit den eleganten Meeresbewohnern für den Tag unser Abfahrt.

Vorher trampten wir noch einmal zum Einkaufen. Leider hatten wir einen schlechten Tag erwischt. Bananen? Gestern noch reichlich vorhanden, heute auf der gesamten Insel ausverkauft. »Eier? Tut uns Leid, heute nicht.« Machte nichts, wir hatten ja noch kanarische Konserven. Also, auf zur Delfinbucht. Da Ankern dort verboten ist, fuhren wir am späten Vormittag los. Mittags, hatte der Delfinfreund gesagt, würden die Tiere pünktlich ihre Bucht verlassen und auf Jagd gehen. Also könnten wir uns vor der Bucht treiben lassen und auf sie warten. Nach der Begegnung mit den Delfinen wollten wir Richtung Festland weitersegeln. Wir waren pünktlich an Ort und Stelle. Es war ein wunderschöner, sonniger Tag, wir dümpelten stundenlang vor der

Bucht und aßen gefüllte Pfannkuchen. So weit alles wie geplant – außer dass kein einziger Delfin erschien. Blöder Schotte! Also Segelsetzen und auf zum Kontinent. So ganz unberührt waren wir von der Enttäuschung aber doch nicht; jedenfalls kriegten wir uns schon beim Segelsetzen in die Haare.

Zitat aus dem Bordtagebuch:

G. erwartet, dass ich springe, sobald er irgendwas braucht, egal was ich selbst gerade tue. »Du bist Crew, du machst, was ich sage«, kriege ich zu hören. Wie ich diesen Befehlston hasse! Seinen Macho-Arsch kann er demnächst allein durch die Gegend segeln, wenn er so weitermacht. Ach ja, ich sei nicht nur Crew, sondern eine Scheiß-Crew, die totale Versagerin. Na vielen Dank auch! Was ich von seinen Skipper-Eigenschaften halte, weiß er zwar schon, aber ich teile es ihm gern noch mal in aller Deutlichkeit mit.

Das mit dem richtig netten Ehepaar wurde wohl doch nichts. Gegen Abend war die Stimmung an Bord wieder in Ordnung. Nur ein kurzer Vulkanausbruch diesmal.

Knapp drei Tage bis zum Festland – reichlich Zeit, darüber nachzudenken, warum wir immer wieder denselben Streit führten. Warum konnte ich nicht einfach die Klappe halten, wenn ich mich über Gerhard ärgerte? Warum konnte ich seine Angriffe, oft geboren aus der eigenen Nervosität, nicht an mir vorbeirauschen lassen? Ich kam nicht dahinter. Aber es war offensichtlich, dass wir in einem Machtkampf festsaßen. Ich dachte über die anderen segelnden Paare nach, die wir mittlerweile kennen gelernt hatten, und teilte sie in zwei Gruppen: die Harmonischen und die Disharmonischen. Die Harmonischen untergliederten sich wiederum in zwei Gruppen: die mit der klaren Rollenaufteilung (sie macht den Haushalt, er segelt und wartet das Schiff; sie sagt entsetzt: »Nie im Leben könnte ich unser Boot segeln, das würde ich auch gar nicht wollen!«) und die mit der gewachsenen gemeinsamen Segelerfahrung (»Bei uns gibt es keinen Skipper, wir brauchen keinen; jeder akzeptiert die Entscheidung dessen, der gerade Wache hat«). Paare von der zweiten Gruppe waren allerdings nur mit der Lupe zu finden – wann immer ich eines traf, wurde ich grün vor Neid.

Ich sah kaum noch eine Chance, mit Gerhard auf ein solches Niveau der Gleichberechtigung und gegenseitigen Anerkennung zu gelangen. Dafür gab es zu viele Rückschläge. Für uns kam nur die Methode von Gruppe eins in Frage. Und da lag das Problem. Dafür war ich die falsche Frau. Das war mir spätestens seit den Azoren klar, wo ich es eine Weile versucht hatte. Ich hatte abgewaschen und geputzt, mich um die Wäsche gekümmert und das Schiff und das Segeln Gerhard überlassen. Statt zufriedener war ich nur noch unzufriedener geworden. Nein, verdammt, ich wollte endlich auch das Gefühl haben, mein eigenes Schiff segeln zu können, und von Gerhard als gleichwertige Partnerin anerkannt werden!

Dafür würde ich allerdings aufhören müssen, Segel verkehrt herum anzuschlagen und die Leinen zu verwechseln. Oder Osten und Westen (zu meinem Kummer fehlt mir das Gen für Geographie). Und ich müsste endlich kapieren, dass auch Gerhard nur mit Wasser kochte und Fehler machte. Auch wenn er sie selten zugab.

Ich erinnerte mich an eine Situation auf den Kapverden. Wir hatten kurzfristig den Ankerplatz wechseln müssen, und es ging darum, zum alten Platz und an die dort noch liegenden Landleinen zurückzufahren. »Lass uns das Manöver vorher besprechen«, hatte ich Gerhard gebeten (er neigt dazu, eine Aktion zu starten und von mir zu erwarten, dass ich seine Pläne ahne, was natürlich nie klappt). »Gut, dann sag doch mal, wie du es machen würdest«, hatte er stattdessen geantwortet, und ich hatte meine Idee zum Manöver präsentiert. Ein verächtliches »völliger Unsinn« war die Antwort gewesen. Dann war sein Manöver schief gegangen, und er hatte mich derart angebrüllt, dass Verena und Harald auf ihrem Boot es nicht überhören konnten und ihn später darauf ansprachen. Endlich mal Zeugen! Ich hatte meine Chance genutzt und gefragt, was sie denn von meiner Idee zum Manöver hielten. »Klar«, hatte Harald gesagt, »das wäre gegangen, ich hätte es so gemacht, wie du vorgeschlagen hast.« Ha!

Während wir jetzt auf die brasilianische Küste zusegelten, fasste ich einmal mehr den Vorsatz, weniger zu streiten, mehr zu lernen und mich besser durchzusetzen. Es sollte das letzte Mal sein.

Im Land der Gegensätze

Ich war verliebt. Verliebt in ein ganzes Land. Verliebt in seine Menschen. Verliebt in seine Gegensätze. In seine Gastfreundschaft. In seine Möglichkeiten. In seine Grenzen. In das pulsierende Leben. Sogar in die Sprache. Manchmal sogar in die Unzuverlässigkeit und Oberflächlichkeit. Verliebt in das Wissen, dass ich zehn Jahre hier sein und immer noch Neues sehen könnte. Verliebt in den Krach. Gibt es ein lauteres Land als Brasilien?

Sechs Monate. Genug Zeit, um zu wissen, dass es mehr war als eine kurze Liebelei. Dass ich wiederkommen, vielleicht eines Tages hier leben wollte. Obwohl ich im Macho-Land war. Obwohl die Politik eine korrupte Katastrophe ist. Obwohl die Armut herzzerreißend und die Kriminalität groß ist. Obwohl ich gut ohne die ewigen Hühnerbeine mit Reis und Bohnen leben kann.

Es war Liebe auf den ersten Blick. Wir fuhren auf den neuen Kontinent zu, sahen das Schimmern seiner Lichter in der Nacht und am Morgen das türkise Blau seiner Ufer. Wir gelangten in den Fluss Paraiba, trotz der Regenzeit begrüßte uns strahlender Sonnenschein, und die Gezeitenströmung schob uns voran. Die Wasserfarbe wurde immer dunkler, braun zuletzt. An den Flussufern fuhren wir an Palmen und Mangroven, kleinen weißen Sandstränden und einfachen Hütten vorbei. Schmale Holzboote mit knallig roten und gelben Dreiecksegeln zogen leuchtend an uns vorüber. Dann tauchten am Horizont einzelne Masten auf. Das musste Jacarè sein, der ruhige und sichere Ankerplatz, von dem in unserem Handbuch die Rede war. Der Anker fiel in den Fluss, und Gerhard und ich sahen uns an. Lächelten. Holten uns ein Bier. Hier waren wir genau richtig, hier konnten wir eine Weile bleiben.

Mitten in diese Stimmung grinste von schräg unten ein rotes Gesicht. Darüber ein lederner Cowboyhut. »Hello, I'm Bruce, welcome in Jacarè!« Bruce war in seinem Beiboot vorbeigekommen, um uns zu begrüßen. Eine Minute später hatte auch er ein Bier in der Hand und erzählte. Drei Monate seien er und Jeany und die Kinder schon hier. Er stamme aus Kanada, Jeany und die Kinder aus Südafrika. Jacarè sei ganz wunderbar, und ob wir nicht Lust hätten, mit ihnen in Ciros Bar eine Caipirinha zum Sonnenuntergang zu trinken? Aber sicher doch! Wir hatten gerade noch Zeit, die Segel wegzupacken.

Dann saßen wir auch schon vor unserer ersten Caipirinha, einer leckeren Mischung aus Zuckerrohrschnaps, Zucker, Limonen und Eis. Ein kleiner dunkelhaariger Mann mit kurzen Hosen, weißem T-Shirt und riesigen weißen Turnschuhen wieselte um uns herum und redete auf uns ein. Ciro, der Chef. Wir verstanden kein Wort, aber das war egal. Wir fühlten uns willkommen. Später wurde uns auch der Grund seiner spontanen Freude klar: Ciros Bar existierte an Wochentagen nur von den wenigen Seglern hier. Wir saßen da mit unseren Drinks, redeten mit Bruce und seiner Frau und versuchten zu verstehen, dass wir in Brasilien waren. Musik dröhnte blechern aus den Boxen. Forró, der Sound des brasilianischen Nordostens. Die Caipirinha ging direkt in den Kopf, die brasilianische Musik ins Blut. Oder umgekehrt?

Um Punkt fünf Uhr, gerade sackte die Sonne hinter die

Mangroven am Flussufer, kamen dann ganz andere Klänge aus den Lautsprechern: Ravels Bolero. Das Stück wehte aus drei Bars gleichzeitig zu uns herüber. Das Gemisch der verschiedenen Versionen klang recht schräg. »Ja«, lachte Bruce, »hier spielen alle pünktlich zum Sonnenuntergang den Bolero, das hat Tradition. Es soll übrigens ein deutscher Segler gewesen sein, der den Bolero hierher gebracht hat.« Stunden später waren wir wieder an Bord, nach einem Restaurantbesuch auf Einladung von Bruce und Jeany und weiteren Caipirinhas bei Ciro, der uns bis zum nächsten Tag Kredit einräumte. In mir war ein tiefes Gefühl von Glück. Probleme? Gerhard und ich? Woher denn? Hier saß der Mann, der genauso fühlte wie ich! Ich war mal wieder maßlos – maßlos glücklich.

Bei Licht betrachtet war Jacarè nichts Besonderes. Ein staubiger Weg mit Schlaglöchern. Eine Restaurantzeile. Jedes Restaurant mit großer Holzterrasse, einem Meer von weißen Plastikstühlen, einem palmwedelgedeckten Sonnendach und Blick auf den Fluss. Fünfhundert Meter weiter ein Dorf. Hütten, Häuschen, schmuddelige kleine Läden und Bars rechts und links der Dorfstraße. Horden von Kindern, die augenscheinlich alle Freiheiten genossen, streunende Hunde. Am Fluss Palmen, umweht vom Geruch schwelender Feuer, in denen wahlweise Unkraut, Müll oder Zuckerrohr verbrannt wurden.

Dann gab es noch »die Straße«. Sie war die Verbindung zum Supermarkt, zur Tankstelle, zur nächsten Großstadt. Die Straße, die zu all den architektonischen Scheußlichkeiten führte, die Brasilien landesweit zu bieten hat: Hochhauskästen, kombiniert zu einem Arrangement der Hässlichkeit. Hinter unansehnlichen Fassaden befinden sich die streng bewachten Eigentumswohnungen wohlhabender Menschen, auf der anderen Straßenseite die Favelas, die

Armenviertel. In der Dämmerung quakten die Frösche. Auf dieser Straße ging es auch zum Bahnhof und damit zum Ausgangspunkt unseres ersten Ausflugs. Wir mussten einklarieren, uns also bei den Behörden melden, in einem Städtchen namens Cabedelo, zwanzig Minuten mit der Bahn von Jacarè entfernt.

Zwanzig Minuten im Bummelzug – das waren zwanzig Minuten Zeit, um das Wort des Herrn zu empfangen. Im Zug wetterte ein Freizeitprediger mit der Bibel in der Hand auf die Fahrgäste ein. Außer »ELE disse« – »Der Herr hat gesagt« konnten wir allerdings kein Wort verstehen, an uns war sein Eifer glatt verschwendet. Die restlichen Fahrgäste schienen auch nicht interessiert, sondern waren damit beschäftigt, dem Regenwasser auszuweichen, das durch die defekten und deshalb nicht zu schließenden Schiebefenster kam. Es goss wie aus Kübeln. Regenzeit.

Um zehn Uhr morgens standen wir in Cabedelo vor der Einwanderungsbehörde. Hier sollte es den ersten Stempel geben. »Warten Sie bitte«, bedeuteten uns die freundlichen Herren am Eingang zum Hafen, der zuständige Mann sei bald da. Nach zwei Stunden fragten wir nach. Die Herren telefonierten und baten uns dann, um zwei Uhr wiederzukommen. Um zwei wieder vergebliches Warten. Dann hieß es, morgen wäre es besser. Gut, dann würden wir eben versuchen, ein anderes leidiges Problem zu lösen. Wir hatten noch immer kein Geld in der Landeswährung, die »Reals« für die Fahrt hatten wir uns geliehen. Die nächste Überraschung: Die Banken tauschten nicht. Es gab in Cabedelo auch keine Geldautomaten für unsere Kreditkarten. Die nächste Wechselstube war eine dreiviertelstündige Busfahrt entfernt in João Pessoa. Wir hatten gerade noch das Geld für die Rückfahrt mit dem Zug (knapp fünfundzwanzig Cent pro Nase), aber keines mehr für Lebensmittel, geschweige denn für einen Kaffee, ein Mittagessen oder später die Bezahlung unserer Rechnung bei Ciro. Gerhard kam schließlich die rettende Idee. Im nächsten Supermarkt, der Kreditkarten akzeptierte, überredeten wir mit Händen und Füßen eine Kundin, uns ihren Einkauf mit unserer Karte bezahlen zu lassen. Dafür gab sie uns den Betrag in bar. Manchmal ist mein Mann schon ganz schön clever.

Am nächsten Tag der zweite Akt der Einklarierung. Diesmal waren wir schlauer und hatten uns telefonisch angemeldet. Tatsächlich war das Büro besetzt, und nach einer Viertelstunde hatten wir Teil eins der Prozedur bewältigt. Mit den Formularen von der Einwanderungsbehörde in der Hand suchten und fanden wir schließlich den Zoll. Zwei Stunden dauerte es hier, da die Beamten ein neues Computerprogramm benutzten, das sie noch nicht im Griff hatten. Einigermaßen verblüfft beantworteten wir ihre Fragen (die offenbar das Programm vorschrieb): Wie viele Küchen wir an Bord hätten? Und wie viele Fernseher? Dafür interessierten sie sich weder für Drogen noch für Waffen oder Alkohol. Bitte schön, jedem das Seine. Jetzt mussten wir den Bus nach João Pessoa nehmen, denn dort saß die für uns zuständige Hafenbehörde.

»Achtung, Betsie, das Auto!« Zum ersten Mal seit Monaten bin ich in einer Großstadt. Überall Busse, Autos, Abgase, Menschen. Es ist laut und stinkt. An jeder Ecke plärrt Musik aus kleinen Verkaufsständen, überall herrscht Gedränge. »Gerhard, das macht mich fertig hier, lass uns so schnell wie möglich zurück zum Schiff fahren.« So viel menschliche Zivilisation bin ich nicht mehr gewöhnt. Wir finden erst eine Wechselstube, dann auch das Hafenbüro (natürlich am anderen Ende der Stadt) und nehmen den nächsten Bus zurück nach Jacarè. Endlich – nach nur acht Stunden an diesem Tag – haben wir uns ordnungsgemäß angemeldet und sind nun auch offiziell in Brasilien. Sechs Monate dürfen wir bleiben.

Sechs Monate sind eine lange Zeit. Zeit, die wir nutzen könnten, um möglichst viel von der brasilianischen Küste zwischen Recife und Französisch-Guyana zu sehen. Aber das wollen wir gar nicht. Zumindest nicht so bald. Lieber möchten wir an Ort und Stelle bleiben und das Land und seine Menschen kennen lernen. In Spanien hatten wir die Erfahrung gemacht, dass ein langer Aufenthalt an einem Ort einen tiefen Einblick möglich macht.

Ein paar Tage nach unserer Ankunft in Jacarè standen wir wieder in João Pessoa auf dem Bahnhof. Wir hatten eingekauft, nach Ersatzteilen für das Schiff gesucht und uns die Stadt angesehen. Nun wurde es allmählich dunkel, und ich holte das Moskitospray aus der Tasche. »In Brasilien gibt es Moskitos so groß wie Hühner«, hatte ein Freund behauptet – ich war vorbereitet. Um uns herum mitleidig grinsende Gesichter: »Ja, ja, die armem Touristen.« Und plötzlich eine deutsche Stimme »Na hoffentlich hilft das auch!« Ich sah mich um und konnte niemanden entdecken, der auch nur ein kleines bisschen deutsch aussah. Ein dunkelhaariger schlanker Mann kam auf dem Bahnsteig mit einem Lächeln auf uns zu. »Hallo, ich bin Linaldo. Linaldo Sorgenacker.« Was für ein Name! Ehe wir noch herausfinden konnten, wie er dazu gekommen war, lief unser Zug ein. Wir schafften es gerade noch, Linaldo zu sagen, wo wir vor Anker lagen und dass wir ein paar Wochen bleiben würden, dann stiegen wir auch schon ein und waren weg.

Zwei Tage später schwamm ein Kind auf unser Boot zu: »Da ist jemand am Ufer, der will zu euch.« Linaldo. Beim Tee an Bord erzählte er uns von seinem deutschen Stiefvater, dem er seinen Nachnamen verdanke. Dass er in Deutschland gelebt habe, bis die Familie wieder nach Brasilien gezogen sei. Da war »Naldo« neunzehn. Sein Deutsch war nach zwanzig Jahren in Brasilien etwas angestaubt, aber noch passabel. Gut für uns, da wir kein Brasilianisch sprachen. »Sprecht ihr nicht?« Damit wollte unser Gast uns nicht durchlassen. »Dann müsst ihr es lernen, das ist ganz einfach!« Ehe wir uns versahen, lagen schon Papier und Stift auf dem Tisch, und Linaldo bemühte sich, uns in die Feinheiten der brasilianischen Aussprache einzuführen: »Also, X wird wie SCH ausgesprochen und M wie N. O wie U. Ein E am Ende eines Wortes wie I. Und das L in Linaldo zum Beispiel wird verschluckt.« Mir schwirrte der Kopf. »Das lerne ich nie!« »Ach was«, lachte Linaldo, »das wird schon.«

Naldo war arbeitslos und hatte Zeit. Wir saßen zusammen an Bord und fragten ihn über sein Land aus. »Deutschland ist auch ganz schön, aber nichts ist so gut wie Brasilien. Wir hier verstehen zu leben und machen uns nicht dauernd Sorgen.« Allerdings gab er auch zu, dass es genug Anlass zur Sorge gebe. Zu viele arme Menschen, die Politik bestimmt von reichen und korrupten Familien, das schlechte Bildungssystem. Ernst zählte er Probleme seines Landes auf und lächelte dann wieder: »Aber wir haben die Sonne, den Forró und den Cachaça!« Cachaça ist Zuckerrohrschnaps.

Linaldo erklärte uns auch, dass in Brasilien – oder zumindest im Bundesstaat Paraiba, in dem wir waren – die äußere Erscheinung eine große Rolle spiele. Uns empfahl er deshalb dringend eine Typveränderung: »Euch sieht man die Touristen auf drei Kilometer Entfernung an.« Sein verächtlicher Blick auf mein zugegebenermaßen formloses Batikhängerchen und die Gesundheitssandalen sprach Bände. Naldo wurde deutlicher: »Eine brasilianische Frau würde nie so rumlaufen, du brauchst ein bisschen was Knackiges!« Damit nicht genug: die Nägel nicht lackiert und kein Make-up; dann Gerhards löcherige Jeans. Also wirklich! Ich rauchte sogar die falschen Zigaretten. »Das sind die billigsten; damit lässt sich hier niemand sehen, der auf sich hält.«

Wir entschlossen uns zu einem »Brasilien-Assimilationsprogramm« und gingen mit Naldo shoppen. Er hatte unwissentlich einen meiner wunden Punkte getroffen. Nicht mit den Zigaretten. Ich würde nicht aus idiotischen Imagegründen mehr Geld als nötig für meine Sucht ausgeben, dachte aber laut darüber nach, dass es doch schlau wäre, billige Zigaretten in teure Packungen umzufüllen. Naldo klärte mich darüber auf, dass genau das eine Menge Leute taten. Nein, getroffen hatte mich Naldos abfälliger Blick auf meine Garderobe. Ich bin eitel. Und das klassische Fahrtensegler-Outfit – Shorts und T-Shirt, wahlweise Batikhängerchen – hatte ich schon lange satt. Nur waren meine Bemühungen, an nettere Garderobe zu kommen, bisher gescheitert.

Mit Grausen dachte ich an den Versuch zurück, mich auf den Azoren neu einzukleiden. Die Stadt Ponta Delgada auf São Miguel hatte vielversprechend ausgesehen. Ein Kleiderladen neben dem nächsten. Ich war in jedem gewesen und hatte mir den Frust des Jahrhunderts geholt. Offenbar hatten die Frauen auf den Azoren generell eine andere Figur als unsereins. Keines der Kleider hatte gepasst (ich war zu dem Zeitpunkt auch ganz schön mopsig, und mopsige Portugiesinnen schienen Kittelschürzen zu tragen). Ich hatte mich gefühlt wie das Walross vom NDR – und war bei meinen Hängerchen geblieben.

Jetzt erstanden wir, was unser brasilianischer Führer empfahl: ein enges T-Shirt und einen kurzen Rock für mich, Sportlatschen der richtigen Marke und kurze Hosen für

Gerhard. Ich tat mich schwer mit meiner neuen Ausstattung. Enge Sachen wie diese waren doch für Hungerhaken-Models entworfen und nicht für mich. Aber jetzt war ich in Paraiba, und hier gehörte ich schon fast zu den Mageren. Viele Frauen hatten kapitale Bäuche – die sie keineswegs unter XXL-Shirts verbargen, sondern aufreizend und selbstbewusst durch die Welt trugen. Röcke und Hosen endeten unter dem Bauchnabel, die Shirts fast unter der Brust. Besonders geschätzt wurden offenbar schwangere Bäuche. Keine Chance für Umstandsmoden. Getragen wurde alles, was schön eng war und die Schwangerschaft betonte. Ich erstand eine Telefonkarte, die nichts anderes zeigte als einen Achtmonatsbauch. Das darüber getragene kurze Strickjäcken von unten aufgeknöpft, damit der bloße Bauch gut zu sehen war.

Im Schuhgeschäft fand ich etwas elegantere Sandalen, die meine Füße dennoch nicht martern würden. »Möchten Sie lieber in drei oder in sechs Raten zahlen?« Na ja, angesichts des Preises von umgerechnet sechs Euro hatten wir vor, die Summe auf einmal zu begleichen. »Oh, das geht natürlich auch.« Naldo erhandelte zehn Prozent Rabatt, das sei bei ratenloser Zahlung üblich. Wir staunten.

Ungefähr sechzig Prozent der Bevölkerung hier seien arm, erklärte uns Naldo. Der Mindestlohn liege bei 156 Real, etwa neunzig Euro monatlich, und die Ratenzahlung sei für viele Menschen die einzige Möglichkeit, sich neue Sachen zu leisten. Und gut angezogen zu sein sei eben wichtig. Lieber drei Monate nur Reis essen, als in einem alten T-Shirt herumlaufen zu müssen. Ein Land auf Kredit. Später, bei verschiedenen Touren ins Inland, half uns diese Erklärung zu verstehen, warum wir immer wieder auf Sitzgarnituren saßen, die in Plastik eingeschweißt in Wohnzimmern standen. Wer wusste schon, ob er sein Sofa nicht zurückgeben musste, wenn er die Raten nicht bezahlen konnte? Tatsache war, dass die Kreditkäufe für die Menschen alles viel teurer machten.

Auch Naldo war chronisch pleite. Seine Mutter Louisa steckte ihm zwar ihre kleine Rente zu, aber das reichte gerade, um am Wochenende ein Mädchen auszuführen und unter der Woche ab und zu ein Bier zu trinken. Der Vater fand, Linaldo solle sich um Arbeit kümmern, und hielt sich mit Geldgaben zurück.

Einen Job zu finden sei in Brasilien schon möglich, meinte Linaldo, wenn auch nicht leicht. Aber meist sei der Lohn so schlecht, dass es sich einfach nicht lohne. Auf Mutters Sofa liegend, philosophierte der fast Vierzigjährige mit einem Bier in der Hand und bei laufendem Video über die Vor- und Nachteile geregelter Arbeit. Die Nachteile überwogen in seiner Philosophie bei weitem. Kein Wunder. Louisas Mutterliebe für den einzigen Sprössling sorgte dafür, dass es ihm an nichts mangelte. Linaldo lebte, seine Mutter putzte, wusch, kochte. War sie nicht da, zum Beispiel weil sie mit ihrem Mann Urlaub in Deutschland machte, ließ der Herr Sohn eine seiner Freundinnen kommen. Originalton Naldo: »In Brasilien musst du ein Macho sein, sonst bist du nur ein halber Mann. Die Frauen erwarten das.«

Ich konnte es nicht fassen und wollte es auch nicht glauben. Eines Tages machte ich meiner Empörung gegenüber einer brasilianischen Bekannten Luft. Ich erzählte, Naldo habe von einer neuen Flamme, die er gerade kennen gelernt und zu sich eingeladen hatte, erwartet, dass sie erst mal seinen Abwasch machte – was das Mädchen auch klaglos tat. (Naldo: »Dann sehe ich gleich, ob sie was taugt. Für sie ist das ganz normal.«) Und was sagte meine brasilianische Bekannte? »Ja, da hat er Recht, das ist hier so, die meisten Frauen wollen einen Macho. Der überlässt dir zwar die

Oben: Wassertragen gegen Kugelschreiber – hilfsbereite Kinder in Furna.
Unten: Ein Fall für den Denkmalschutz – Dorf bei Cabedelo in Brasilien.

Blaue Impressionen unter Passatsegeln.

Krebseangeln am Paraiba.

Oben: Karge Schönheit.
Mitte: Dimensionen.
Unten: Wasserstelle eines Dorfes.

Aus einem Stück:
Fischerboot in Brasilien.

Anglerstolz: Endlich Kingfisch.

Ein Fest für die Sinne: Karneval in der Karibik.

Irgendetwas ist immer kaputt, diesmal Ruderblatt und Lukendeckel.
Unten: Schön wie auf einer Postkarte – die Tobago Keys.

Oben: Traumhaftes Segeln – unter Spinnaker über den Atlantik.
Unten: Schietwetter.

Arbeit, aber dafür beschützt er dich.« Kein Wunder, dass ich in meinen Diskussionen mit Naldo gegen eine Wand redete. Übrigens schien es auch normal zu sein, dass ein verheirateter Mann die eine oder andere junge Freundin hatte.

Das Verrückte dabei war, dass die Frauen, die wir kennen lernten, nicht den Eindruck von unterdrückten Mäuschen auf der Suche nach einem Beschützer machten. Wir trafen selbstbewusste Frauen, die sich nahmen, was sie wollten. Dass die Herren der Schöpfung die Restaurantrechnung zahlten, war doch nur recht und billig, oder?

Ein Samstag. Wir sind eingeladen zu einer Grillparty bei Phillipe, einem französischen Segler, der sich in Jacarè niedergelassen hat. Die anderen Ankerlieger im Fluss sind auch da: Südafrikaner, Franzosen, ein Russe. Dazu einheimische Gäste. Es gibt viel Fleisch und Caipirinha. Aus der Stereoanlage dröhnt Forró. Ich tanze mit Lindolfo, einem Freund von Phillipe.

Lindolfo schmiegt sich so dicht an mich, dass nicht mal mehr ein Mosquito zwischen unseren Körpern Platz hätte, dann schiebt er sein Bein zwischen meine Beine und dreht mich durch den Sand in Philippes Garten. Dabei kreist er kräftig, aber geschmeidig die Hüften – soweit meine steifen Hüften das zulassen. Ich bräuchte den Caipirinha schon intravenös, um den Forró tanzen zu können wie Carmen oder Maria, die ein Stück weiter die Hüften kreisen lassen. Wenn die Mädels richtig loslegen, dann stehen uns armen Europäerinnen Tränen des Neides in den Augen. Die Reaktion der Männer hat ein Segler treffend in dem Satz zusammengefasst: »Du wirst zum Tier.« Keine Frage, Forró ist Erotik pur.

Das bekomme selbst ich zu spüren – an meinem Oberschenkel. Lindolfo, Mitte fünfundfünfzig und werdender Vater seines sechsten Kindes mit der dritten Frau, lässt keinen Zweifel daran, dass ich ihm gefalle. Das ist mir dann doch unangenehm. Ich will Gerhard davon erzählen, aber der ist weg. Carmen auch. Ein paar Minuten später taucht mein Gatte mit roten Wangen wieder auf. »Du glaubst es nicht! Sie hat mich gerade in die Büsche gelockt und wollte mich verführen!« An Direktheit sind die Menschen hier nicht so leicht zu überbieten. Lindolfo kommt zu uns, begrüßt Gerhard herzlich. Phillipe übersetzt. Lindolfo lädt uns spontan ein, ihn in seinem Hotel in Areia zu besuchen. Areia liege in den Bergen, ungefähr drei Stunden entfernt von Jacarè.

Unsere Sprachlosigkeit begann uns zu nerven. Wir kamen mit Spanisch und Englisch zwar einigermaßen durch, aber oft genug fühlte ich mich wie taubstumm, wenn ich ohne Hilfe versuchte, mit Einheimischen zu reden. Auch an Bord gab es Probleme mit der Sprache. Gerhard redete offenbar in einer anderen als ich. Einander zu verstehen war jedenfalls schwer bis unmöglich. Konsequent, wie wir beide manchmal sind, hörten wir auf, es zu versuchen. Es waren ja genügend andere Menschen da, mit denen wir reden konnten.

Ein Boot nach dem anderen kam den Fluss hoch, die Runde der Segler in Ciros kleiner Bar wurde immer größer. Wir hatten jede Menge Ablenkung von unseren Problemen. Gerhards Mutter kam – noch mehr angenehme Ablenkung. Gerhard bekam – durch Zufall einen Job als Deutschlehrer. Fortan verschwand er dreimal pro Woche spät nachmittags in Richtung João Pessoa, um erst im Morgengrauen und voll des guten brasilianischen Bieres zurückzukehren. Nicht dass der Sprachunterricht so lange gedauert hätte, aber anschließend standen Bars und Discos auf dem Programm. Er ging unserer Zweisamkeit aus dem Weg. Es fiel gar nicht auf. Nicht mal uns.

Gemeinsam mit Heilgard stiegen wir eines Tages am Busbahnhof von João Pessoa in den Bus nach Areia. Es war ein heißer Tag und der Bus dank seiner Klimaanlage ein Kälteschock – als wären wir direkt von der Sauna in den Kühlschrank umgestiegen. Zweieinhalb Stunden später stoppte der Bus an der Auffahrt zu Lindolfos Hotel. Leicht durchgefroren machten wir uns mit dem Gepäck zu Fuß auf den Weg zum Eingang – vorbei an Hütten und Verschlägen aus Palmwedeln, Pappe und Plastik. Schmuddelige magere Kinder starrten uns an und kamen näher. Die Eltern hielten sich abseits, verfolgten uns aber mit ihren Blicken. Ihre T-Shirts hatten Löcher, die Badelatschen an den Füßen fielen fast auseinander. Diesen Menschen gab offenbar niemand Kredit. Die Kinder fingen an zu betteln. Wir gaben ihnen nichts. Schon auf den Kapverden hatten wir beschlossen, niemals Kindern Geld zu geben, um nicht dabei mitzuhelfen, sie zu Bettlern zu erziehen. Jetzt fiel es mir schwer, mich an diesen plötzlich so aufgesetzt wirkenden Vorsatz zu halten. Wir liefen schneller. Es war ein Spießrutenlauf. Reiche Weiße auf dem Weg ins teure Hotel, durch ein Spalier bitterarmer Menschen. Wir fühlten uns grässlich. Wie hielten andere Hotelgäste das aus? Vermutlich fuhren sie Taxi.

Am Hoteleingang kam Lindolfo strahlend auf uns zu: »Schön, dass ihr da seid, ich zeige euch eure Zimmer!« So viel Brasilianisch verstanden wir. Phillipe würde später nachkommen. Inzwischen hatten wir ihn und Lindolfo oft getroffen und uns angefreundet.

Das Hotel war alles andere als eine architektonische Schönheit. Aber es hatte eine gepflegte Gartenanlage mit Swimmingpool und angenehme Zimmer – auch wenn die Tapete sich stellenweise von den Wänden löste und die Jalousien Löcher hatten. Das hoteleigene Restaurant war mit viel Holz und Antiquitäten dekoriert, in den Gängen draußen und drinnen warteten Hängematten auf entspannungswillige Gäste. Allerdings waren wir die einzigen Anwärter. Der gesamte Komplex mit hundertdreißig Zimmern stand leer. Später erklärte Phillipe, dass Lindolfos Hotel nur am Wochenende frequentiert wurde; vor allem für Kongresse. Das riesige leere Gebäude strahlte eine eigenartig kalte Atmosphäre aus.

Auch sonst war es kühl hier oben in den Bergen. Der Blick über den Gartenzaun offenbarte eine Landschaft, die ans Hochsauerland erinnerte – nur versetzt mit Palmen. Nichtsdestotrotz nahmen wir ein Bad im Swimmingpool und ließen uns Kaffee an die Liegestühle bringen (wann gönnt sich unsereins schon mal einen Hotelbesuch?), ehe wir uns zu einem Stadtgang aufrafften. Im Eiltempo brachten wir die Armutsansammlung vor der Tür hinter uns.

Areia. Ein beliebiges Städtchen im Nordosten Brasiliens. Einfache Steinhäuser, dann wieder hübsche, bunt verzierte Altbauten, liebevoll restauriert. Kleine Läden, kleine Bars. Areia hatte Charme. Reiter auf meist mageren Pferden teilten sich die engen Straßen mit Eselskarren, Autos und viel zu groß erscheinenden Bussen.

An einer Telefonzelle machten wir Halt – Gerhard musste noch seinen Unterricht absagen. Aber das Telefon funktionierte nach anderen Regeln als die Telefone, die wir kannten. Wir wollten schon aufgeben, als uns ein junger Mann auf Englisch Hilfe anbot. Zwei Minuten später war das Telefonat erledigt, und unser Helfer stellte sich vor. »Mein Name ist Nepto, ich unterrichte Englisch an der Schule dort drüben. Aber wir streiken gerade, und ich habe Zeit. Darf ich Ihnen vielleicht die Stadt zeigen?« Aber gern doch.

Stolz führte er uns durch Areia und ging mit uns in das

verstaubte Heimatmuseum. Dann zeigte er uns eine von süddeutschen Nonnen gegründete Klosterschule: »Da bin ich zur Schule gegangen.« Nepto war Ende zwanzig und träumte davon, ins Ausland zu gehen. »Aber Reisen ist teuer in Brasilien, allein die Flüge kosten furchtbar viel Geld. Und wir verdienen so wenig!« Die Lehrer streikten für höhere Löhne. Nach zwei Stunden verabschiedeten wir uns von Nepto, der sich von uns nicht einmal auf einen Kaffee hatte einladen lassen. Jetzt bestand er darauf, uns seine Adresse und Telefonnummer zu geben. »Wenn ihr noch mal nach Areia kommt, wohnt ihr bei mir!«

Recife, Olinda, Forte Velho, Campina Grande – wohin auch immer wir kamen, erlebten wir die brasilianische Spezialmischung aus Gastfreundschaft und Offenheit, Lebenslust, Selbstbewusstsein und Musik. Und überall begegnete uns der krasse Gegensatz von Arm und Reich.

Fröhliche Menschen protestieren nicht. Fußballbegeisterte auch nicht. Gläubige schon gar nicht – der Herrgott wird's schon richten. »Der gläubige Fatalismus der armen Bevölkerung«, sagte Georg Hutzler bitter, »paart sich in Brasilien mit dem Egoismus der Politiker.« Wir waren zu Besuch bei Georg und Celina Hutzler in Recife und diskutierten unsere Eindrücke von Brasilien. Georg kannte sich aus: »Es gibt Ausnahmen, aber die meisten Politiker arbeiten nicht für das Volk, sie arbeiten für die eigene Familie, sie bereichern sich. Solange das so bleibt, wird sich nichts ändern in Brasilien.« Er blickte nicht gerade optimistisch in die Zukunft des Landes. Dafür, sagte er, lebe er schon zu lange hier.

Dreißig Jahre war es her, dass der bayerische Bauer als Entwicklungshelfer ins Land gekommen war. Fast genauso lange, dass der damals Siebenundzwanzigjährige sich in

Celina verliebt und beschlossen hatte, nach seiner Zeit als Entwicklungshelfer in Brasilien zu bleiben. »Ich habe dann mehr als zwei Jahrzehnte als Manager in der Privatwirtschaft gearbeitet und weiß, wovon ich spreche. Hier müsste es eine ganz andere Mentalität geben, um den Gegensatz zwischen Arm und Reich überwinden zu können.« Während wir redeten, drang von draußen das Donnern von Brandungswellen zu uns. Stürmischer Wind rüttelte an den Fensterläden, bei jeder Bö knatterte eine verklemmte Plastiktüte. Wenn Georg Hutzler seine Gartentür aufmachte, lag vor ihm der Atlantik, hinter ihm die Skyline der Millionenstadt Recife.

»Als ich hier ankam, gab es an dieser Stelle noch gar keine Bebauung. Da war hier nichts. Manchmal kann ich kaum glauben, wie schnell diese Stadt gewachsen ist.« Die Gedanken des weißhaarigen Mannes gingen zurück in die Vergangenheit. Er erzählte uns von seiner Arbeit als Entwicklungshelfer. Davon, wie vorsichtig er damals sein musste, mit allem, was er sagte. »Das war ja noch während der Diktatur, und meine Vorstellungen von Menschenrechten waren nicht gefragt.« Laut durfte er nur von Landwirtschaft reden. Und auch das war nicht so leicht – »die brasilianischen Bauern haben nicht gerade auf einen Deutschen gewartet, der ihnen sagt, was sie anders machen sollen«. Das ging nur langsam und mit Hilfe der Kinder, die offener für neue Ideen waren als ihre Väter. Wehmütig erinnerte er sich an das kleine Hotel, in dem er damals wohnte. »Eines Tages bin ich in Küche gegangen. Da hob die Wirtin gerade das Baby aus der Schüssel, und dann kam der Salat für das Mittagessen rein.« Überhaupt, das Trinkwasser. Es hatte nur das gegeben, was alle tranken und was wie Orangensaft aussah. »Da musste ich halt öfter mal einen Schnaps trinken, der hat die Würmer dann schon erledigt.«

Später standen wir mit unserem Gastgeber am Strand, und jeder hing seinen Gedanken nach. Da sagte Georg: »Es ist schwierig in Brasilien. Aber es ist das schönste Land zum Leben, das es gibt.«

Allein in Brasilien

Der Flug nach Deutschland kostet fast zweitausend Mark!«

»Kein Wunder, dass Nepto nicht reisen kann, bei den Preisen.«

Gerhard wollte nach Hause fliegen, um seinen Vater zu besuchen. Eine wunderbare Idee, wie ich fand – vier Wochen lang das Schiff für mich allein! Gerhard würde ich kaum vermissen, der war sowieso selten zu Hause. Und wenn wir uns sahen, nervten wir uns meistens an. Urlaub voneinander konnte uns nur gut tun. Nur eines gefiel mir nicht an der Idee, einen Monat allein in Brasilien zu verbringen: Ich sprach immer noch kein Brasilianisch. Vier Wochen in einem fremden Land, ohne mit den Menschen reden zu können? – eine grässliche Vorstellung für mich, die ich so gern und viel rede. Ich beschloss, mir einen Job zu suchen und dabei die Sprache zu lernen.

Noch vor Gerhards Abflug fing ich als Wochenendkellnerin in Ciros Kneipe an, der »Casa de Madeira«. Der Job war gerade frei geworden. Vorgängerin Josi hatte hier nicht genug verdienen können, um ihre Miete zu finanzieren, und war in der Hoffnung auf einen besseren Job nach Rio gegangen.

Ciro und sein Partner Manolo wollten es mit mir versuchen. Mutig. Immerhin konnte ich auf Brasilianisch außer »Guten Tag«, »Danke« und »Viel Regen heute« nicht viel sagen, geschweige denn verstehen. Aber Manolo war Spanier, und damit war ein Mindestmaß an Verständigung sicher. Außerdem war die »Casa de Madeira« eine sehr spezielle Bar.

Sie sah aus wie ein Kiosk mit Terrasse. Auf der Terrasse gab es zehn Plastiktische mit Stühlen, in der Küche war kaum Platz für zwei. Unter der Woche war nicht viel los, nur die Segler trafen sich zum Sundowner. Der Barbesitzer versuchte, den nötigen Umsatz am Wochenende hereinzubekommen. Mein Chef Ciro war ein ziemlicher Chaot und – nach europäischem Maßstab – für seinen Job gnadenlos ungeeignet.

Er hielt es zum Beispiel nicht für schlimm, wenn der Bar zwischendurch das Bier ausging oder er seine Kunden zum Zigarettenkaufen in die nächste Bar schickte, weil es bei ihm mal wieder keine gab. Um eine Rechnung zu schreiben, brauchte er manchmal eine halbe Stunde, weil er es nicht schaffte, sich auf eine Sache zu konzentrieren. Ich hatte auch schon erlebt, dass Ciro mittags die Bar aufmachte, sich aber weigerte, eine Caipirinha zu mixen oder eine bestellte Suppe heiß zu machen, mit der Begründung, jetzt müsse er erst mal selbst essen. Aber er war ein lieber und gutmütiger Mensch. Und sein Partner Manolo war zum Glück etwas geschäftstüchtiger. Für mich war die eigentliche Arbeit des Kellnerns jedenfalls leicht zu bewältigen, schwierig waren nur zwei Punkte: die Sprache und die Tücken der brasilianischen Küche.

Mein erster Samstag in der Bar. Angetan mit kurzem schwarzen Rock und bareigenem schwarzweißen T-Shirt, harre ich geschminkt und mit dezent lackierten Nägeln der Kunden, die da kommen sollen. Ciro weist mich in den Job ein und nennt mir wichtige Vokabeln: »Nao tem«, das macht er mir als Erstes klar, bedeutet »Haben wir nicht«.

Ich gehe mit ihm die erfreulich kleine Speisekarte durch und versuche herauszufinden, was was ist.

Da erscheint eine Familie und bestellt, noch ehe sie ganz sitzt, »caranguejo« – was immer das sein mag. Ich nicke freundlich, hole die Karte und mache den Herrschaften klar, dass sie doch bitte mit dem Finger auf das Gewünschte zeigen möchten. Ich spräche leider kein Brasilianisch. Leichte Irritation auf Seiten der Kundschaft. In rasendem Tempo prasseln Fragen auf mich ein. »Alemanha« – Deutschland – sage ich und hole Ciro zur Hilfe. (Eine Zeit lang habe ich auf jede erste Frage mit »Alemanha« geantwortet, weil »Woher kommst du?« das Gespräch fast immer einleitete. Leider passte die Antwort nicht jedes Mal, zum Beispiel nicht auf die Frage, was Krebse kosten.) Während Ciro den Gästen erklärt, dass er jetzt eine internationale Bar mit deutscher Kellnerin betreibt, kriege ich bei Marcella in der Küche raus, dass *caranguejos* Krebse sind. Die Tiere werden samt Schale in einem Gemüsesud mit Kartoffeln gereicht; mein Job ist es, einen Abfallbeutel am Tisch anzukleben, für Serviettennachschub zu sorgen und kleine Brettchen mit Holzrollen auszuteilen. Mit den Rollen werden die Beine der Krebse plattgewalzt, um an deren Fleisch heranzukommen. Gegessen wird mit Fingern und Löffeln – das Ganze ist eine Riesensauerei.

Mehr oder weniger hilfreich versuche ich, zwischendurch den Tisch von Krebsresten und Soßenspritzern zu befreien. Einmal kriege ich erst reichlich spät mit, dass ich gerade dabei bin, dem Gast die orangefarbenen Schalen auf die Hose zu fegen. Aber der nimmt es gefasst.

Überhaupt reagieren die Leute erstaunlich auf mich. Die meisten bestellen extra langsam und deutlich, sobald sie mitbekommen, dass ich nicht viel verstehe: »Cai-pirin-ha«. Natürlich machen sich manche auch ihren Spaß mit mir, fragen zum Beispiel, ob wir Suppe vom jungen Hund, *ensopada de cachorro*, haben, und ich laufe brav in die Küche und frage nach, weil ich keine Ahnung habe, dass *cachorro* junger Hund bedeutet. Am Abend bin ich völlig fertig und frage Ciro und Manolo unter Anwendung frisch gelernter Vokabeln, ob sie denn mit ihrer neuen *camisa* zufrieden seien. Die Antwort sind zwei fragende Gesichter. Es dauert eine ganz Weile, bis mir dämmert, dass ich nicht gefragt habe, ob ich eine gute Kellnerin, *garçonète*, sondern ob ich ein gutes Hemd gewesen sei.

Als Gerhard abflog, war ich eingearbeitet und hatte meinen Wortschatz um mindestens zehn wichtige Vokabeln erweitert: Löffel, Speisekarte, Serviette, eiskalt ...

Kaum war er von Bord, verbrachte ich zwei herrliche Tage damit, das Schiff sauber zu machen und mir einzubilden, es würde die nächsten vier Wochen sauber und ordentlich bleiben. Schließlich war ich jetzt allein, und Gerhard konnte nichts mehr herumliegen lassen (die Freude dauerte nur kurz – peinlicherweise musste ich mir eingestehen, dass ich um keinen Deut ordentlicher war als er). Am dritten Tag gab ich mich einem Kaufrausch im nächsten Einkaufszentrum hin und fuhr für umgerechnet vier Euro mit dem Taxi nach Hause. Ein neuer großer Spiegel für die Waschnische im Boot, ein Campingstuhl für das Cockpit, Plastikdosen für die Küche, neue Unterwäsche für mich, Getränke, Lebensmittel – das alles hätte ich unmöglich im Bus nach Hause schaffen können. Außerdem war Gerhard nicht da, um mir Vorhaltungen zu machen. Nur ein paar Segelfreunde lästerten (»Kaum ist die Katze aus dem Haus ...«). Es blieb bei diesem einen Anfall von Kauf- und Verschwendungslust, aber den genoss ich in vollen Zügen. Angenehm war es auch, mich mit niemandem über meinen Tag oder meine Pläne für den Abend absprechen zu müssen. Keine Diskussionen mehr darüber, wer das Beiboot mit dem Motor nehmen durfte.

Wir hatten uns auf den Azoren zwar ein zweites Beiboot angeschafft, besaßen aber nur einen Motor. Mangels finanzieller Masse hatte ich gegen die Anschaffung eines zweiten Außenborders gestimmt (»Den brauchen wir nicht, ich rudere gern!«). Für Gerhard stand seitdem fest, dass das motorisierte Beiboot ihm zustand (»Du wolltest ja keinen zweiten Motor: Du ruderst doch gern«). Normalerweise kein Problem. Zumal mir das wackelige Zweitbötchen mit der Maschine ohnehin suspekt war. Es fuhr schnell, und ich hatte trotz Gerhards reizender Hilfestellung (»Mehr Gas!« – »Weniger Gas!« – »Kenter bloß nicht, dann ist der Motor hinüber!« – »Knall beim Anlegen nicht an den Steg!«) nie gelernt, es sicher zu fahren. Andererseits führte der Fluss eine starke Strömung, und Rudern war harte Arbeit. Jetzt war Gerhard weg, und ich lernte langsam und auf meine Weise, mit dem Flitzer umzugehen. Nach ein paar Tagen war jeglicher Widerwille Vergangenheit, selig raste ich unter Vollgas über den Fluss.

Dass der Motor trotzdem im Wasser landete, hatte ich meiner eigenen Dummheit zu verdanken. Ich band das Boot so ungeschickt an den Katamaran von Phillipe, dass es sich um die eigene Achse drehte, als der Kat rückwärts fuhr. Der Motor lag im Salzwasser und sagte keinen Ton mehr. Schreck! Schleunigst in die Werkstatt damit. Am anderen Tag der nächste Schock: »Nichts mehr zu machen, der ist hin!« Ich sah Gerhard förmlich toben. Aber dann grinste der Mechaniker, zog am Starter und der Motor schnurrte. Ich wusste nicht, ob ich den Witzbold umbringen oder küssen sollte und strahlte ihn ersatzweise an. Fortan band ich das Beiboot vernünftig an.

Meine Arbeit in der »Casa de Madeira« erwies sich als der anstrengendste, aber auch effektivste Sprachunterricht, den ich je hatte. Die Arbeit selbst war nicht stressig, nur dann, wenn die Kundschaft mit eigener Musik anrückte. In Paraiba war es üblich, sein Auto – Kofferraum oder Ladefläche voll gestopft mit riesigen Boxen – bis an die Kneipe zu fahren. Klappe auf, Musik an – natürlich volle Lautstärke. Das war besonders schön, wenn an der anderen Ecke der fünfzig Quadratmeter kleinen Bar eine weitere Gruppe mit Musikauto feierte und andere Musik hörte, ebenfalls in voller Lautstärke. Zwischendurch mussten natürlich die Motoren laufen, sonst machten die Batterien schlapp.

Manchmal tanzte die Kundschaft zwischen den Tischen, Bestellungen gingen im Lärm unter, und irgendwer brüllte nach mir, der *galega*, der Blonden. Oft nur um mich zu fragen, ob ich die Musik nicht auch toll fände. Als Kellnerin musste man bei solchen Arbeitsbedingungen eigentlich wahnsinnig werden.

Ich verdiente selbstverständlich auch Geld – umgerechnet achtzehn Euro pro Wochenende, also neun Euro täglich. Ursprünglich war weniger abgemacht, nur sechs Euro am Tag, allerdings plus Trinkgeld. In Brasilien werden auf die Rechnungen normalerweise zehn Prozent der Summe aufgeschlagen, und von diesem Aufschlag leben die Kellnerinnen und Kellner. Ich hatte Glück – Ciro und Manolo zahlten mir die sechs Euro als Mindestlohn. Allerdings wunderte ich mich nach meinem zweiten Wochenende, dass kaum etwas dazukam. Ich sah mir die Rechnungen an. Merkwürdig, Ciro schlug fast nie zehn Prozent auf. Ich sprach ihn darauf an. »Nein, bei kleinen Rechnungen mache ich das nicht.« Aha. Kleine Rechnungen waren aber leider in der Mehrzahl – und machten die meiste Arbeit.

Ein großes Bier kostete umgerechnet fünfundsiebzig Cent, und zehn Biere verschafften mir einige Rennerei, aber kein Trinkgeld. Genauso war es mit den Krebsen. Jeder *caranguejo* kostete sechzig Cent, und jeder machte Arbeit und Dreck: Tisch vorbereiten, Krebs servieren, Tisch sauber machen. Keine zehn Prozent.

Dann stellte ich fest, dass Ciro bei den Seglern überhaupt nie zehn Prozent aufschlug, ganz egal, wie hoch die Rechnung war. Wieder fragte ich nach. »Die Segler wollen das nicht, und der Trinkgeldaufschlag ist laut Gesetz freiwillig«, war die Antwort. Die Segler wollen das nicht? Wer bitte waren »die Segler«? Wir konnten es nicht sein, wir hätten es niemals abgelehnt, Trinkgeld zu bezahlen. Allmählich wurde mir klar, warum meine Vorgängerin Josi ihre Miete nicht hatte verdienen können. Und ich verstand auch, warum sie sich nicht gerade überschlagen hatte, wenn die Segler nach Getränken verlangten.

»Die Segler«, stellte sich heraus, waren Bruce und Jeany, unsere Freunde der ersten Stunde und gleichzeitig die bestsituierten unter den Jachtbesitzern in Jacarè. Fast jeden Tag saßen sie bei Ciro in der Bar und machten große Rechnungen. Ciro hatte es einmal gewagt, die zehn Prozent für Josi auf die Rechnung zu schreiben, und Bruce hatte es entrüstet abgelehnt, den Aufschlag zu bezahlen. Begründung: »Für schlechten Service zahle ich nicht.« Er fand Josi zu langsam. Danach hatte Josi an den Seglern keinen Pfennig mehr verdient, weil Ciro – in der Angst, seine Alltagskundschaft zu verlieren – es nie wieder gewagt hatte, die zehn Prozent von einem der Segler zu verlangen. Arme Josi. Empört erzählte ich Bruce, was er angerichtet hatte, aber er zeigte sich unbeeindruckt: »Schlechter Service, kein Trinkgeld. Mehr gibt's dazu nicht zu sagen!«

Unsere beginnende Freundschaft mit Bruce und Jeany

hatte schon früher geendet und gehörte zu den wenigen unerfreulichen Erfahrungen, die wir mit anderen Seglern gemacht hatten. Auch dabei war es um Geld gegangen. Bruce und Jeany waren uns gegenüber von Anfang an extrem großzügig gewesen. So großzügig, dass wir nicht recht wussten, wie wir damit umgehen sollten. Zum Restaurantbesuch am ersten Abend hatten sie uns eingeladen. Wir hatten die Preise nicht gekannt und waren erst später dahinter gekommen, dass das Essen nicht eben billig gewesen war. Sie und ihre beiden Kinder ebenfalls in ein Restaurant einzuladen war mehr, als wir uns leisten konnten und wollten. Die Alternative war ein Essen bei uns an Bord. Aber wir waren zu langsam. »Heute Abend seid ihr bei uns zum Essen, wir haben schon eingekauft, ihr mögt doch gegrilltes Hühnchen?« Bruce lächelte uns unter seinem Lederhut an. »Gut. Aber morgen Abend bei uns!« Wir gingen Wein und Salat einkaufen und folgten der Einladung. Um ehrlich zu sein, der von uns mitgebrachte Wein war scheußlich. Nicht trinkbar. Es war uns peinlich, aber wir hatten nicht gewusst, dass Wein der für uns normalen Preisklasse in Brasilien ungenießbar ist. Den Salat durften wir auch nicht machen, Jeany hatte schon alles fertig.

Aber wir hatten ja unsere Chance am nächsten Abend. Wir kauften Bier für Bruce und Gin für den von Jeany geschätzten Gin Tonic. Aber kaum ragte Bruces Hut über die Bordwand, reichte er auch schon eine Kühltasche hoch: Caipirinha. Unsere Getränke blieben im Kühlschrank. Wenigstens schien ihnen das Essen zu schmecken.

Gerhard konnte sich in den nächsten Tagen durch Mathenachhilfe bei Tochter Nathalie erkenntlich zeigen. Doch das Problem blieb: Bruce und Jeany waren ein bisschen zu generös für unser Budget. Eines Abends in der

»Casa de Madeira« – noch vor meiner Zeit als Kellnerin – wollte ich mich dafür revanchieren, dass die beiden am Vortag der versammelten Seglerrunde frittierte Fischchen und Käsebällchen spendiert hatten. Ich bestellte das Gleiche, in der Annahme, es handle sich um billige Snacks. Beim Zahlen fiel ich fast um: Allein die Käsebällchen kosteten umgerechnet acht Euro. Das klingt für deutsche Verhältnisse billig, ist für brasilianische aber teuer. Und es war weit mehr, als wir normalerweise zum Naschen beim Bier ausgegeben hätten.

Gerhard hätte mich fast gelyncht, sah dann aber ein, dass ich nicht geahnt hatte, was ich tat. Wir mussten mittlerweile sehr vorsichtig sein mit dem Geldausgeben. Wir waren jetzt zwei Jahre unterwegs, und unsere Reisekasse war fast aufgebraucht. Wir hatten mit ein paar Radiobeiträgen und Zeitungsberichten über unsere Reise, Orangenpflücken und einigen Segeltouren mit Tagesgästen auf den Azoren zwar ein bisschen Geld verdient, aber nicht genug, um das kommende Jahr zu finanzieren. Geld beziehungsweise Geldknappheit war ein häufiges Thema an Bord – und natürlich auch Anlass zahlreicher Streitereien. Wir konnten es uns einfach nicht leisten, auf Bruces und Jeanys Niveau zu leben.

Das böse Ende der Freundschaft kam an einem Sonntag. Wir saßen bei den beiden an Bord zum Tee, als unseren Gastgebern das Gas ausging. »Dann lasst uns doch heute Abend bei uns essen«, sagte Gerhard spontan, »ich wollte Jeany doch ohnehin die Cornedbeef-Bolognese-Soße beibringen.« Klar, warum nicht. Jeany wollte ihr eigenes Cornedbeef ausprobieren und fragte, ob sie sonst noch etwas mitbringen sollte. Und da fiel Gerhard ein, dass wir (außer Cornedbeef und Dosentomaten) nichts für das geplante Spaghettiessen für sechs Personen an Bord hatten: zu wenig Spaghetti, zu wenig Zwiebeln, kaum Parmesan. Sie mussten fast alles mitbringen. Das war mir unangenehm, aber es war nun mal Sonntag, es gab keine Möglichkeit einzukaufen, und wir waren nicht auf das gemeinsame Kochen vorbereitet gewesen. Die Familie kam, Gerhard und Jeany kochten zusammen, der Australier Richard stieß noch dazu, und es wurde ein netter Abend.

Aber am anderen Tag waren Bruce und Jeany nicht mehr dieselben. Sie grüßten kaum und wichen uns aus. Abends sprach ich Jeany in kleiner Runde an und fragte sie, ob etwas los sei. »Nein«, lächelte sie, »alles prima.« Aber ich spürte, dass das nicht stimmte. Am nächsten Abend hatte Phillipe zum Grillen eingeladen. Wieder waren Bruce und Jeany uns gegenüber ausgesprochen zurückhaltend. Unter acht Augen fragte ich noch einmal: »Was ist los?«

»Na ja, wenn ihr es unbedingt wissen wollt ... Wir haben das Gefühl, dass ihr uns ausnutzen wollt. Wir fanden es ganz unmöglich, dass wir fast alles zum Kochen mitbringen sollten.« Diese Eröffnung von Jeany machte mich sprachlos. Bruce setzte nach: »Ich habe zwei Töchter im Studium, ich bin kein reicher Mann!« Dann wieder Jeany: »Wir möchten den Kontakt zu euch abbrechen.« Wir waren platt. Immerhin hatten wir drei Wochen lang fast jeden Abend miteinander verbracht und viel Spaß miteinander gehabt. Zwei Wochen lang hatte Gerhard der Tochter Nathalie täglich zwei Stunden Mathenachhilfe gegeben, unentgeltlich, versteht sich. Wir hatten das Gefühl gehabt, hier entwickle sich eine echte Freundschaft. Ich fand meine Sprache wieder. »Das tut mir furchtbar Leid, wenn ihr diesen Eindruck von uns habt.« Ich erklärte die Situation vom Vortag. Achselzucken bei unseren Gegenübern. Allmählich wurde ich sauer. »Warum habt ihr eigentlich nicht gleich gesagt, was los ist?« – »Das ist nicht südafrikanische Art«, sagte Jeany und fügte hinzu: »Es gibt schließlich überall nette Segler, wir brauchen euch nicht.« Das tat weh.

Am nächsten Tag kamen die beiden zum Tee bei uns vorbei, eine nette Geste der Versöhnung sicherlich, aber es wurde nie wieder, wie es war. Gerhard und ich redeten noch oft über diese Geschichte und überlegten, was wir falsch gemacht hatten. Vielleicht hätten wir öfter »Nein« zu Einladungen sagen müssen. Erst sehr viel später erfuhren wir, dass wir nicht die Einzigen waren, die Probleme mit dem spendablen Verhalten von Bruce und Jeany hatten. Und jetzt noch dieses »Schlechter Service, kein Trinkgeld«, das Bruce von sich gab. Ich fand ihn nur noch grässlich.

Ciro hatte seine Lektion jedenfalls gelernt, und seine jeweilige Kellnerin zahlte den Preis. Ich ärgerte mich und stritt mit meinen Chefs. Ich forderte, dass sie »meine« zehn Prozent immer aufschlagen sollten, und versuchte ihnen zu erklären, dass jede Kellnerin besser arbeitet, wenn sich das für sie auch auszahlt. Schließlich einigten wir uns darauf, dass sie meinen Tagesverdienst von sechs auf neun Euro erhöhten, dafür aber die Zehnprozentregelung nicht anwendeten. Damit war das Trinkgeld ganz allein abhängig von der Großzügigkeit meiner Gäste.

Ich lernte in den nächsten Wochen, dass meine brasilianischen Gäste schnellen Service zwar schätzten, aber nicht mit Trinkgeld honorierten. Stattdessen strahlten sie mich an, lobten, tätschelten mir den Arm oder spendierten einen Drink. Die Herren der Schöpfung wollten ihre Zufriedenheit nicht selten auch mit einem Küsschen bekunden. Manchmal war ich kurz davor, mir »Don't kiss me, tip me!« aufs T-Shirt drucken zu lassen. Dennoch wusste ich, dass ich für brasilianische Verhältnisse gar nicht schlecht verdiente. Wenn es stark regnete und die Kundschaft ausblieb, hatte ich meinen Verdienst trotzdem. Die Kellner in den anderen Bars verdienten an solchen Tagen nichts. Ich bekam an vier Wochenenden zweiundsiebzig Euro garantiert – der Mindestlohn für einen ganzen Arbeitsmonat lag nur unwesentlich darüber.

Und ich lernte eine Menge. Nicht nur die Sprache, ich lernte auch einiges über die Lebensbedingungen in Jacarè. Je besser mein Brasilianisch wurde, desto mehr konnte ich mich mit den Gästen, mit meinen Kollegen in den anderen Bars oder mit den Dorfbewohnern unterhalten. Da war Edvina, die allein mit ihren drei Töchtern lebte. Sie konnte sich nicht zu kontinuierlicher Arbeit durchringen und litt deshalb chronisch an Geldmangel – was sie aber weit weniger bedrückte als die Tatsache, dass ihr gegenwärtiger Freund nicht willens war, ihretwegen Frau und Kinder zu verlassen. Oder Robervania, die mir bei einer Geburtstagsfeier anvertraute, dass sie das achte Kind vom vierten Mann erwarte und darüber alles andere als glücklich sei. Ihr Freund flüsterte mir zu, sie habe sogar erfolglos versucht, das Kind loszuwerden. Gemeinsam mit Freund und Nachwuchs bewohnte Robervania ein kleines, blitzsauberes Haus am Rand von Jacarè, möbliert mit dem Allernötigsten. Sie war Anfang dreißig und hatte kaum noch einen Zahn im Mund.

Oder meine Kollegin Marcella, deren Mann ihren kargen Lohn versoff und selten nüchtern genug war, um seiner Arbeit als Tischler nachzugehen. Dann gab es noch den Endvierziger Junior mit seiner bildschönen Frau Anna, deren Kinder zwischen acht Monaten und achtzehn Jahren alt waren und die eine Bilderbuchfamilie zu sein schienen: Junior vergötterte Anna, seine temperamentvolle Tochter Amanda und seine Söhne. Geld schien in dieser Familie kein Thema zu sein, der Computerspezialist verdiente offenbar glänzend. Es sah so aus, als sei Juniors einziges Problem, das passende Boot für den dicken Außenbordmotor zu finden, den er gerade erstanden hatte. Oder Naudinho, der so alt war wie ich und der mir nach dem dritten Cachaça seine Beziehungssorgen mit seiner gerade zwanzigjährigen Freundin Jo anvertraute und mir dabei tief in die Augen sah (»Mit Jo kann ich einfach nicht so reden wie mit dir!«). Auch Jo kam und erzählte mir von ihren Problemen in der Abendschule, die sie mit viel Ehrgeiz besuchte. Ich hörte hauptsächlich zu – schon deshalb, weil ich mehr verstand, als ich selbst sprechen konnte.

Sie alle redeten offenbar gern mit mir. Ich war nicht länger nur eine von den Seglerinnen. Ich gehörte ein bisschen dazu. *Brasilera galega* nannten sie mich, blonde Brasilianerin. Ich war stolz darauf.

»In Cabedelo ist Forrò-Festival – hättest du Lust, mit mir hinzugehen?« Schüchtern lächelte mein Chef mich an. »Klar, Ciro, aber was ist mit der Bar?« – »Wir machen pünktlich zu. Vor Mitternacht passiert in Cabedelo sowieso nicht viel.« Optimist.

Natürlich war die »Casa de Madeira« an diesem Abend voller denn je, und kein Gast machte Anstalten zu gehen. Ciro hatte ein Taxi für uns bestellt, und der Fahrer wartete geduldig schon eine halbe Stunde. Es war kurz vor Mitternacht. Ciro guckte dauernd auf die Uhr. Ich hatte mich bereits umgezogen und wollte auch los. Was tun?

Ich machte kurz entschlossen die Musik aus, stellte mich zwischen die Tische und sprach ein Machtwort: »Leute, austrinken! Ciro und ich wollen tanzen gehen!« Die Gäste grinsten, Ciro grinste. Eine halbe Stunde später waren wir in Cabedelo. Die Gäste und der Taxifahrer hatten geholfen, die Tische wegzuräumen und den Laden zu schließen.

So weit so schön. Nur dass die Party noch immer ohne uns stattfand. Ciro wollte erst nach Hause, sich hübsch machen. Ich saß in seiner winzigen Küche auf einem von zwei Plastikstühlen, trank starken schwarzen Kaffee und wartete, dass die Dusche aufhören würde zu plätschern. Zeit genug, um die ganze Armseligkeit von Ciros Zuhause auf mich wirken zu lassen: in der Küche ein Kühlschrank, mit nichts darin als Nescafé, ein schmuddliger alter Herd, ein Spüle mit schmutzigem Geschirr. Zwei Stühle und ein Plastiktisch. Sonst nichts. Im so genannten Wohnzimmer lag eine dünne Matratze auf dem Boden – Ciros Bett –, und auf einem sonst leeren Regal stand ein kleiner, altersschwacher Schwarzweißfernseher. Schränke gab es keine, stattdessen Pappkartons (Ciro: »Möbel machen zu viel Arbeit«). Es gab ein Badezimmer ohne Waschbecken und zwei Schlafzimmer für Ciros Söhne, die fünfzehn und sechs Jahre alt waren. Der kleine Pedro schlief friedlich auf einer Matratze, Marcio, der ältere, war beim Festival.

Ciro war geschieden, die Mutter der Söhne lebte in Rio. Einziger Luxus in seinem Heim war das glänzende Mountainbike von Marcio, das im Wohnzimmer stand. Ich wunderte mich nicht länger, dass mein Chef sich am Vortag zehn Euro von mir geliehen hatte, um seine Stromrechnung bezahlen zu können. Und ich dachte an unseren Freund Lindolfo, an sein schickes Apartment in João Pessoa und an die Vierzehn-Meter-Jacht, die er sich gerade bauen ließ, an seinen Sportwagen und die komplette Babyausstattung, die seine Frau Sandra mir vor wenigen Tagen stolz vorgeführt hatte. Der kleine Sohn von Ciro hatte nicht mal ein Bettlaken.

Ciro kam aus dem Bad, in weißen Shorts und mit weißem Hemd, nach Rasierwasser duftend. Los jetzt. Drei Straßen weiter dröhnte uns die Musik entgegen. Forró aus tausend Lautsprechern. Überall Getränkestände und zuckende Hüften in engen Röcken. Das Zentrum des Geschehens war ein altes Fort aus dem fünfzehnten Jahrhundert, in dem eine monströse Bühne aufgebaut war. Dort spielte eine Band nach der nächsten. Auf dem Rasen davor wippte, trank, tanzte die Menge – und das alles, bis die Sonne hell am Himmel stand. Fantastisch.

Mittendrin wippte ein hellblonder Lockenschopf. Unverwechselbar Petrus, ein schwedischer Einhandsegler. Petrus war sechsundzwanzig, hatte knallblaue Augen, Locken bis auf die Schultern und den Körper eines etwas kurz geratenen Athleten (die Segler nannten ihn Chippendale – nach der gleichnamigen Strippertruppe). Blauäugig und blond in Brasilien – etwas Besseres kann einem Mann kaum passieren. Als wir ihn trafen, hing an jedem seiner Arme ein Mädchen, eines hell-, eines dunkelhäutig. Und jede der beiden gab sich alle Mühe, dem blonden Prinzen klar zu machen, dass sie noch ein bisschen besser tanzen konnte und überhaupt besser war als die Konkurrenz. Es war das reinste Duell. Chippendale wusste gar nicht, wie ihm geschah. Selig grinsend stand er da, schaute auf die ihm zu Ehren geschwenkten knackigen Hintern und sagte verzückt. »Da wirst du zum Tier.«

Das stimmte aber nicht. Petrus war ein angenehmer Mensch und benahm sich in dieser Nacht so anständig, dass die Mädels (die nicht zartfühlende Europäer, sondern brasilianische Machos gewöhnt waren) ihn nicht verstanden. Gegen sechs Uhr früh fuhr Petrus samt einem brasilianischen Bekannten und den beiden Mädchen nach Jacarè auf sein Boot. Der Bekannte kaufte unterwegs eine Flasche Wodka, Chippendale dagegen Lebensmittel für ein Frühstück. Kaum an Bord, gab sich der Brasilianer mit der Wodkaflasche den Rest und schlief ein. Die Mädchen ihrerseits hatten weder an Wodka noch an Rührei Interesse, nur an Petrus. Die eine küsste ihn, die andere war sauer. Dann umgekehrt. Schließlich prügelten sie sich fast und wollten, dass Petrus sich für eine von ihnen entschied. Aber der passte. »Das konnte ich doch nicht«, erklärte er mir ein paar Stunden später. »Hätte ich die eine gewählt, wäre die andere traurig gewesen, das ist nicht meine Art.«

Also gingen in dieser Nacht mit Ausnahme des Wodkatrinkers alle leer aus. Am Abend war Chippendale mit der dunklen Julia verabredet (ihre Freundin kam zwar auch in Ciros Bar, hatte aber keine Verabredung und von daher das Spiel verloren). So hatte er sich dann doch entschieden, und die nächsten drei Wochen vergingen in trauter Zweisamkeit mit seiner Forrò-Schönheit. Dann gab Petrus einer der zahlreichen Versuchungen nach und wechselte die Freundin. Für Julia hatte sich die Beziehung trotzdem gelohnt. Weil sie, die Dunkelhäutige, zumindest anfangs über die hellhäutigere Konkurrenz gesiegt hatte, war ihr Ansehen im Dorf gestiegen.

Zum großen Erfolg des Schweden Petrus trug auch bei, dass im Fernsehen allabendlich eine grauenhafte, aber umso beliebtere Seifenoper mit dem Titel »Uga Uga« lief. Uga Uga war eine Art blonder Tarzan: gut gebaut, langhaarig und der brasilianischen Sprache nicht mächtig, weil frisch dem Urwald entsprungen. Seine Hauptaufgabe in der Serie schien zu sein, jeder attraktiven Frau ohne Umschweife an die Brüste zu fassen, wahlweise eine zu küssen und dabei dumm zu gucken. Es war uns ein Rätsel, aber der Mann war ein Star.

Prompt hießen alle blonden Langhaarigen Uga Uga. Auch Gerhard, dessen hellblonder Pferdeschwanz ihm inzwischen über die Schulterblätter reichte, war einer. Ob fünfzehn, dreißig oder sechzig Jahre alt, stets kicherten die Damen »Uga Uga«, sobald Petrus oder Gerhard vorbeigingen.

Aber mein Uga Uga war jetzt in Deutschland. Ich flirtete ein bisschen mit meinem Chef. Und mit Naudinho. Und mit dem französischen Segler George. Lag zwischendurch auf meinem Schiff in der Hängematte und genoss die Vorstellung, mir die eine oder andere Affäre zu gönnen (es blieb bei der Theorie; allein die Möglichkeit zu haben reichte aus, um meinem Selbstbewusstsein Auftrieb zu geben).

Gerhard war seit zwei Wochen weg, und mir ging es ohne ihn einfach glänzend. Wir telefonierten ein paar Mal, aber, um ehrlich zu sein, ich dachte in diesen ersten zwei Wochen nicht sehr oft an ihn. Es gab viel zu viel zu tun. Montag Abendessen auf der Biboundè von George und Nathalie, Dienstag auf der Jaboa bei Max. Mittwoch auf der Jacana mit Anne und Jon. Donnerstag bei Frederico. Dann waren da noch die Arbeit in der »Casa de Madeira« und der Deutschunterricht, den ich für Gerhard übernommen hatte. Und sonntags nach der Arbeit der Dorftanz.

Ein Uhr früh, ich bin auf dem Rückweg vom Tanzen. Es sind nur fünfhundert Meter bis zum Beiboot. An einer Ecke steht ein Pärchen. Merkwürdiger Ort für ein Techtelmechtel. »Haben wir schon Hochwasser?«, frage ich den Mann (dann muss ich einen Umweg laufen). Er antwortet nicht, sondern stellt mir stattdessen seine Freundin vor. Irritiert, aber höflich, strecke ich die Hand zur Begrüßung aus. Genau darauf hat der Typ gewartet. Zack, reißt er mir meine Plastiktüte vom Arm und fängt an zu rennen, seine Partnerin vorneweg. Ich rühre mich nicht, brülle nur wie am Spieß »Hilfe«, »Diebe«, »Schweinebande« und was mir sonst noch einfällt. Als der Discjockey und ein paar Männer aus dem Dorf angelaufen kommen, sind die Diebe weg.

Ich zittere am ganzen Leib und erzähle die Geschichte, so gut ich kann. Ich bin so verdattert und aufgeregt, dass ich unter Tränen behaupte, das Schlimmste sei, dass sie meine Zigaretten geklaut hätten! Ein alter Mann schenkt mir zum Trost seine, und ich rauche erst mal. Das beruhigt. Überhaupt sind meine Helfer lieb. Aber machen können sie nichts. Sie lassen sich die Diebe beschreiben und fragen, was mir gestohlen wurde. Ich denke nach: Mein Duschzeug ist weg, ein paar CDs, ungefähr drei Euro, eine Telefonkarte und mein uraltes Lederbauchtäschchen. Am meisten schmerzt noch der Verlust der CDs. Ich glaube kaum, dass die Diebe Freude an Marius Müller-Westerhagen haben werden.

Cesar, der Discjockey, begleitet mich bis zum Beiboot und erkundigt sich besorgt, ob ich etwa allein auf meinem Boot sei. Nein, behaupte ich sicherheitshalber, mein Mann sei morgen wieder da. Ich überlege kurz, ob ich Jonathan und Ann in der Jacht neben mir wecken und bei ihnen schlafen soll, fahre dann aber doch nach Hause. Im Schiff hole ich mir meine neue Machete zum Öffnen von Kokosnüssen und schlafe neben ihr ein. Am nächsten Morgen erzähle ich die Geschichte Brian, einem Engländer, der seit fünfundzwanzig Jahren in Jacarè lebt und arbeitet. Brian ruft die Polizei, die aber nicht kommt. Vermutlich ist die Beute zu klein.

Ich beruhigte mich und ging am Sonntag wieder zum Forrò. Diesmal allerdings war für die Begleitung auf dem Rückweg gesorgt. Der Vorfall vom vergangenen Sonntag hatte sich herumgesprochen. Beim Dorftanz kamen viele

Menschen auf mich zu, um sich für ihre Landsleute zu entschuldigen und mir zu versichern, wie Leid ihnen der Vorfall tue und dass es ganz bestimmt niemand aus dem Dorf gewesen sei. Das tat gut. Viele, die sich bei mir entschuldigten, kannte ich nicht mal.

Ich hatte lange überlegt, ob ich Gerhard die Geschichte vom Plastiktütenraub am Telefon erzählen sollte. Aber was konnte er schon mit der Information anfangen, außer sich Sorgen zu machen? Also: Nein. Die Überlegung war ohnehin rein theoretisch. In den letzten zwei Wochen, die Gerhard in Deutschland war, ging er auf Tauchstation. Er war nicht zu erreichen, nie da, wo angekündigt. Einfach weg. Auch das Telefon einer Freundin in Jacarè, dessen Nummer Gerhard hatte, klingelte nie für mich. Nach etlichen vergeblichen Telefonversuchen meinerseits fühlte ich mich wie ein in Brasilien vergessenes Paket. Erst vom Flughafen in Frankfurt aus rief Gerhard an und ließ mich gnädig den Termin seiner Rückkehr wissen, damit ich ihn abholte. Ich war alles andere als begeistert.

Schwer bepackt stand er dann strahlend vor mir. »Alles klar gegangen beim Zoll in São Paulo!« In diversen Taschen und Koffern hatte er Bauteile für die Schiffselektronik, einen Laptop, Kameras, Mettwürste und tausend Kleinigkeiten mitgebracht – das alles hätte Probleme geben können. »Und grüßen soll ich dich von ganz vielen Leuten: von Sabine, von Mutter, von Bert, von …« Gerhard redete und redete, packte aus, zeigte vor. »Sag mal, du bist so still – bist du sauer?« Ich sagte ihm, dass ich enttäuscht war, weil er sich nicht gemeldet hatte. »Ach, Betsie, die letzten zwei Wochen waren so stressig, ich war dauernd woanders. Ich bin einfach nicht zum Telefonieren gekommen.«

Die erste gemeinsame Nacht war kein erotisches Highlight. Ich hatte die Zeit in der Paketaufbewahrung noch nicht verdaut. Der nächste Morgen war ein Samstag. Arbeitstag für mich. Wir frühstückten in Ruhe. Am Ufer konnte ich Ciro in der »Casa de Madeira« die Stühle aufstellen sehen – eine Arbeit, die wir normalerweise gemeinsam erledigten.

»Gerhard, ich bin schon spät dran. Ich fahr los.«

»Aber nicht mit Annie!«

Annie nannten wir das motorisierte Beiboot. Ich hatte Gerhard stolz erzählt, dass ich jetzt prima mit meinem alten Angstgegner klar kam.

»Bitte?«

»Nur weil du jetzt gerne mit Annie fährst, heißt das noch lange nicht, dass das jetzt auch dein Beiboot ist. Annie benutze ich – du kannst rudern.«

»Spinnst du? Wenn ich jetzt rudere, komme ich total verschwitzt in der Kneipe an. Und du hast nichts vor, soweit ich weiß. Natürlich nehme ich Annie!«

Ich ließ Gerhard zetern und fuhr los. Damit war seine Laune im Keller, und abends hatten wir einen Streit erster Güte. Hätte er nicht in Deutschland bleiben können? Zwei Tage später der nächste Knall. Ausgelöst von einer Dose Artischocken, die ich mir zum Mittagessen aufgemacht hatte. Gerhard: »Weißt du, dass die fünf Mark gekostet hat?« Wütend hatte ich die Artischocken in den Fluss geworfen. (Ich gebe zu, dass mein Jähzorn nicht zu meinen allerbesten Eigenschaften zählt.) Gerhard schmiss den Tisch samt Teller hinterher.

Ich begann, Fluchtpläne zu schmieden. Nicht zum ersten Mal wollte ich weg von Gerhard. Aber zum ersten Mal war mir klar, dass ich, was immer auch kommen würde, nicht das Leben als Seglerin aufgeben wollte. Nicht jetzt. Ich überlegte, Einhandsegler Roy zu fragen, ob er mich bis in die Karibik mitnehmen könne, oder die Holländer mit dem schönen großen Kat. Aber ich fragte nicht. Meine Freundin Maguy bot mir an, erst einmal in ihrem Haus zu wohnen. »Vergiss Gerhard«, riet sie mir, »du warst ein ganz anderer Mensch, als er nicht da war, entspannt und fröhlich.« Ich dachte über all das nach und kam zu keinem Ergebnis.

»Gerhard, du merkst doch selbst, dass das mit uns keinen Zweck mehr hat. Ich überlege, auf einem anderen Boot weiterzusegeln.«

Der Ton schwer sachlich, die Stimme fest, blickte ich meinem Mann in die Augen. Der mimte ebenfalls Gelassenheit: »Da magst du Recht haben, aber unser Visum läuft in gut drei Wochen ab. Dann muss das Boot raus aus Brasilien. So schnell finde ich hier keine andere Crew, und ohne Radar möchte ich nicht allein segeln.«

Ein gutes Argument. Jetzt von Bord zu gehen wäre wirklich nicht fair.

»Gut, ich kann mir vorstellen, noch bis nach Französisch-Guyana mitzusegeln und dort – oder spätestens in der Karibik – nach einem anderen Schiff zu suchen. Vorausgesetzt, wir können uns hier an Bord ohne ständiges Streiten arrangieren.«

Alles schien besprochen. In aller Ruhe. Ohne böse Worte. Aber etwas war faul. »Maguy, ich glaube, Gerhard nimmt nicht ernst, was ich ihm gesagt habe«, erzählte ich meiner Freundin. Doch alles blieb ruhig. Wir lebten geschwisterlich vor uns hin und schafften es trotz allem, unsere verbleibende Zeit in Brasilien in vollen Zügen zu genießen. Schließlich hatte sich nichts daran geändert, dass wir oft dieselben Menschen und dieselbe Musik mochten, an denselben Dingen Spaß hatten. Unsere Beziehung lag brach.

Der nächste Samstag in der »Casa de Madeira«. Ein schweres Motorrad fährt vor; darauf zwei in schwarzes

Leder gehüllte Gestalten mit Helmen auf den Köpfen. »Touristen«, denke ich sofort. Noch nie hatte ich in Brasilien Motorradfahrer mit Schutzkleidung und Integralhelm gesehen. Die beiden kommen in die Kneipe. Wenn es Touristen sind, dann auf jeden Fall welche aus Brasilien. Englisch sprechen sie jedenfalls nicht. »*Que quereim beber?«*, frage ich auf Brasilianisch, was wollt ihr trinken?

»*Uma agua sem gas e uma cerveja*, aber du kannst ruhig Deutsch mit uns sprechen.«

Verblüfft starre ich die beiden an. Sie grinsen und erklären mir: »Wir haben in Berlin studiert, das ist aber schon ein paar Jahre her. Unser Deutsch ist ein bisschen eingeröstet – sagt man das so?« So eingerostet klingt das gar nicht, nur die Aussprache ist etwas holperig. Luccia und Renato kommen aus dem eineinhalb Stunden entfernten Campina Grande und wollen in Jacarè einen Segelkurs machen. Sie träumen davon, irgendwann ein eigenes Boot zu haben und damit loszusegeln. »Es muss aber ein großes sein, für uns und die Kinder.« – Ich schätze die beiden auf Anfang bis Mitte dreißig und bin platt, als Luccia mir erzählt, ihre älteste Tochter sei zwanzig, sie selbst dreiundvierzig. Sie ist eine der schönsten Frauen, die ich in Paraiba gesehen habe. Lange wellige schwarze Haare, dunkle Augen, eine Figur wie eine Achtzehnjährige, kaum ein Falte im Gesicht. Der achtunddreißigjährige Renato dagegen ist lang und dürr, trägt ein zotteliges Bärtchen und einem Pferdeschwanz. Er würde in Kreuzberg kein bisschen auffallen.

Zehn Tage später besuchten wir sie in Campina Grande. Sie wollten, dass wir mit ihnen das Fest zu Ehren des Heiligen João feierten. Das ist ein Heiliger, der vor fast zweihundert Jahren von seinen Mitmenschen verbrannt wurde. Warum, erfuhren wir nicht, aber immerhin, dass er heute dafür zuständig sei, den Winterregen und damit die Maisernte zu sichern. Die Universitätsstadt Campina Grande rühmt sich, das größte São-João-Fest in ganz Paraiba zu feiern – natürlich mit reichlich Forró. Dazu Volkstänze, Stände mit verschiedenen Maisgerichten, Live-Konzerte und Karussells für die Kinder. Biertrinkende Menschenmassen schoben sich durch die engen Gassen zwischen den Buden. Wenn die Konzerte und der Forró nicht gewesen wären, hätte sich die Veranstaltung optisch kaum von einem größeren deutschen Volksfest unterschieden. Ein Abend reichte uns.

Am nächsten Tag schaukelten wir mit Caipirinha und Rotwein in den Hängematten im Innenhof des Hauses unserer Gastgeber und beobachteten Renato bei der Zubereitung der Feijoada, eines brasilianischen Bohnengerichts. Es wird auf einem Holzfeuer gegart und besteht hauptsächlich aus schwarzen Bohnen und Fleisch. Wir kannten das Gericht schon – allerdings die Arme-Leute-Variante, die unsere Freundin Isis in Jacarè neulich zum Geburtstag ihres Sohnes gekocht hatte. Wir waren nicht dankbar gewesen, als einer der Geburtstagsgäste, Ron aus Australien, uns in allen Einzelheiten erzählte, aus was die Feijoada bestand. Ron hatte Isis morgens auf dem Fleischmarkt getroffen und schüttelte sich angeekelt, während er alle die Fleischabfälle beschrieb, die den Weg in Isis' Topf gefunden hatten. Bei Renato sahen die Zutaten aber durchaus appetitlich aus. Renato war Hochschulprofessor für Volkswirtschaft und überzeugter Kommunist, Luccia Ärztin mit Lehrstuhl an der Uni. Falls die beiden finanzielle Probleme hatten, dann wegen ihres Lebensstils. Das Essen schmeckte fantastisch. Danach lagen wir wieder faul in den Hängematten. Luccia hielt mich irritiert davon ab, der Haushälterin beim Tischabräumen zu helfen.

»Ich kaufe jetzt Holz für das Feuerlager heute Abend – willst du mit?«, fragte sie mich. »Feuerlager?« – »Ja, heute Abend kommen die Familie und Freunde, da machen wir ein Feuer vor dem Haus, und es gibt Maisgerichte.« Aha, ein Lagerfeuer. Gerhard erklärte Luccia den kleinen Drehfehler mit Hilfe der Frage, ob wir denn jetzt Holzfeuer oder Feuerholz holen würden und ob wir vielleicht eine Lampentasche mitbringen sollten. Ich versuchte mir vorzustellen, wie schwer meine Muttersprache wohl zu lernen ist.

Bei Einbruch der Dunkelheit erstrahlen die Straßen von Campina Grande im Schein unzähliger Feuer. Über der Stadt liegt der Geruch brennenden Holzes. Der Rauch brennt mir in den Augen. Kleine Kinder stecken in farbenprächtigen Kleidern, Menschen stehen und sitzen bei den Feuern und lassen Knaller explodieren. Wir rösten Maiskolben, essen Maiskuchen, Maispudding, Maisbrot. Unser Feuer brennt lichterloh – und mit Luccia und ihrer Familie hofften wir auf viel Regen für den Winter und damit eine gute Maisernte.

Renato erzählt von Berlin. Dass sie dort ankamen, ohne ein Wort Deutsch zu sprechen. Dass sie sich mühsam durch die ersten Sprachkurse kämpfen mussten, während die Kinder in der Schule vergleichsweise schnell Deutsch lernten. Und dass er und Luccia sich während ihres ersten Jahres in Deutschland aus Angst vor Rechtsradikalen nach Anbruch der Dunkelheit nicht aus der Wohnung trauten. Anfangs hatte die Familie kaum Kontakt zu Deutschen.

Juliana, die älteste Tochter, erinnert sich dennoch gern an Berlin. An die »ganz andere Kultur dort«. Sie vermisst die Freunde dort und die Großstadt Berlin – »das kulturelle Leben«. Aber zurück will sie nicht. »Deutschland kenne ich ja schon, andere Kulturen noch nicht. Jetzt möchte ich gerne in Frankreich leben.« Juliana vergleicht sich mit ihren Freunden in Brasilien. Alles sei anders, die Mode, der Musikgeschmack. »Die Gedanken hier sind kleiner«, meint sie. »Meine Freunde hier denken nicht einmal daran, wegzugehen und andere Länder kennen zu lernen. Sie wissen nicht, dass es ein anderes Leben gibt als das hier, und es interessiert sie auch nicht. Sie sind nicht neugierig.« Juliana studiert Sprachen, auch Deutsch, und ist ehrgeizig. Auf die Frage, ob sie mal eine eigene Familie haben möchte, meint sie: »Ja, irgendwann. Aber erst mal promovieren und mich um meine eigene Zukunft kümmern!«

In der Familie von Luccia und Renato trauen wir uns auch, eine Frage zu stellen, die uns brennend interessiert: Wieso gibt es in Brasilien so viele Liebesmotels? An jeder größeren Ausfallstraße steht mindestens eines dieser Etablissements. Rote Herzen blinken, Werbesprüche garantieren absolute Diskretion.

Juliana wird ein bisschen rot, als sie erzählt, dass auch sie mit ihrem Freund in eines der Motels geht. »Aber warum?«, frage ich naiv. »Na ja, hier bei uns oder bei seinen Eltern könnten wir nicht zusammen sein.« Mein fragender Blick wandert weiter zu ihren Eltern. Luccia macht ein ernstes Gesicht. »Juliana ist alt genug, sie kann machen, was sie will – aber nicht unter meinem Dach!« Ich bin überrascht. »Du bist doch sonst so locker drauf!?« »Ja, aber in diesem Punkt bin ich konservativ. Nicht zu Hause bei uns. Lieber gebe ich Juliana das Geld für das Motel.« – »Wir selbst gehen auch von Zeit zu Zeit in eins«, ergänzt Renato später. Das Fragezeichen in meinem Gesicht wird noch größer. Auch Gerhards Miene spiegelt Überraschung wider. »Na ja«, meint Renato, »in so ein

Motel, da gehst du hin, um die Liebe zu genießen. Da kommen keine Kinder nach Hause, da ruft niemand an. Und alles ist ganz auf die Liebe eingerichtet: ein schönes großes Bett, angenehmes Licht, ein Whirlpool, Videos, alles ist da.« Und das Geld? »So teuer ist das gar nicht. Für ein sehr gutes Motel muss man natürlich mehr ausgeben, aber ein normales kostet nicht mehr als fünfzehn Mark pro Stunde, und es gibt Extra-Angebote, wenn du eine ganze Nacht oder ein Wochenende bleiben willst. Für uns ist das eine Art Urlaub.« Diese Motels, fügt Renato hinzu, seien auch für die vielen Landsleute nützlich, die ein Verhältnis hätten. Das überrascht uns weniger.

Es wird spät in dieser Nacht, in der wir auf der Straße im Rauch sitzen, trinken und reden.

Versuch eines Abschieds

»Sag mal, Bettina, wie lange soll das noch so weitergehen zwischen uns? Wann gedenkst du dich wieder normal zu verhalten? Das kann man doch nicht Beziehung nennen – ich mache das nicht mehr lange mit!«

Es war kurz nach dem entspannten Wochenende in Campina Grande – das wir wie Bruder und Schwester verbracht hatten, die sich zwar mochten, aber distanziert miteinander umgingen.

»Das wird wohl so bleiben, bis ich in Französisch-Guyana oder in der Karibik ein anderes Schiff finde. Wir haben doch darüber gesprochen.«

Gerhard starrte mich an. »Willst du damit sagen, dass dieser Schwachsinn dein Ernst war?«

»Ja, natürlich. Was hast du gedacht? Ich bin noch hier, weil du mich darum gebeten hast. Von wegen: andere Crew finden geht nicht so schnell – du erinnerst dich?«

»Wenn das so ist, dann verlass das Schiff. Jetzt, sofort!«

Gerhard brüllte los, mit Tränen in den Augen. Ich blieb kalt.

»Wie du willst. Dann packe ich und ziehe zu Maguy. Alles andere wird sich finden.«

Ich packte. Gerhard warf sich auf die Koje und weinte. Keine Rede davon, ein Dia für die Serie »Betsie zieht aus« zu machen.

»Bitte, Bettina, das kannst du doch nicht machen! Bitte

komm her, nimm mich in den Arm, bitte! Ich lieb dich doch! Lass uns noch mal reden!«

Eine Weile schaffte ich es, den schluchzenden Mann zu ignorieren. Dann nahm ich das heulende Elend in den Arm, und wir redeten noch mal. Schliefen miteinander. Ich dumme Kuh. Ich wusste doch, dass es keinen Sinn mehr hatte. Mein Körper reagierte auf die gezielte Anmache, aber meine Gefühle blieben kalt. Dennoch hörte ich mich sagen: »Ja gut, wir versuchen es noch ein letztes Mal.«

Noch drei Tage bis zur Abfahrt aus unserem Fluss. Das Visum lief ab, eine Verlängerung war nicht mehr möglich. Mal wieder lag ein Großeinkauf an, diesmal begleitete uns Einhandsegler Roy, der seit zwanzig Jahren mit kleinstem Budget durch die Welt segelte und sich zum Marktspezialisten entwickelt hatte. Während Roy und ich mit dem Bus zum Markt fuhren, wollte Gerhard die Mastbeschläge und Wanten kontrollieren und die Motoren checken. So weit die Planung.

»Gerhard, wach auf, Annie ist weg.« Ich war früh aufgestanden, hatte in Ruhe gefrühstückt und erst, als ich losfahren wollte, gemerkt, dass unser Beiboot verschwunden war. Das mit dem Motor. Nur noch ein kümmerlicher Rest war von der Leine übrig, mit der es hinter dem Boot befestigt gewesen war. Das verbliebene Ende der Leine sah verdächtig glatt aus – wie abgeschnitten. Alarm. Die Holländer vom Katamaran Nothern Light reagierten auf unser Nebelhorn und kamen rüber. Ihr eigenes Beiboot war vor ein paar Tagen auch samt Fünfundzwanzig-PS-Außenborder verschwunden und dann von Fischern zurückgebracht worden. Vielleicht war unser Boot ebenfalls im Fischerdorf auf der anderen Flussseite aufgetaucht? Gerhard und die Holländer machten sich auf die Suche, ich fuhr wie verabredet mit Roy zum Markt.

Mittags stand ich beladen wieder am Steg – und da lag Annie. Gerhard und die Holländer hatten unser Boot schließlich gefunden, flussaufwärts, versteckt unter Mangroven – allerdings motorlos. Wir fuhren nach Cabedelo zur Polizei, um den Diebstahl des Motors zu melden. In einem schlichten Gebäude fand sich, gleich neben einer leeren Zelle, ein noch schlichteres Büro mit altersschwacher Schreibmaschine. Der einzige Polizist war beschäftigt. Während wir warteten, sprach uns eine Frau mit Baby auf dem Arm an – auf Deutsch. Sie stamme aus Bremen, aber ihr Mann sei Brasilianer und Staatsanwalt. Er sei gerade im Büro, weil ihnen das Autoradio gestohlen worden sei, und werde sicher gern für uns übersetzen. Das klang vielversprechend, vielleicht würde die Polizei unseren Motor ja suchen und finden. Aber nein. »Leider«, so übersetzte Minuten später der hilfsbereite Staatsanwalt, »leider kann die Polizei Ihren Motor nicht suchen. Das kann nur der Chef hier anordnen. Aber der ist entlassen worden, und wann es einen neuen Chef gibt, weiß niemand!« Was für ein Land. Wir verschwendeten noch ein bisschen Zeit mit einer Diebstahlsanzeige und fanden uns mit dem Verlust des Motors ab. »Vielleicht hilft unser Motor ja, eine Fischerfamilie zu ernähren«, tröstete sich Gerhard. Die Diebe waren vermutlich der Meinung, uns reiche Ausländer (weiße Haut + Boot = reich) werde der Verlust nicht weiter schmerzen.

Ein Mittwoch gegen Mittag. Lindolfo steht am Ufer und weint. »Mens amigos«, schluchzt er, »meine Freunde, ich werde euch so vermissen!« Ja, Lindolfo, wir dich auch. Aber der Anker muss hoch, die Behörden interessieren sich nicht für unsere Liebe zu Brasilien. Hier zu bleiben könnte teuer werden (Petrus hatte vor kurzem eine Strafe von fünfhundert Dollar aufgebrummt bekommen, weil er mit einem afrikanischen Freund eingereist war, der kein Visum hatte).

Endlich wieder Wind um die Nase und Wasser vor den Kielen. Kein braunes Flusswasser mehr, sondern tiefes Atlantikblau. Herrlich. Wie immer nach langer Zeit vor Anker bin ich froh, wieder hier draußen zu sein. Sechs Tage haben wir für die Strecke nach Cayenne veranschlagt. Das einzig Dumme ist, dass wir da gar nicht hinwollen.

»Sag mal, da gibt es doch dieses Dorf mit der Lagune, das so schön sein soll. Meinst du nicht, wir könnten doch …?«

»Wenn das wirklich so klein ist, gibt es da bestimmt keine Offiziellen.«

»Komm, lass uns noch ein bisschen Brasilien dranhängen!«

»Aber nach São Luis können wir nicht, das ist eine Großstadt, da sind bestimmt die Behörden am Hafen.«

»Nee, nur in das Dorf.«

Damit war es entschieden. Wir änderten den Kurs. Am dritten Tag sahen wir ein anderes Segel am Horizont. »Sag mal, kann das die Sealoone von Roy sein?« Tatsächlich, Roy war genau wie wir auf dem Weg zur Lagune. Er war ein paar Stunden vor uns aus Jacarè abgesegelt, aber wir hatten nicht damit gerechnet, uns zu treffen. Ich ging runter zum Funkgerät. »Hey Roy, how are you?«

»Fine, but what about you? Are you sleeping? It's two hours ago that I saw you and put the VHF on!« Wie peinlich, Roy sah uns also schon seit zwei Stunden und ich ihn nicht. Gerhard war aus dem Schneider, es war meine Wache.

Roy änderte seinen Kurs ein bisschen, wir den unseren, und eine halbe Stunde später hatte ich die Gelegenheit, einen Blick auf Roys lila Slip zu werfen (er näht seine

Unterwäsche selbst). Die Boote passierten sich im Zentimeterabstand. Roy rief uns zu, er werde jetzt die Segel reffen und ein paar Stunden schlafen. »See you at the lagoon«, dann blieb die Sealoone auch schon achteraus.

Die Einfahrt zur Lagune durch ein Flussdelta mit vorgelagerten Sandbänken war trickreich. Am Ufer sah für mich alles gleich aus, jede Menge Sandstrand und Mangroven. Auch der Blick auf die Seekarte half nicht viel. Seekarten sind in Gegenden mit wandernden Sandbänken nur bedingt nützlich. Wir mussten die Augen aufmachen. Gerhard war sich über unseren Standort sicher. Vorsichtig tasteten wir uns durch kleine Kräuselwellen über ein Flach (das ist eine Sandbank), das für unseren Kat mit nur siebzig Zentimetern Tiefgang kein Problem sein sollte.

Der Himmel über uns war dunkel geworden, Regenböen peitschten. Die Manua Siai wurde schneller. Plötzlich waren auch die Wellen höher. Wieso? Hohe Wellen durften hier gar nicht sein. Irgendetwas stimmte nicht. Was sagte das GPS? »Battery low«. Mist, ausgerechnet jetzt. In diesem Augenblick erwischte uns eine heftige Bö, und wir fanden uns auf einer der nun riesig erscheinenden Wellen wieder. So schnell waren wir noch nie gewesen! Die Manua Siai surfte, es war wie Fliegen. Ein unglaubliches Gefühl – nur leider nicht der optimale Zeitpunkt, um es auch zu genießen. »Gerhard, das Weiße da hinter dem Kräuselwasser, das sieht aus wie Sand, Scheiße, das ist Brandung – raus, schnell!« Gerhard riss das Steuer herum und warf die Maschinen an. Wir kriegten die Kurve gerade noch. Jetzt hielten wir zwar nicht mehr direkt auf den Sandstreifen zu, aber der Wind drückte uns immer noch in dessen Richtung. Beide Maschinen waren auf Vollgas – trotzdem kamen wir nur im Kriechtempo voran. Kurz bevor Gerhard aus Verzweiflung den Anker werfen wollte, gelang es uns doch noch, aus der Gefahrenzone herauszukommen. Nach dem Batteriewechsel am GPS machten wir große Augen: Die Strömung hatte uns gewaltig versetzt. Wir waren mitnichten an der Stelle, an der Gerhard uns gewähnt hatte.

So knapp war's noch nie gewesen. Das hätte uns das Schiff kosten können. Komisch, dachte ich im Nachhinein. Eigentlich wäre dies die klassische Situation gewesen, um Angst zu haben. Aber dafür hatten wir, wie so oft in kritischen Situationen an Bord, keine Zeit gehabt. Das große Zittern kommt, wenn überhaupt, hinterher.

Eine Stunde später lagen die tückischen Sandbänke hinter uns, und die Manua Siai ankerte vor der größten Düne, die ich je gesehen hatte. Auf der anderen Seite der Lagune gab es Mangroven. In einigen hingen orangerote Fähnchen in Leuchtfarbe. Ich fragte mich, was man damit wohl markieren wollte, als sich plötzlich sämtliche Fähnchen gleichzeitig in die Luft erhoben und sich als Vögel entpuppten. Diese knallroten Ibisse standen unter Naturschutz, wurden aber zumindest von einigen Anwohnern der Lagune als Sonntagsbraten geschätzt. Das erfuhren wir jedoch erst ein paar Tage später.

Nur ein anderes Boot lag vor Anker – die Jamoa von Max und Sina, zwei Schweizern, die wir aus Jacarè kannten und sehr mochten. Sie riefen uns zu einem späten Frühstück an Bord. Seit drei Tagen seien sie hier und begeistert von der Dünenlandschaft. »Und wo ist das Dorf?« Sina grinste. »Hinter der Düne, aber Dorf ist vielleicht ein bisschen viel gesagt.«

Dreißig Familien lebten in der Ansammlung schlichter Hütten aus Palmwedeln, die Hütten am Strand standen für Hochwasserfälle auf Stelzen. Zwei kleine Läden konnte wir ausmachen und die »Telefonica«, das einzige

Gemäuer im Dorf, ein etwa zwölf Quadratmeter großer Bau in kräftigem Hellblau. Am Strand lagen Fischerboote und Kanus. Nach dem langen Spaziergang durch die Dünenlandschaft (sehr viel anders konnte es in der Sahara auch nicht aussehen) sehnten wir uns nach einem schönen kalten Bier.

Ja, in der Nähe des Hotels, am Strand, da sei ein Laden, und der habe Bier. Skeptische Blicke der Dorfbewohner begleiteten die Antwort auf meine Frage. Ich hatte den Eindruck, dass unser Wunsch nach Bier am späten Nachmittag auf die Bewohner des Dorfes nicht den allerbesten Eindruck machte. Vorbei an kleinen Gärten gingen wir auf schmalen, sandigen Wegen und suchten vergeblich das Hotel. Es sollte das einzige zweistöckige Gebäude des Dorfes sein. Ein zweistöckiges Haus entdeckten wir in der Tat, aber von Hotel stand nichts dran. Auch sonst erinnerte nichts an ein Gasthaus.

Aber irgendwo musste der Laden ja sein. Ganz am Ende des Strandes fanden wir ihn dann. Es war ein winziger Verkaufsraum mit kleiner Theke, voll gestopft mit Säcken voller Zucker und Mehl, in den Regalen stapelten sich Cornedbeefdosen, Öllampen, Notizblöcke, Lampenöl, Feuerzeuge, Nagellack und was das Herz sonst noch begehrt. Das Beste: Im Hinterzimmer gab es einen Kühlschrank mit einigermaßen kaltem Bier. Der Generator, der das ganze Dorf mit Strom versorgte, laufe nur sechs Stunden pro Nacht, erklärte Laura, die Herrin über das Geschäft. Laura erwies sich auch als Chefin des einzigen Hotels im Ort (es war tatsächlich jener zweistöckige Holzbau) und Aufkäuferin sämtlicher Shrimps, die von den Fischern gefangen wurden. Große Styroporkisten, mit Eis und Garnelen gefüllt, warteten in einer kleinen Hütte hinter dem Haus darauf, von Ehemann Mario mit seinem

Transportboot in den nächstgrößeren Ort gebracht zu werden. Marios Boot war die wichtigste Verbindung zur Außenwelt.

Wir setzten uns mit dem Bier in die untergehende Nachmittagssonne und unterhielten uns, mehr schlecht als recht, mit Laura. Was für eine Sorte Brasilianisch auch immer ich in Jacarè aufgeschnappt hatte, es war offenbar eine andere als die, die hier gesprochen wurde. Aber Laura, eine gut aussehende Frau Mitte dreißig, hatte Geduld und Interesse genug, um trotzdem mit uns zu reden.

In ihrem Hotel bewirtete Laura zur Zeit zwei Gäste, die ihre Hängematten im oberen Stockwerk aufgehängt hatten und im unteren von Lauras Verwandtschaft bekocht wurden. Gäste zu haben war offenbar ein besonderes Ereignis, das nur zwei- bis dreimal im Jahr vorkam. Allerdings glaubte Laura besseren Zeiten entgegenzusehen, wenn ich auch nicht verstand, warum. Für touristischen Besuch größeren Ausmaßes schien mir der Ort doch etwas zu verschlafen und abgelegen zu sein. Einer von Lauras Gästen stammte aus Deutschland. Christian kam aus Bremen, lebte aber seit zwölf Jahren in Brasilien und verdiente seinen Lebensunterhalt mit Naturfotografien. Mit seinen blauen Augen, den blonden Haaren und den rosa Waden unter den Shorts war er unschwer als Gast im Dorf auszumachen.

Wir lernten Christian und seinen brasilianischen Kollegen Paulo am nächsten Nachmittag kennen, kurz bevor sie sich zu einer Fototour aufmachten. Ein Fischer fuhr die beiden tief in die Flussläufe zwischen die Mangroven, wo sie sich in den Schlamm legten und mit den Kameras im Anschlag auf die scheuen roten Ibisse warteten, die mit dem Einsetzen der Dämmerung in großen Schwärmen zu ihren Schlafplätzen flogen. In den letzten Strahlen des Tageslichts versuchten sie dann die Vögel zu fotografieren, ohne dabei von Moskitos und anderem Getier aufgefressen zu werden. Nur Köpfe und Kameras ragten aus dem Schlamm. Normalerweise lebte Christian mit seiner brasilianischen Frau Marilda in São Luís, einer Großstadt rund hundertfünfzig Kilometer weiter südlich.

Am nächsten Tag begleiteten wir Christian und Paulo auf einen Fotospaziergang zum Leuchtturm. Nach stundenlangem Spaziergang am Strand nahmen wir allerdings gern die Einladung des Leuchtturmwärters an, mit ihm in seinem Boot zurück zum Dorf zu fahren, selbst wenn dies bedeutete, zwei Stunden am Leuchtturm zu warten, weil der tidenabhängige Flusslauf noch kein Wasser führte. Ein Trupp Arbeiter, der gerade die Leuchtturmtreppe frisch gestrichen hatte, leistete uns in der brütenden Mittagshitze Gesellschaft. Großzügig teilten die Männer mit uns warmen Schnaps (der Strom und damit der Kühlschrank war ausgefallen), getrocknete Shrimps und Pornohefte.

»Christian, gibt es eine Möglichkeit, von hier aus per Bus oder Boot nach São Luís zu fahren?« Ich hatte über die Stadt gelesen und wollte sie gern sehen, auch mit abgelaufenem Visum. »Das geht schon, es ist aber nicht ganz einfach. Ihr müsst mit einem Boot nach Apicuracu, dann mit dem Bus weiter nach Cururupu, von Cururupu fährt ein Bus zum Fähranleger, und von da geht's nach São Luís. Mario könnte euch bis nach Apicuracu mitnehmen, wenn er Eis holt. Wenn ihr wollt, könnt ihr in São Luís bei uns wohnen.« Das klang nach Abenteuer und damit gut.

Das Boot für die Rückfahrt zum Ankerplatz sah wie eine stählerne Badewanne aus, dafür war es aber ausgestattet mit einem alten MAN-Diesel. »Muito bom, qualidade de Alemanha!« Der Maschinist kurbelte den altersschwachen Motor an und verwies stolz auf das umgehend einsetzende Tuckern mit deutschem Sound. Der Leuchtturmwärter, jetzt in Uniform, übernahm das Kommando. Eine halbe Stunde später passierten wir unseren Ankerplatz und wurden am Beiboot abgesetzt. Eigentlich keine aufregende Geschichte, aber sie hatte Folgen.

Am nächsten Nachmittag hörte ich jenes deutsche Tuckern wieder und steckte den Kopf aus der Luke. Die Stahlwanne kam, kein Zweifel, direkt auf uns zu. An Bord diesmal ein ganzer Trupp Uniformierter.

»Gerhard, komm mal rauf, ich glaube, wir kriegen Ärger. Was sagen wir, wenn die nach unseren Visa fragen?«

»Uns wird schon was einfallen.«

»Bom dia, senhores, bemvindo«, Tag, die Herren, willkommen an Bord. Das Boot war längsseits gegangen, und fünf Männer, davon vier in Uniform, füllten bei leichtem Nieselregen das Cockpit. Ob sie unser Boot sehen könnten? Aber natürlich. Ob wir vielleicht ein kaltes Bier anbieten dürften? Leuchtende Augen bei den Gästen. Angesichts der Luftfeuchtigkeit drängten wir uns in den Küchenrumpf. Dann ging in einer Mischung aus Brasilianisch und Englisch die Fragerei los: Ganz allein würden wir das Boot segeln? Seit zwei Jahren schon? Den weiten Weg von Deutschland seien wir gekommen? Und alles selbst gebaut? Die Herren staunten. Wir zeigten ihnen das kleine Bootsmodell und Fotos vom Bootsbau. Unsere Papiere zeigten wir ihnen nicht. Und sie fragten nicht danach. Aber dann: »Wie lange seid ihr denn schon in Brasilien?« – »Tja, äh.« Ich lächelte. Hilfreich sprang uns der Chef der Gruppe zur Seite: »Sie haben doch sicher einen Motorschaden?« – »Oh, ja, und wie! Schlimm kaputt die eine Maschine.«

Auf diese Erklärung folgte die besorgte Nachfrage, ob wir Ersatzteile bräuchten, ob man helfen könne. Nein, sagten wir, wir wollten zur Ersatzteilbeschaffung per Boot und Bus nach São Luís fahren. Damit war das Thema erledigt. Gerhard zeigte dem Chef noch schnell auf unserer Seekarte, welches Leuchtfeuer vor der Küste bei unserer Anreise nicht geleuchtet hatte – die Beamten waren für die ordnungsgemäße Beleuchtung dieses Küstenabschnittes zuständig. Deshalb hatten sie auch unserem Leuchtturmwärter einen Besuch abgestattet, der ihnen prompt von uns erzählt hatte. Mit viel »Adeus, muito obrigado, bom viagem« stiegen sie wieder in ihre Stahlwanne. Was für ein netter Behördenbesuch. Unsere Erleichterung entlud sich in einem Lachanfall.

Zwei Tage später kündigte ein schrilles Klingeln den Start von Marios Bootsdiesel an. Mit drei weiteren Fahrgästen, ein paar Kisten Shrimps und leeren Styroporbehältern für Eis an Bord tuckerten wir los in Richtung Apicuracu. Die Manua Siai hatten wir in der Obhut von Lauras Bruder zurückgelassen; Sergio würde jede Nacht bei uns an Bord schlafen. (Laura hatte uns davon abgeraten, das Boot ohne Bewachung zu lassen. Nicht, dass sie ihren Nachbarn grundsätzlich misstraute, aber man könne ja nie wissen)

Es dämmert. Gleichmäßig laut wummert der Motor und wird noch lauter, weil Mario seinem Maschinisten mit dem Klingelsignal das Kommando für mehr Power gibt. Das Boot ist schmal, der hohe Aufbau fast so breit wie der Rumpf. Um auf das Dach zu kommen, auf dem ich sitzen will, hangele ich mich auf Zehenspitzen am Rumpf entlang bis zum Fenster, das als Treppenstufe dient. Oben angekommen, fühle ich mich wie auf einem fahrbaren Thron. Vor mir liegt der schmale Flusslauf, ich kann die Zweige der Mangroven mit Händen greifen. Aufgeregt kreischen Vögel, die selbst der Motor nicht übertönen kann.

Vorsichtig sucht Mario den Weg durch den engen Flusslauf. Ein Junge schöpft regelmäßig Wasser aus dem Boot und kippt es durch das Fenster zurück in den Fluss. Die anderen Fahrgäste hocken unter mir im Laderaum auf Bänken und dösen. Mario fährt die Tour zwei- bis dreimal die Woche und kennt jeden Zentimeter. Wir kommen so gerade eben durch.

Wir sind schon seit Stunden unterwegs, und der Flusslauf wird immer breiter, dann biegen wir in einen neuen Nebenlauf ein. Ich hätte keine Chance, mich hier zurechtzufinden – was bitte unterscheidet diese Mangrove von jener? Was diesen Wasserweg vom nächsten? Ich sitze auf dem Dach, lasse meine Gedanken wandern, lese ein bisschen und bin glücklich, hier zu sein, auf meinem Thron.

Gerhard, der unten beim Maschinisten war, hangelt sich zu mir empor. Wir picknicken auf dem Dach, und Gerhard rechnet, ob und wie sich Marios Dieselverbrauch senken ließe. Allmählich werden wir in der Sonne schläfrig. Als das nächste Dorf in Sicht kommt, herrscht auf dem Boot plötzlich Hektik. Mario lässt den Anker klarmachen. Ist das schon Apicuracu? Nein. Wir sind mitnichten am Ziel, werden aber dennoch die nächsten Stunden hier verbringen. Die Ebbe setzt ein, wir müssen auf das nächste Hochwasser warten. Von sechs Stunden Fahrt hatte Mario gestern gesprochen, aber von vier Stunden Wartezeit zwischendurch war keine Rede gewesen. Mario schmort Shrimps in Öl und Knoblauch für alle. In der winzigen Kombüse essen wir schichtweise.

Wo gibt es Schatten? Wer darf in die einzige Hängematte? In der drückenden Hitze lässt sich die Wartezeit nur dösend oder schlafend überstehen. Alle suchen sich ein Plätzchen zum Ausruhen. Auf dem neben uns ankernden Boot dröhnt Forrò, Fischer trinken Cachaça und diskutieren lautstark, bis auch sie einnicken. Eine eigentümliche Ruhe liegt über dem Fluss.

Stunden später durchbricht die schrille Klingel die Stille, das Signal für den Maschinisten. Es geht weiter. Nicht sehr weit allerdings. Mario hat sich mit dem Wasserstand verschätzt. Kurz nach der Flussmündung zum offenen Wasser sitzen wir auf einer Sandbank fest und warten wieder. Marios Boot ist so flach gebaut wie ein Schuhkarton und damit auch für solche Fälle gerüstet. Mit langen Stangen versuchen Marios Helfer immer wieder, den Kahn voranzuschieben. Keine Chance. Langsam, ganz langsam steigt das Wasser und hebt endlich das Boot vom Flach. Am späten Nachmittag fällt der Anker am schlammigen Ufer von Apicuracu. Der Bus nach Cururupu ist weg.

»Mario, wo ist hier ein Hotel?«

»Wieso Hotel, ihr könnt in meinem Haus übernachten. Das Hotel ist schlecht, und bei uns ist Platz.«

Mario und Laura haben in Apicuracu ein Haus, in dem ihre drei Kinder mit einer Haushälterin leben. Die Kinder gehen hier zur Schule. Ihren Vater sahen sie alle paar Tage, ihre Mutter dagegen nur alle paar Wochen. »Die gute Schulausbildung ist wichtiger«, hatte Laura uns erklärt. Die älteste Tochter, Clara, steht am Ufer. Gerhard zieht die Schuhe aus und springt in den Schlamm. Unser Gepäck wandert über ihn zu Clara. Dann überwinde auch ich meinen Ekel vor dem Schlick, springe und versinke bis zu den Knien.

Vorbei an einer Eisfabrik, kleinen Kneipen, fischverarbeitenden Betrieben und winzigen Gemüseläden laufen wir mit dreckigen Beinen Richtung Dorfmitte zu Claras Zuhause. Wir wollen noch immer ins Hotel, mögen Marios Familie nicht zur Last fallen. Die Einladung, das Haus zu besichtigen, können wir aber schlecht abschlagen. Ein riesiger, staubiger Platz markiert das Zentrum des Ortes. Am Rand stehen Wand an Wand einfache Holzhäuser. An den Haustüren warten Schüsseln mit Wasser zum Füßewaschen.

Drei Minuten später sitzen wir mit sauberen Beinen im Wohnzimmer, das gerade Platz für ein Sofa und einen Sessel bietet, und bewundern die ausgestellten Besitztümer der Familie: große Fotos von den Kindern in glänzenden Rahmen, Porzellanpüppchen, ein Strauß Stoffblumen, ein großer Fernseher, ein Ventilator, ein Aschenbecher. Die Holzwände bedecken großblumig gemusterte Stoffe. Radebrechend versuchen wir uns mit der sechzehnjährigen Clara zu unterhalten. Stolz zeigt sie uns das Haus, das zur Hälfte auf Stelzen im Sumpf steht. Es gibt ein Schlafzimmer mit drei Betten für die Kinder, eines für die Haushälterin, eines für Mario und Laura – mit Doppelbett und Hängematte. Die helle Wohnküche hat Blick auf den modrig riechenden Sumpf hinter dem Haus. Im Moder picken hässliche, geierartige Vögel. Die Küche ist blitzsauber, in der Ecke steht ein brusthoher Ständer mit glänzenden Aluminiumtöpfen aller Art. Sie ist der Lebensmittelpunkt, das Wohnzimmer ein Ausstellungsraum. Neben der Küche ist das Badezimmer mit einem Fass Wasser. Fließendes Wasser gibt es nicht.

Gerhard will das Hotel sehen und zieht los. Bei der Besichtigung findet er kahle Zimmer vor, die zur Kolonialzeit der Portugiesen zuletzt gestrichen worden sein müssen, eine kläglich tropfende Dusche, die zu betreten Mut erfordert, Haken für Hängematten und ein Bett, in das selbst Gerhard sich nicht legen möchte. Nun will er doch lieber Marios Einladung annehmen. Wir ahnen schon, dass wir bei Mario nicht bezahlen dürfen, und beschließen, für alle das Abendessen aus dem Hotel zu holen. Es gibt Hühnerbeine, Bohnen und Reis, das Standardessen der Leute hier und einziges Angebot im Hotel.

Nach einem Spaziergang mit Clara durch den wenig aufregenden Ort gehen alle früh ins Bett. Nur Clara verschwindet, sie hat abends bis halb elf Uhr Schule. Wir schlafen in den Betten der kleineren Kinder, Mario in der Hängematte, die Kleinen im Doppelbett. Das Holzhäuschen ist hellhörig, ich schlafe kaum, weil der Wind durch sämtliche Ritzen pfeift. Um halb fünf, als ich endlich eingedämmert bin, weckt mich das schreiende Baby im Haus nebenan. Es kommt mir so vor, als würde es gleich neben meinem Kopf schreien. Früh um sechs Uhr geht der Bus nach Cururupu.

Stunde um Stunde hocken wir in dem altersschwachen Gefährt, das von seinem Fahrer entschlossen über eine tief gefurchte Staubpiste geprügelt wird – für Rückenkranke ist das hier nicht geeignet. Einzelne Hütten und kleine Dörfer, Felder und kleine Wälder – eine gleichförmige Landschaft zieht an uns vorbei. Am Mittag recken wir die verspannten Glieder auf dem Busbahnhof von Cururupu. Wir haben Hunger und Durst – und kaum noch Geld in der Tasche. Wo ist die Bank? Am anderen Ende des Dorfes und noch dazu geschlossen. Es ist Samstag. Wir haben kein Geld, und das ausgerechnet im ersten größeren Ort seit drei Wochen. Gerhard erläutert mir den erzieherischen Wert eines Schaufensterbummels mit leerem Portemonnaie.

Dafür ist dieser Samstag Hauptkampftag vor der Kommunalwahl am kommenden Wochenende. Laster mit Lautsprechertürmen rollen langsam durch das Städtchen, umtanzt von angezechtem Wahlvolk im T-Shirt des jeweiligen Kandidaten. Ernesto, Startnummer 35, verspricht bessere Ausbildung – das Wort *educação* ist in dem Wahlsong, der aus den Boxen brüllt, nicht zu überhören. Nummer 23 setzt auf Arbeitsplätze, sein Song hat den besten Sound. Wir würden Senhor 23 wählen, schon wegen der Musik. Der Krach ist unglaublich. Wir ziehen durch die Straßen und kleinen Geschäfte, in denen es von der Hängematte über Kindersärge und Tomaten einfach alles zu kaufen gibt. Ich entdecke einen Leinenrock für umgerechnet fünfundsiebzig Cent – und muss ihn im Laden lassen. »Hamburger oder Rock«, das ist hier die Frage. Der Hamburger gewinnt.

Noch eine Busfahrt, dann noch die Fähre, und schließlich erreichen wir die auf einer Halbinsel liegende Millionenstadt São Luís. Christian holt uns an der Fähre ab. Abends um zehn sitzen wir in einem edlen französischen Restaurant (das Kreditkarten akzeptiert) und verdauen das Essen weitaus leichter als die Gegensätze der vergangenen fünfunddreißig Stunden.

Eine knappe Woche verbrachten wir in São Luís und Umgebung und tauchten ein in die pulsierende Stadt. Wir flanierten durch die restaurierte Altstadt und fühlten uns dort spontan wohl. Christian und Marilda hatten neben ihrem Stadtapartment noch ein kleines Haus an der Küste, nur dreißig Fährminuten entfernt. Noch mehr Hängenlassen in Hängematten, Strandspaziergänge und Essen zehn Meter neben der Meeresbrandung. Einmal mehr ging mein Herz auf für dieses Land.

»Ich lebe jetzt zwölf Jahre hier und kann immer noch in Gegenden reisen, die ich noch nie gesehen habe. Dazu das Klima, es ist immer warm hier, ich kann das ganze Jahr in Shorts herumlaufen. Und wenn man zuverlässig ist und ein paar gute Ideen hat, dann kann man in Brasilien auch Geld verdienen – wesentlich stressfreier als in Deutschland!« Christian wollte nicht nach Bremen zurück, das war deutlich. Und ich konnte ihn bestens verstehen.

Mein vierzigster Geburtstag. Wir waren zurück auf unserem Boot und feierten mit Sekt aus São Luís. Wie oft hatte ich mich in den vergangenen zwei Jahren gefragt, wo und wie ich diesen Tag wohl verbringen würde. Ob auf hoher See oder an einem Ankerplatz, ob mit Freunden, in Zweisamkeit oder allein. Hier also bei den roten Ibissen vor der riesigen Sanddüne, mit einem üppigen Sektfrühstück und mit Gerhard – das war nicht allzu schlecht. Nur eines hätte ich besser nicht getan an diesem Tag: noch vor dem Frühstück Falten zählen. Sie waren nicht weniger geworden im vergangenen Jahr. Zu viel Sonne, zu viel salzige Luft, eindeutig zu viele Zigaretten, zu viel Ärger (die Tiefseegräben auf der Stirn) und zu viel gelacht (die Gletscherspalten rechts und links des Mundes). »Falten sind Charakterlinien.« Den Satz hatte ich mal irgendwo gehört. Wenn er stimmte, dann wollte ich lieber weniger Charakter haben.

Gerhard gab sich alle Mühe, seiner von der Erkenntnis des nahenden Alters angeschlagenen Gattin einen schönen Tag zu bereiten. Mit Geschenken und Abwasch, mit Komplimenten und einem langen Spaziergang ins Dorf zu Laura. Im Laden durfte ich mir für eine Mark sogar noch einen Nagellack aussuchen (meine Fingernägel waren mal wieder in katastrophalem Zustand und der Welt nur lackiert zuzumuten). Laura lackierte jeden meiner Nägel anders, bis wir uns gemeinsam für eine Farbe entschieden hatten. Trotz der Faltenbilanz war es ein schöner Geburtstag.

Und es war ein guter Schlusspunkt für unsere Zeit in Brasilien. In bester Stimmung machten wir die Manua Siai segelklar. Die Ausfahrt aus der Lagune würde ebenso schwierig werden wie die Einfahrt. Es gab zwei Wege: einmal gegen den starken Wind und die kräftige Brandung dort hinaus, wo wir hereingekommen waren. Dann gab es noch einen Wasserweg, auf dem weder Gegenwind noch Brandung, dafür aber umso mehr Sandbänke und ein großes Flach drohten. Wir entschieden uns für die zweite Möglichkeit.

Auf dem Flach setzte die Manua Siai einmal kurz auf, aber sonst ging alles glatt. Wir wollten diese Nacht noch vor Anker gehen, um erst mit dem Licht des nächsten Morgens ins offene Meer zu segeln. »Weißt du, wie tief das Wasser hier fällt?« – »Um die fünf Meter.«

Also suchten wir noch bei Hochwasser einen Ankerplatz mit sieben Meter Tiefe. Wenn das Wasser weg war, sollte die Manua Siai schließlich immer noch schwimmen. Alles klar. Wir fühlten uns so sicher, dass wir nicht einmal die Ruder hochnahmen – mit dem Ergebnis, dass wir uns bei Sonnenaufgang auf dem Trockenen fanden und das Schiff statt auf den Rümpfen im Heckbereich auf den zarten Rudern stand. Gar nicht gut, aber nichts schien kaputt zu sein. Kurz darauf schwammen wir schon wieder. Wir setzten die Segel und los ging's. Draußen empfing uns ein kräftiger Wind. Ein paar Stunden lang mussten wir gegen eine steile Welle und Strömung kämpfen, bis wir mit der Strömung auf Kurs gehen konnten. Dann aber gab es Segeln vom Allerfeinsten. Wir machten (dank der Strömung) beste Fahrt unter vollen Segeln. Das machte Spaß, war nur leider nicht von Dauer.

Am zweiten Tag versetzte uns ein Blick ans Heck einen Schock. Eines der Ruderblätter fehlte komplett. Es war einfach nicht mehr da, die Halterung eine leere Hülle. Das war offenbar die Quittung für die Fehleinschätzung des Wasserstands zwei Nächte zuvor. Wir reduzierten die Segelfläche und segelten bei geringerem Tempo mit einem Ruder weiter. Es war ja nicht das erste Mal. Gerhard verschwand in den Tiefen des Schiffes, um nach dem Bauplan für die Ruderblätter zu suchen. Kourou in Französisch-Guyana hatten wir nur wegen unserer Lust auf Baguette, Käse und Rotwein aus Frankreich anlaufen wollen. Jetzt stand auch noch der Bau eines neuen Ruderblattes auf dem Programm.

Tiefpunkt auf Tobago

Französisch-Guyana. Ein Land zum Vorbeisegeln – mit einer geteilten Gesellschaft, einer erschreckend langweiligen Architektur und mit unverschämten Preisen für alles Frische. Wer unbedingt hierher muss, ernähre sich am besten von Baguette, Rotwein und Käse. Ein Salat dazu könnte die finanzielle Existenz gefährden. Für unseren Geschmack waren auch zu viele arrogante Franzosen da. Der einzige Pluspunkt waren die Îles des Salut. Eine der Inseln, die Île du Diable, die Teufelsinsel, ist Schauplatz des Romans »Papillon« von Henri Charrière und liegt gleich vor der Tür. Im Museum auf der Insel ist nachzulesen, dass der angeblich autobiografische Roman erstunken und erlogen sei, das meiste davon zumindest. Die Zellen auf der inzwischen aufgegebenen Gefängnisinsel sind deswegen nicht weniger düster. Spontan glaubten wir Henri Charrière mehr als den französischen Geschichtsschreibern.

Dann gibt es in Französisch-Guyana das Space Center, von dem aus die Ariane-Raketen ins Weltall geschickt werden. Das Weltraum-Center hat viel Geld und viele Franzosen, aber auch Deutsche und Italiener ins Land gebracht. So ein Raketenabschuss ist beeindruckend – wenn auch nicht so sehr, wie ich gedacht hatte. Zisch und weg. Dennoch: Wie oft sitzt man schon am Strand, und eine Ariane 4 fliegt über dem eigenen Kopf ins All?

Die Gesellschaftsordnung von Französisch-Guyana ist

schnell erklärt. Es gibt die weißen Menschen (sie haben die hoch bezahlten Jobs, meist in der Raketenindustrie, und sind am Wochenende mit ihren Surfbrettern und Segelbooten unterwegs), die schwarzen Menschen (die für die Weißen den Haushalt und andere lästige Aufgaben erledigen) und die gelben Menschen (die den Schwarzen und Weißen für sehr viel Geld alles verkaufen, was sie zum Leben brauchen). Und dann gibt es die Südostasiaten, die das Obst und Gemüse produzieren und sehr zurückgezogen leben. Die einen haben mit den anderen anscheinend nur geschäftlich zu tun.

Wir trafen auch nette Menschen. Aber die wollten Französisch-Guyana in der Regel schnellstmöglich den Rücken kehren. So wie Barry aus Südafrika, der vor Jahren mit seinem kaputten Boot in Kourou ankam, Arbeit fand, gutes Geld verdiente und einen Jachtclub aufbaute. Nun hatte er die Nase voll von Französisch-Guyana. Hätten wir die Wahl gehabt, wir wären spätestens nach zwei Tagen weitergesegelt. So aber blieben wir zehn Tage – genau die Zeit, die Gerhard brauchte, um ein neues Ruder zu bauen und einzusetzen. Zugegeben: Der Jachtclub, vor dem wir ankerten, machte das Leben für uns angenehm. Gegen geringe Gebühr durften wir Dusche und Kühlschrank nutzen, gegen erhebliche Gebühr auch das Internet.

Dass mir unser Stopp in Kourou in lebhafter Erinnerung blieb, hatte allerdings andere Gründe. Gerhards und meine Streitereien erlebten eine neue unerfreuliche Dimension, und ich hatte ein interessantes Gespräch mit Lynn. Lynn war auch Fahrtenseglerin, stammte wie Barry aus Südafrika und war mir nicht mal besonders sympathisch. Das lag an ihrer verbissenen Art zu diskutieren. Nichtsdestotrotz war sie eine interessante Gesprächspartnerin. Eines Abends fragte sie mich, ob ich Gerhard noch lieben würde (der versammelten Seglergemeinde war der kritische Zustand unserer Beziehung nicht verborgen geblieben, dazu stritten wir einfach zu laut). »Zur Zeit garantiert nicht«, antwortete ich Lynn aus tiefstem Herzen. »Und willst du ihn lieben?« Merkwürdige Frage. Lynn erklärte mir ihre Lebensphilosophie, die sich in einem Satz zusammenfassen ließ: »What you think is what you get.« Wenn ich Gerhard also gar nicht lieben wollte, würde ich es auch nicht tun. Alles eine Frage des Denkens.

Als wir ein paar Tage später mit wenig Wind in Richtung Tobago dümpelten, gab ich mir auf Lynns Frage eine ehrliche Antwort. Nein, ich wollte Gerhard nicht mehr lieben. Und das sagte ich ihm auch. Endgültig, unwiderruflich und in aller Ruhe beendete ich die Beziehung. Gerhard wehrte sich nicht, meinte: »Sobald wir auf Tobago sind, fahre ich nach Venezuela. Ich brauche Abstand, und dann kann ich auch gleich die Preise für Liegeplätze recherchieren.« Ich war verblüfft. Venezuela? Na, von mir aus. Je weiter weg von mir, desto besser. Ich erwartete ohnehin Besuch von meiner Freundin Eva.

Nach zehn fast windfreien Tagen erreichten wir die Karibik. Die Insel Tobago gehört so gerade dazu, die richtige Karibik liegt weiter nördlich. Wir wussten, dass Harald und Verena mit der Miss Sophie in einer Bucht vor Tobago lagen, und hielten Ausschau – vergeblich. Der Name der Ankerbucht, den sie uns per E-Mail geschrieben hatten, stand nicht in unseren Karten. Unter Maschine fuhren wir langsam eine Bucht nach der anderen ab. Keine Miss Sophie. Dann fing Gerhard lauthals an zu lachen. »Da ist Harald!« Hinter uns kämpfte sich ein kleines Gummiboot durch die Wellen, darin unser Freund.

Wir stoppten, und wenig später war Harald an Bord. Im gar nicht so großen Mastenwald der Store Bay hatten wir die Miss Sophie glatt übersehen. Aber deren Crew uns nicht. Manchmal ist es halt von Vorteil, mit einem bunten Schiff und zwei roten Masten durch die Gegend zu fahren. Harald war schon eine ganze Weile mit der vollen Kraft seines 2,2-PS-Außenborders hinter uns her gefahren. So lange, dass er sich schon gefragt hatte, ob sein Motörchen mit dem kleinen Tank ihn noch zurückbringen könnte, falls wir ihn nicht entdeckten.

Knapp eine Stunde später fielen auch Verena und ich uns in die Arme. Seit den Kapverden hatten wir uns nicht mehr gesehen. Die Freude wurde nur dadurch getrübt, dass es Verena gesundheitlich nicht gut ging und mir die Trennung von Gerhard trotz aller Einsicht in ihre Notwendigkeit auf der Seele lag. Aber wozu sind Freundinnen da? Für Trost und Tratsch natürlich. Gemeinsam beweinten Verena und ich fortan unseren jeweiligen Kummer. Ich war froh, dass sie da war – zumal Eva ihren Flug nach Tobago wegen einer schweren Krankheit ihres Vaters im letzten Moment abgesagt hatte.

Am nächsten Morgen brach Gerhard per Fähre über Trinidad nach Venezuela auf. (Verena: »Was will er denn in Venezuela?« Ich: »Vermutlich eine Freundin aus Brasilien vögeln.« Eine gewisse Radikalisierung meiner Gedanken und Ausdrucksweise war nicht zu leugnen.)

Auf Harald kamen harte Zeiten zu. Stundenlang saßen Verena und ich auf der Miss Sophie, tranken kannenweise Tee und Kaffee, rauchten Kette und gingen wieder und wieder das Thema Gerhard und Bettina durch. Auch Verenas aktuelles wie vergangenes Leben bot genügend Ansatz für Gespräche von Frau zu Frau. Vielleicht erwog Harald von Zeit zu Zeit, sich in dem Meer von Tränen zu ertränken, das regelmäßig durch das Cockpit der Miss Sophie schwappte. Aber er hielt sich tapfer.

Beide stellten mir all die Fragen, die ich am liebsten verdrängt hätte. Ich hatte nämlich nicht nur beschlossen, mich von Gerhard zu trennen, sondern wollte ihm auch unser Schiff abkaufen. Interessanterweise zu einem Zeitpunkt, an dem ich total pleite war. Momentan lebte ich auf Kosten von Gerhard. Also auf Kredit. Weitersegeln wollte ich trotzdem. Am liebsten allein. »Wie willst du das finanzieren?«, fragten sie. »Traust du dir wirklich zu, das Schiff allein zu segeln?« – »Warum guckst du dich nicht nach einem billigeren und kleineren Schiff um?« Beide zweifelten zwischenzeitlich an meinem Verstand. Das mag auch daran gelegen haben, dass meine Antworten aus einer anderen Region kamen, tief aus dem Bauch. »Ich will kein anderes Schiff, ich will dieses!« – »Es segeln Tausende von Männern allein durch die Gegend, warum nicht auch ich?!« Ich schreibe ein Buch, und wenn ich das verkaufen kann, sind auch meine Artikel begehrter. What you think is what you get! In Wahrheit machte mir meine Zukunft sehr viel mehr Angst, als ich mir selbst eingestehen mochte. Schon bei dem Gedanken daran, das Boot allein zu fahren, wurde mir in ehrlichen Momenten ganz flau. Ausgerechnet Segellehrer Harald machte mir an diesem Punkt Mut.

Er segelte mit mir auf der Manua Siai von der Store Bay in die Pirats Bay und ließ mich kreuzen, was das Zeug hielt. Dabei half er mir so wenig wie möglich. Am Ende eines erschöpfenden Segeltages meinte dieser wunderbar langmütige Mensch, mit etwas mehr Übung könne ich es schon schaffen. Die Manua Siai lasse sich tatsächlich allein segeln (Gerhard hatte diesen Vorteil seiner Bootskonstruktion und vor allem des Riggs immer wieder betont). Und so unbegabt, wie ich stets behauptet hätte, sei ich ja gar nicht. Balsam für die Seele.

»Good Morning, my name is David and I want to have

sex with a white woman. If you want, you can come and live with me, I have a house up the hill, I have a boat to go fishing, and I can make you very happy.«

Aus dem Fischerboot, das neben meinem Kat schaukelt, strahlt mich erwartungsvoll ein schwarzes Gesicht an. Ich bin erst mal sprachlos. Dann lächle ich zurück: »Thanks for the offer, but I'm married.« – »Yes, but your man is not here now.« Wie wahr. Mein Mann ist in Venezuela und macht wahrscheinlich gerade Urlaub mit einer anderen. Also noch mal:

»Yes, but I also don't want to live here in Tobago, I want to go on sailing.« Das interessiert meinen Gast nicht.

»How old are you?«

»Forty.«

»That's fine, I don't like the young girls. I'm looking for an experienced woman, so that we can share our experiences. I'm thirty-six.« Der Mann ist nicht nur direkt, er ist auch noch hartnäckig. Zeit, das reizende Gespräch zu beenden.

»No, really, I'm not interested in you.«

»Okay, if I can't have sex with you, we perhaps can have a beer together?«

»Why not?« Wer hat mich bloß so höflich erzogen?

»I'll come Wednesday at eleven.«

David legt ab, und im Augenwinkel sehe ich Verena auf mein Boot zuschwimmen. Schon während sie die Badeleiter hochklettert, höre ich sie reden: »Ich glaube, ich hab da einen Fehler gemacht. Der Fischer sah so seriös aus, da habe ich ihm gesagt, er soll ein Auge auf dich haben, weil du allein an Bord bist. Hat er dir erzählt, dass er eine Freundin und zwei Kinder hat?« Ich lache: »Na, das Auge hat er jetzt auf mir, das steht mal fest. Und von Frau und Kindern war eben nicht die Rede.« Verena hat ein tierisch schlechtes Gewissen. Muss sie nicht, ich amüsiere mich prächtig.

Mittwochs erscheint pünktlich um elf David. Ich biete ihm Tee an, für das verabredete Bier scheint es mir denn doch ein bisschen früh. Ich habe auch gar kein Bier an Bord. David ist keine Schönheit (schade eigentlich, schließlich gibt es auf Tobago so gut aussehende Männer). Sein Mund ist zu groß und in der oberen Zahnreihe prangt eine prächtige Lücke. Wir trinken Tee und reden, vor allem über Sex. In glühenden Farben schildert mein Verehrer (oder richtiger: der Verehrer reifer weißer Frauen) seine Liebeskünste. »I can make you really happy and beautiful, believe me. Let me tell you what I would do …« Er scheint zu glauben, dass weiße Frauen nicht allzu viele Erfahrungen in Sachen Sex haben. Ab und zu kann ich auch mal eine Frage zum Leben auf Tobago unterbringen. »Life is boring here«, sagt David, »there is no one interesting to talk to. Women have no other interest than children and money. That's why I like to talk to white people.«

Er will natürlich wissen, warum mein Mann nicht an Bord ist. Ich erkläre ihm, dass Gerhard sich nach billigen Liegeplätzen für unser Boot umsieht, weil wir zum Geldverdienen nach Deutschland müssen. Ich erzähle auch, dass wir Probleme haben.

»Listen, I say: put your problems in a bag, forget the bag and enjoy yourself. You don't have to go to Germany, we could make business together with my boat.«

»David, that's not my way and I don't want any other man.« Jedenfalls nicht jetzt und nicht dich, ergänze ich im Stillen.

»Yes, sure, but if you change your mind and if you want to try a black guy, come to me. Do you want to see my dick?«

Nein, danke, ich möchte sein bestes Stück nicht sehen. Während dieser kuriosen Unterhaltung – wir trinken mittlerweile französischen Wein, weil mein Gast angefragt hat, ob nichts Höherprozentiges da sei als Tee – kommt er mir nie zu nahe. Und trotz des Geredes über Sex fühle ich mich merkwürdigerweise nicht angemacht, eher amüsiert, so als säße ich in einer Talkshow.

Nach zwei Stunden verabschiedet sich David: »You know, I would never touch you, if you don't want me to; I just want to be your friend.«

Während der nächsten Wochen sah ich ihn ein paar Mal. Gemeinsam mit Harald besuchte ich ihn auch in seinem Haus auf dem Hügel, um mit Eva zu telefonieren. Ich rief sie von der Zelle im Dorf an, gab ihr Davids Nummer, und sie rief dort zurück. David war stets nett und korrekt, nutzte allerdings jede Minute unter vier Augen für ein »I love you, believe me«. Inzwischen wusste ich auch, dass er zwar verheiratet war, seine Frau aber nicht mit ihm zusammenlebte. David arbeitete als Landschaftsgärtner für die Regierung, ging mit dem Boot eines Restaurantbesitzers fischen und kümmerte sich liebevoll um die bei ihm lebenden Söhne. Und er hatte große Angst, dass seine Nachbarn mich allein mit ihm sehen könnten. So ganz egal war es seiner Frau wohl doch nicht, was er so tat und trieb.

Tobago ist übrigens eine schöne Insel. Gepflegte Grünanlagen in Kombination mit weniger gepflegtem Urwald, wie in einem großen botanischen Garten. Dazu bonbonfarbene Häuser und Hütten. Restaurants. Weiße Touristen und schwarze Beachboys. Weiße Strände, grüne Palmen, klares blaues Wasser. Laute, fröhliche Musik. Ich machte ein paar Spaziergänge und fuhr zum Einkaufen ans andere Ende der Insel.

Ich verbrachte viel Zeit mit Harald und Verena und fing mit ihrer Hilfe an, dieses Buch zu schreiben. Kein leichter Job. Schließlich steckte ich mitten in der Trennung von

Gerhard und sollte nun darüber schreiben, wie und warum ich mich mal in ihn verliebt hatte. Darüber, wie wir gemeinsam von diesem Boot und unserer Reise geträumt hatten. Und das auch noch auf möglichst unterhaltsame Weise.

Zum Sonnenuntergang hörte ich mit der Quälerei auf, spannte unsere Hängematte aus Brasilien ins Cockpit und wartete auf das Auftauchen der Glühwürmchen im Urwald gegenüber dem Ankerplatz. Ich dachte über die Zukunft nach. Ob realistisch, sinnvoll oder nicht – das Boot würde ich auf jeden Fall kaufen. Das stand für mich so fest wie der Preis. Gerhard und ich hatten zu Beginn des Bootsbaus festgelegt, dass im Falle einer Trennung der Partner, der das Boot behielt, dem anderen die investierten Materialkosten ersetzen würde (damals allerdings in der Annahme, dass ich diejenige wäre, die ginge). Gerhard konnte sich ein neues Boot bauen, davon redete er sowieso dauernd. Mir reichte ein Bootsbau fürs Leben. Dieses eine Boot, in das mein Schweiß geflossen war und an dem ich jede Latte kannte, würde ich nicht hergeben. Ich brauchte also knapp sechzigtausend Mark. Dazu eine neue Reisekasse.

Selbst mir wurde klar, dass ich für eine Weile wieder in Deutschland würde arbeiten müssen, wenn ich diesen Traum verwirklichen wollte. Mit Kellnerinnen-Jobs à la Brasilien ging das wohl kaum. Die Überlegung, nach drei Jahren Reise zurückzugehen und die Reisekasse aufzufüllen, hatte es auch schon gemeinsam gegeben. Bisher war ich diejenige von uns beiden gewesen, die dazu Nein gesagt hatte. Ich wollte noch immer nicht zurück nach Deutschland. Aber ich würde müssen.

Als Gerhard per E-Mail seine Rückkehr aus Venezuela ankündigte, stand mein Entschluss fest. Ich würde sobald wie möglich nach Deutschland fliegen, mich um Arbeit kümmern und versuchen, Geld für das Boot aufzutreiben. Abends in meiner Hängematte schien alles ganz klar. Nach knapp drei Wochen kam Gerhard wieder. Harald und ich wollten ihn an der Fähre abholen. »Was machst du denn, wenn er morgen kommt«, bohrte Verena am Vorabend, »bleibst du bei der Trennung?«

»Ich glaube schon.« Komisch, war da doch noch ein Zweifel?

»Komm morgen bloß nicht an und erzähl mir, dass die ganze Heulerei zu nichts nütze war!« (Harald und Verena hatten, wie sie später gestanden, eine Wette abgeschlossen. Harald setzte auf Versöhnung, Verena hielt dagegen.)

»Keine Sorge, auf keinen Fall kann es so weitergehen. Aber hundert Prozent sicher, was ich will, bin ich wohl erst, wenn ich Gerhard morgen sehe. Dann weiß ich, was ich noch für ihn fühle.«

In der Tat. Als er auf mich zukam, mit einem Lächeln im Gesicht und einer neuen Batterie für die Manua Siai in jeder Hand, wäre ich am liebsten weggelaufen. »Geh weg«, dachte ich, »geh bitte wieder weg!« Ich mochte ihn nicht sehen. Er störte mich. Dieses Gefühl war so stark, dass ich nicht mal ein Lächeln zur Begrüßung zustande brachte. Die Atmosphäre während der eineinhalbstündigen Busfahrt vom Fähranleger in Scarborough zu unserem Ankerplatz vor dem Städtchen Charlotteville hätte kühler kaum sein können. Da ich schwieg, redete Gerhard mit Harald über Batteriepreise und die Insel Trinidad. An den Abend auf dem Schiff kann ich mich nicht erinnern. Nur dass wir getrennt übernachteten, weiß ich noch. Und dass wir erst beim Frühstück miteinander redeten.

»Gerhard, ich hatte drei Wochen Zeit, um nachzudenken. Es hat sich nichts geändert, ich will nicht mehr mit dir zusammen sein. Und ich will definitiv das Schiff!«

Die Idee, dass ich das Boot übernehme, kannte Gerhard schon von dem Gespräch auf dem Weg von Französisch-Guyana nach Tobago. Als er jetzt den Mund aufmachte, ging es ums Geld. »Du könntest mir das Geld in Raten zahlen«, bot er an, »zum Hypothekenzins. Das ist zur Zeit der günstigste Zins in Deutschland.« Wenn ich das Geld nicht zinsfrei auftreiben konnte, war das eine Möglichkeit. Gerhard redete weiter.

»Wenn für dich so klar ist, dass du dich von mir trennen willst, dann kann ich dir ja auch erzählen, dass ich nicht allein in Venezuela war.«

O Wunder.

»Na, wer war's denn? Eine von deinen Disco-Flammen aus Brasilien? Josefa Maria vielleicht, die dir ständig E-Mails schreibt?«

»Nein, Ilona.«

Ilona?

»Moment mal, die Ilona?« Ilona war eine Vorgängerin von mir. Sie hatte eines Tages per E-Mail Kontakt zu uns aufgenommen, und da ich die Schreiberin an Bord war, hatte ich ihr geschrieben.

»Dann musst du den Venezuela-Trip ja schon länger vorbereitet haben. Sie wird als Ärztin ja kaum von einem Tag auf den anderen Urlaub bekommen haben. Ich nehme an, du hattest schon in Deutschland wieder was mit ihr?«

Offensichtliches muss man nicht kommentieren. Gerhard schwieg. In mir kochte langsam eine gewaltige Wut hoch. Während ich in Brasilien in der Telefonzelle gewohnt hatte, um ihn zu erreichen, mich gesorgt und mich vergessen gefühlt hatte, hatte er sich mit Ilona vergnügt. So ein Arsch. Auch für Ilona fand ich spontan ein paar garstige Worte. Nicht dass ich bisher geglaubt hatte, in Gerhard einen treuen Gatten zu haben (auch wenn er noch so oft das

Gegenteil behauptet hatte). Aber ich hatte keine Details wissen wollen. Auch jetzt gab ich mich cool.

»Wie schön für dich. Und wie geht das jetzt weiter mit euch?«

»Sie kann sich vorstellen, ihren Job aufzugeben und segeln zu gehen. Vielleicht bauen wir zusammen ein neues Boot. Aber das ist natürlich noch offen.« Natürlich. Jetzt war ich richtig sauer. In mein geschocktes Schweigen sagte Gerhard: »Dir ist doch wohl klar, dass du unsere Beziehung zu achtzig Prozent in die Grütze geritten hast?«

»Wie war das?«

»Wenn du öfter hättest mit mir schlafen wollen …«

Ach so. Meine Güte, war dieser Mann schlicht gestrickt.

Gerhard behauptet heute, er hätte damals noch mehr gesagt. Dass ich schon seit Monaten nicht mehr positiv an unserer Beziehung gearbeitet hätte und dass er nur deshalb in die Arme anderer Frauen geflüchtet sei. Das habe ich nicht gehört, aber es ist mir auch egal.

»Weißt du, Gerhard, viel Glück mit Ilona. Aber wenn ich dir einen Tipp geben darf: Denk über deine Anteile am Niedergang unserer Beziehung noch mal nach. Sonst geht auch deine nächste Beziehung in die Grütze.«

Brief an Eva, 30. November 2000
Liebe Eva,

heute ist ein Scheißtag – nicht nur, weil es der dritte Regentag in Folge ist. Obwohl das Grau draußen und das Eingesperrtsein im stickigen Schiff die Stimmung nicht gerade heben. Ich bin einfach schlecht drauf: traurig, genervt, aggressiv gegenüber Gerhard, sauer auf mich selbst. Solche Phasen scheinen sich mit denen der Euphorie abwechseln zu wollen. An den guten Tagen freue ich mich auf die Zukunft – ganz egal wie sie im Einzelnen aussieht. Ich freue mich auf einen Neubeginn, stelle mir vor, allein zu segeln, allein Entscheidungen zu treffen und Herausforderungen allein zu meistern. Meine Fehler zu machen und sie selbst als Fehler zu erkennen, ohne dass jemand darauf hinweist, dass meine Idee (welche auch immer) schon im Ansatz falsch war.

Aber ich freue mich auch darauf, Erfolge zu haben. Ich freue mich auf eine neue Art des Lernens. Selbst darauf, mit meinen absehbaren finanziellen Problemen fertig zu werden. An solchen Tagen bin ich sicher, dass ich mit allem fertig werden kann. Ich träume sogar von einer neuen Liebe irgendwann. Von einem einfühlsamen Mann, der mich nicht zu der zickigen Ziege werden lässt, die ich mit Gerhard bin. Dann habe ich das Gefühl: Hey, das wird alles total gut!!!

Aber heute bin ich vor allem traurig und sauer. Traurig über den Niedergang unserer Beziehung. Es ist nicht so, dass ich Zweifel an meiner Entscheidung hätte – nicht mal ein Fitzelchen –, aber trotzdem kommen mir die Tränen. Warum zum Teufel konnten wir nicht zusammenwachsen? Ich habe mich so sehr danach gesehnt, Gerhard wirklich lieben zu können und auch geliebt zu werden. Dazu hat es einfach nicht gereicht. »Wir sind doch eigentlich ein super Team«, hat Gerhard gestern gesagt. Scheiße, ja, manchmal, an guten Tagen und vor allem auf See. Aber es stimmt leider auch, dass es mir nicht reicht, Teil eines guten Teams zu sein. Und schon gar nicht, Teil eines nur manchmal guten Teams zu sein. Und wenn ich mit feuchten Augen darüber nachdenke, dann kommt die Wut auf Gerhard hoch.

Ich bin auch wütend auf mich selbst: Wieso habe ich mich so oft nach ihm gerichtet? Warum habe ich nicht den richtigen Weg gefunden, an den entscheidenden Punkten Nein zu sagen? Warum war ich letztlich immer schwächer als er? Habe ihm so viele Entscheidungen überlassen und vor seiner Stärke kapituliert? Warum habe ich mich selbst so klein gemacht? Das bin doch eigentlich gar nicht ich! Und wieso habe ich mich überhaupt auf ihn eingelassen und bin auch noch geblieben? Ich wusste schließlich von Anfang an, dass er in Sachen Sex eine Macke hat, dass er geizig ist und auch sonst noch ein paar von den Dingen, die mir in den vergangenen Jahren zu schaffen gemacht haben.

Natürlich kenne ich ein paar Antworten auf meine Fragen: Es war eben doch schön, Teil eines guten Teams zu sein, selbst wenn es nicht immer funktionierte. Und da war Gerhards charmante Seite, seine liebenswerten Eigenarten. Es sind nicht wenige. Er kann so verdammt viele Dinge so gut, hat so viel Energie, ist so intensiv. Auch im Bett. Außerdem gab es den gemeinsamen Traum. Und den, immerhin, haben wir gelebt. Gut so, wunderbar sogar. Ich verdanke Gerhards Kraft und Sturheit ein Boot. Ich habe mit ihm ein Leben kennen gelernt, das besser ist als alles, was ich bisher kannte.

Schon laufe ich wieder Gefahr, sentimental zu werden, aber rechtzeitig fällt mir ein, dass er sich ja schon mit einer Nachfolgerin versorgt hat. Ganz ohne schlechtes Gewissen natürlich. Soll er vögeln, mit wem und so viel er will. Aber mir zu erzählen, dass er mit der Dame vielleicht ein neues Boot baut und dass es doch gut wäre, wenn er vorher ein paar Wochen auf unserem Boot mit ihr segelt, das tut denn doch weh. Eifersucht? Vielleicht. Es verletzt mich schrecklich, so schnell und problemlos ersetzt zu werden. Wie viel kann ich ihm bedeutet haben, wenn er schon in den Startlöchern für ein neues Leben in Zweisamkeit steht, bevor das alte beendet ist? Nicht dass ich wirklich überrascht wäre. Dafür kenne ich Gerhard zu lange und zu gut.

Ich will weitersegeln. Mehr von der Welt sehen. Meinen

Traum vom Pazifik erfüllen. Jetzt erst recht. Ich werde es schaffen, wenn ich wirklich will. Die Verletzungen werden heilen, vernarben, verblassen. Ich werde mit meiner Angst fertig werden. Vielleicht bin ich irgendwann auch nicht mehr wütend.

Die nächsten Tage bis zu meinem Abflug verdienen keine weitere Beschreibung. Mal stritten wir uns, und mal lagen wir uns in den Armen. Einige der Segler um uns herum verwirrten wir damit ziemlich. Dank meiner Redseligkeit wussten die vertrauteren Nachbarn am Ankerplatz von unserer Trennung. Umso überraschter reagierten sie, wenn sie uns auf einer Party Arm in Arm erlebten oder »Herzblatt«, »Schatz« und dergleichen sagen hörten. Alte Gewohnheiten wird man nun mal nicht leicht los. Verena: »Als ihr gestern von der Party bei Martin weg wart, hatten alle ein dickes Fragezeichen im Gesicht.« Na und? Wir waren eben kein Durchschnittspaar, nicht mal in getrennter Form.

Ach ja, am Morgen meines Abflugs erzählte mir Gerhard noch von einer weiteren Affäre, die er in Deutschland gehabt hatte, mit einer gemeinsamen Freundin von uns. »Es wäre doch blöd für dich, wenn's alle wissen, nur du nicht«, sagte der Menschenfreund Gerhard. Ilona und Sabine also. Na, es waren ja auch ganze vier Wochen gewesen.

Deutschland. Zum ersten Mal seit mehr als zwei Jahren war ich dort. Redete Englisch auf dem Frankfurter Flughafen, ohne mir dessen bewusst zu sein. Dann flog ich weiter nach Hannover, um die berufliche Seite meiner dauerhaften Rückkehr zu regeln. Grau war es. Nass und kalt. Die Stadt Hannover, in der ich immerhin einige Jahre gelebt hatte, erschien mir fremd. Ich kannte die U-Bahn-Strecken nicht mehr und verlief mich auf der Suche nach den Adressen von Freunden. Ein paar Tage fühlte ich mich wie Falschgeld. Trotzdem ging es mir gut. Es war großartig, Freunde und Kollegen wiederzusehen, sogar, über die Arbeit zu reden, die ich in Zukunft machen wollte. Und ich war dankbar, dass mein Freund Roger mir für ein paar Tage seine Wohnung zur Verfügung stellte. Ich traf mich mit so vielen Menschen, dass ich diesen Rückzugsort dringend brauchte. Nach dieser ersten Woche war es schon fast wieder normal, in Deutschland zu sein.

Ich fuhr weiter zu meinen Eltern nach Oldenburg. Sie waren deutlich älter geworden und nicht glücklicher. Mit Schrecken wurde mir bewusst, wie sehr es ihnen zu schaffen gemacht hatte, mich so lange nicht zu sehen und mich unterwegs zu wissen. Sie konnten meine Rückkehr kaum erwarten. Ein Grund mehr, zumindest für ein paar Jahre nach Deutschland zurückzukommen.

Nach vier Wochen flog ich zurück nach Tobago. Im Gepäck hatte ich Pläne für meine berufliche Zukunft in Hannover und den Vertrag mit einem Literaturagenten. Er war optimistisch, mein Buch verkaufen zu können. Eine grandiose Nachricht. Die Frage war jetzt bloß, wie ich das mit Gerhard regeln sollte. Es war ja unsere gemeinsame Geschichte, und wir hatten dieses Buch ursprünglich zusammen geplant. Auch dass es sehr persönlich werden sollte, war ein gemeinsamer Wunsch. Aber jetzt?

Ich wusste nicht, was tun. Der Agent hatte mir geraten, Gerhard – als Fotografen und Lieferanten des technischen Anhangs – am potenziellen Gewinn des Buches prozentual zu beteiligen. Ich hatte mich auch nach der Rechtslage erkundigt – nur für den Fall, dass es Streit geben würde (was ziemlich wahrscheinlich war). Meine Karten standen nicht schlecht, den Löwenanteil am Buch zu verdienen. Allerdings würde ich aufpassen müssen, um Gerhards Persönlichkeitsrechte nicht zu verletzen. Ich sah mich schon Satz für Satz mit der Rechtsabteilung eines Verlages abstimmen. Dem entspannten Schreiben schien das wenig förderlich. Vielleicht sollte ich doch halbe-halbe machen. Überhaupt hatte ich keine Ahnung, was an so einem Buch zu verdienen war. Vermutlich wenig.

Vorsichtshalber erzählte ich Gerhard erst einmal nichts davon. Ich konnte auch mit niemand anderem darüber reden. Harald und Verena waren zu meinem Kummer weitergesegelt. Wir lagen mit der Manua Siai wieder in der Store Bay, und ich kannte niemanden dort. Bis Gerhard mir Dagmar vorstellte, die er während meines Heimaturlaubs kennen gelernt hatte. Dagmar kam aus Hannover und war schon deshalb etwas Besonderes, weil sie nicht Gerhards Charme erlegen war. Sie besaß ein Haus auf Tobago, eines mit Telefon und Fax. Ich fragte Dagmar, ob ich mich auf ihrem Anschluss aus Deutschland anrufen lassen dürfe und hörte ein von Herzen kommendes »Ja, klar!« Einige Tage, viele Tassen Tee auf ihrer Terrasse und manche Stunde am Strand später mochte ich sie schon sehr. Ich erzählte ihr von meinem Problem. Sie riet mir ebenfalls, Gerhard mit zwanzig Prozent zu beteiligen. »Warum sollte er mehr bekommen, schließlich bist du die Autorin und machst die ganze Arbeit.« Doch, das leuchtete mir ein.

Ende Januar brachte mein Agent eine gewisse Dramatik in die Beratungen von Frau zu Frau. Der Verlag war gefunden, die Sache mit dem Buch wurde ernst. Ich fiel fast von Dagmars Sofa. Jemand wollte mein Machwerk drucken (so ich es denn fertig schriebe). Sogar von einem Vorschuss war die Rede. Wow! War ich in meinem Leben je stolzer? Ja, als das Boot fertig war. Aber das fiel mir in dem Augenblick nicht ein. »Dagmar, du glaubst es nicht, ich habe einen Verlag!« Glücklich sprang ich durch den Garten. Dann fiel mir Gerhard ein. Jetzt musste ich es ihm wohl oder übel sagen.

»Gerhard, stell dir vor, Hoffmann und Campe will mein Buch drucken!«

»Echt? Betsie, klasse! Ich bin stolz auf dich!« Freudestrahlend nahm Gerhard mich in die Arme. Auch als ich seiner Achselhöhle erzählte, dass wir uns dann jetzt wohl mal darüber unterhalten müssten, wie wir uns die zu erwartenden Einkünfte teilen wollten, blieb seine Freude ungetrübt.

»Aber das ist doch ganz einfach«, sagte er, »du die eine Hälfte, ich die andere.«

»Ich dachte eher an achtzig/zwanzig. Immerhin schreibe ich ja das Buch.«

Gerhard entgleisten sämtliche Gesichtszüge.

»Das kannst du doch nicht ernst meinen!«

»Und ob! Du glaubst doch wohl nicht, dass ich wochen- oder monatelang ein Buch schreibe, während du dir ein schönes Leben machst und dann die Hand aufhältst?«

»Was heißt hier Hand aufhalten? Das Buch war unsere gemeinsame Idee! Und ohne mich hättest du überhaupt nichts, worüber du schreiben kannst! Kein Boot, keine Reise, nichts! Ich schwöre dir, wenn wir nicht teilen, dann erscheint das verdammte Buch nicht. Dann bin ich schneller beim Anwalt, als du gucken kannst.«

Wutschnaubend verschwand Gerhard im Schlafrumpf. Ich blieb oben, rauchte und fluchte. Ich nahm mir vor, hart zu bleiben. Schließlich hatte ich es nicht mit irgendwem zu tun, sondern mit meinem Geizgatten, demjenigen, der mir Zinsen berechnen wollte, wenn ich das Schiff kaufte. Es stimmte zwar, dass wir beide davon geträumt hatten, ein Buch über unsere Reise zu veröffentlichen. Aber ich war zur Zeit nicht in der Stimmung, mir weitere Gemeinsamkeiten mit Gerhard auszumalen. Kein gemeinsames Leben, kein gemeinsames Buch. Und allein arbeiten, um dann zu teilen? Das kam gar nicht in Frage.

Schließlich ging ich ihm nach. Gerhard lag, zusammengerollt wie ein Embryo, in der Koje. Blass und tränenüberströmt. Anstelle des wutschnaubenden Mannes lag da ein Ausbund der Verzweiflung. Ich hatte ihn noch nie so gesehen.

»Verdammt, Gerhard, warum weinst du so? Es muss doch möglich sein, über den Buchvertrag zu reden, ohne dass du ausflippst!«

Ich war entschlossen, mich von seinen Tränen nicht erweichen zu lassen. Aber trotzdem ließ mich sein Anblick nicht kalt. Gerhard stöhnte, als hätte ich ihm gerade eine Lanze in den Leib gerammt. Er lag im Bett, ich stand davor. Abstand halten, sagte ich mir, immer schön Abstand halten.

»Bettina, verstehst du denn nicht? Du machst alles kaputt! Es ist doch unsere Geschichte, die du schreibst. Alles war gemeinsam bis hierher, und jetzt gehst du hin und machst deins daraus! Das tut so verdammt weh!«

»Aber du sollst doch gar nicht ganz draußen sein. Du hast deinen Anteil am Buch, aber doch nicht die Hälfte! Dir geht's doch nur ums Geld, ich kenn dich doch! Immer das Dollarzeichen im Auge!«

»Das ist nicht wahr, das Geld ist mir scheißegal!«

»Wer soll dir das denn glauben?«

Bis dahin war mir gar nicht bewusst gewesen, wie sehr es mich in der Vergangenheit genervt hatte, für unser laufendes Einkommen zuständig zu sein. Wie oft hatte Gerhard gesagt: »Betsie, schreib einen Artikel« oder »Wir brauchen eine neue Sendung« (sprich: mach eine!), wenn die Kasse leer war. Zwar hatte er für die Artikel die Fotos geliefert und bei Radiosendungen die technische Produktion übernommen. Ich konnte also nicht behaupten, dass die Arbeit allein an mir hängen geblieben war. Aber immer waren es meine Kontakte gewesen, hatte ich den Anfang machen müssen. Seine eigenen Geschäftsideen hatten das Stadium der Umsetzung nie erreicht. Selbstverständlich behielt ich die Erkenntnis, dass mir das alles gewaltig gestunken hatte, jetzt nicht für mich.

Unser wenig fröhliches Gespräch dauerte zwei Stunden. Am Ende hatte Gerhard mich überzeugt, und wir einigten uns auf fünfzig/fünfzig. Aber ich war nicht einfach eingeknickt, weil Gerhard auf die Tränendrüse gedrückt hatte. Das war es nicht. Ich sah ein, dass Gerhard Recht hatte. Es war unsere gemeinsame Geschichte, um die es in diesem Buch ging, und wir sollten sie nun auch gemeinsam zu Ende bringen. Allerdings unter bestimmten Bedingungen. Ich würde ab sofort nichts, rein gar nichts anderes mehr tun als schreiben. Nicht abwaschen, nicht einkaufen, nicht Wasser holen, mich nicht ums Gas kümmern. Wäsche weder waschen noch aufhängen. Nicht Staub wischen, nicht kochen. Nichts. Ich würde mich in eine Diva verwandeln – Gerhard sich in meinen Knecht. Vor allem Letzteres gefiel mir ausgezeichnet. Dazu würde er sich um alles Organisatorische kümmern und mein erster Lektor sein. Bei dieser Arbeitsaufteilung konnte das Buch das letzte Kapitel unseres gemeinsamen Lebens bilden. Und wir wollten versuchen, die Manua Siai gemeinsam zurück nach Europa zu bringen.

Nach dieser Einigung fühlte ich mich viel besser als vorher. Zu meinem eigenen Erstaunen hatte ich nicht das Gefühl, über den Tisch gezogen, eingeknickt, übertölpelt oder platt geredet beziehungsweise geweint worden zu sein. Ich war überzeugt, das Richtige zu tun. Fortan übte ich die Rolle der Diva. Fingerschnippen – »Gerhard, Tee bitte!« Stirnrunzeln – »Wieso ist der Abwasch noch nicht fertig?« Und Gerhard parierte. Unglaublich. Zum ersten Mal, seit wir uns kannten, machte er klaglos den Haushalt (ich meine natürlich: innerhalb seiner Möglichkeiten). Ich selbst schrieb ein paar Stunden am Tag, versuchte Staubschichten zu übersehen und genoss das Leben. Jeder von uns bewohnte einen Rumpf, wir führten zivilisierte Gespräche. Eine neue Welt!

Das einzig Nervige aus meiner Sicht waren Gerhards anhaltende Versuche, mich in seine Koje zu kriegen. Das Thema war für mich durch. Aber er war zäh und gab nicht so leicht auf. »Come on, Betsie, dir würd's doch auch gut tun ...« Der Fairness halber muss ich sagen, dass Ilona inzwischen aus Gerhards Leben wieder verschwunden war. Ein paar Wochen hatte sie es ausgehalten, den schreib- und telefonfaulen Lover in knapp achttausend Kilometer Entfernung zu wissen, dann war sie den Reizen eines verfügbareren Mannes erlegen. Gerhard erfuhr es per E-Mail und litt zwei Tage. Ich gefiel mir sehr in der Rolle der verständnisvollen Trösterin, um nicht zu sagen: Therapeutin.

Die Manua Siai lag noch immer in der Store Bay auf Tobago vor Anker. Immer mehr Boote mit netten Seglern kamen an, und wir kriegten mal wieder den Anker nicht hoch. Im Prinzip war es mir auch egal, wo wir lagen beziehungsweise wo ich schrieb. Aber wir hatten uns nun mal entschieden, das Boot nach Spanien zu bringen, und in ein paar Wochen würde unweigerlich die Hurrikan-Saison einsetzen. Bis dahin mussten wir auf den Azoren sein. Außerdem wollten wir vor unserer zweiten Atlantiküberquerung noch ein bisschen mehr von der Karibik sehen als ihre südlichen Vorposten. Wir mussten also starten. Gerhard begann, das Boot segelklar zu machen.

Am Tag vor unserer geplanten Abfahrt platschte es unerwartet an unserer Badeleiter. »Hi, Betsie, wie geht's?« Die Stimme sprach deutsch, klang aber komisch. Diesen Akzent kannte ich doch von irgendwo. Das konnte doch nicht … Frankie! Breit grinsend und tropfend entstieg Frankie der Bucht. Vor fast drei Jahren, bei unserer Abfahrt aus Hannover, hatte ich den Österreicher zum letzten Mal gesehen. »Das gibt's doch nicht! Wo ist Gaby?« Gaby und Frankie waren vor Jahren die ersten Ex-Fahrtensegler gewesen, die wir kennen gelernt hatten. Rein zufällig, auf einer Party. Sie lebten wie wir in Hannover. Der Einstieg in unsere Bekanntschaft war eine Diskussion über die klassische Frage gewesen: »Muss einer an Bord der Skipper sein, und ist es notwendigerweise der Mann?« Darüber hatten sich die beiden nach allen Regeln der Kunst in die Haare bekommen. Ihre zweijährige Karibikreise lag damals schon mehr als fünfzehn Jahre zurück. Ihr Schiff, die Buali, hatte ihren Liegeplatz in der Werft, auf der wir die Manua Siai zusammenbauten. Und Frankie war derjenige, der mir damals gemeinsam mit Gerhard verblüfft nachgestarrt hatte, als ich mit quietschenden Reifen vom Bauplatz floh.

Dass die Buali wieder auf großer Fahrt war, wussten wir aus E-Mails. Aber wir hatten sie auf den Kapverden gewähnt. »Gaby steht am Strand, kannst du sie holen?« Klar. Ich wurde zwar ziemlich nass, als ich Gaby per Beiboot einsammelte und meine liebe Mühe hatte, das Boot durch die Brandung zu bringen, aber eine Viertelstunde später genossen wir ein Wiedervereinigungsbier. »Was macht ihr, wo ist euer Schiff? Wieso seid ihr nicht auf den Kapverden?«

»Wir haben es uns auf dem Weg anders überlegt und Kurs auf die Karibik genommen.« Nach einem Törn von insgesamt drei Wochen waren die beiden auf der anderen Seite von Tobago angekommen, und dort lag ihr Schiff. Jetzt warteten sie auf Besuch von einer Freundin aus Hannover. Es wurde eine lange Nacht. Gerhard kam vom Einkaufen zurück und war überhaupt nicht überrascht. Er hatte die Buali schon vor Anker liegen sehen. Tobago ist eben klein. Gemeinsam mit anderen Seglern zogen wir an den Strand zum Grillen – was insbesondere Gaby bitter bereuen sollte. Die Nonos, kleine schwarze Sandflöhe, fraßen sie fast auf. Am nächsten Tag segelte die Buali zu uns in die Store Bay. Klar, dass an eine baldige Abreise erst einmal nicht zu denken war. Dann kam Marianne.

Ich hatte beschlossen, dass mein Mann eine neue Affäre haben musste, wenn ich meine Ruhe haben wollte. Marianne war uns beiden sympathisch, einem Urlaubsflirt nicht abgeneigt und schien Gerhard zu mögen. Sehr gut. Konsequent und erfolgreich trieb ich ihn in ihre Arme. Meine einzige Sorge war, dass Gerhard seine Haushaltspflichten vernachlässigen könnte, wenn er mit Marianne zusammen war. Und ich erklärte unser Boot zur Sperrzone für gemeinsame Nächte.

Ich selbst hatte jetzt genug mit der Schreiberei zu tun und zog mich auf die Manua Siai zurück. Außerdem hatte ich die ständige Anmache auf der Insel satt. Ein Spaziergang allein war für eine blonde Frau wie mich in Strandnähe ein eingeschränktes Vergnügen. »Hey, Baby, I wanna be your darling!« Nein, danke, keine Interesse. Zwanzig Meter weiter stand garantiert der nächste Frauenfänger: »You need a friend!« Nein und noch mal nein.

Ich konnte es den Jungs nicht verdenken. Mindestens zweimal pro Woche brachten die Flieger neue Touristinnen auf die Insel – und nicht wenige kamen offensichtlich, um sich hier von schwarzen Schönheiten verwöhnen zu lassen. Die Beachboys lebten von ihnen. Also versuchten sie ihr Glück bei jeder freilaufenden Weißen jedweden Alters. Nicht dass ich den Damen ihre Ferienflirts missgönnte oder den Jungs ihr Einkommen. Aber Sextourismus ist nicht mein Ding – weder in die eine Richtung noch in die andere. Außerdem soll es in der entsprechenden Szene eine Aidsrate von fünfzig Prozent geben.

Mir war aufgefallen, dass ich auf Tobago so gut wie nie mit einheimischen Frauen sprach. Sie erwiderten nicht mal mein Lächeln.

»Sag mal, Dagmar, warum sind die Frauen hier so zugeknöpft?«

»Das ist doch klar: Die sind nicht begeistert, wenn die Männer der Insel stets und ständig vom Sex mit einer Weißen träumen oder von deren Geld. Für die Frauen hier bist du nichts weiter als noch eine, die hierher kommt, um sich einen Mann zu greifen.«

Das ergab Sinn. Dagmar kannte die Insel seit Jahren, hatte immer wieder mehrere Monate hier verbracht. Dabei hatte sie viele solcher Beziehungen zwischen Rasta-Männern und Touristinnen verfolgt. Gar nicht so selten, erzählte sie, kamen die Frauen nach dem ersten Urlaub zurück, um auf der Insel und bei ihrem Lover zu bleiben.

»Das ist schon verrückt. Da kommen Frauen her, die zu Hause emanzipiert, unabhängig und selbstbewusst sind. Und hier fegen sie ihrem Kerl die Hütte.«

Das mussten sie auch. Mir schien, als würden die Strandcasanovas nichts anderes tun, als rumhängen und Ganja, also Marihuana, rauchen. Wie oft war ich auf der Straße angesprochen worden, wenn ich mir eine Zigarette ansteckte. »Hey, don't smoke, it's dangerous for your health! Smoke Marihuana instead.« Für das Rumhängen gab es sogar ein eigenes Wort: Liming. Aber zurück zu den Europäerinnen auf der Insel. Immer wieder hörte ich Geschichten wie diese:

Ein Urlaubsflirt. Die Touristin Else ist fasziniert von der Mischung aus Sonne, Liming, Marihuana, Sex und Aufmerksamkeit. Ihr Boy, Malcolm, verwöhnt sie nach Strich und Faden. Ganz anders als der karrieregeile Gatte, den sie mal hatte. Else verliebt sich ernstlich. In Malcolm, in die Insel. Else fliegt nach Hause und verkauft Haus und Hof. Zurück auf Tobago hat sie nach ein paar herrlichen Wochen allerdings die Nase voll vom ewigen Liming. Und sie ist genervt davon, dass Malcolm gar nicht daran denkt, sich um den Lebensunterhalt zu kümmern. Else kauft ein Boot und einen starken Motor. Malcolm ist schließlich Fischer. Zumindest hat er das gesagt. Und Else träumt von einem schönen Haus auf Tobago. Jetzt, wo Malcolm das Boot hat, kann er doch auch Geld verdienen. Der freut sich auch und ist jetzt stolzer Bootsbesitzer. Malcolm geht also fischen, das heißt, wenn er Lust hat. Das hat er aber nicht oft. Nicht oft genug für Else. Else fängt an, Malcolm zu triezen. Malcolm versteht die Welt nicht mehr. Er ist doch noch genauso, wie er war, als sie sich in ihn verliebt hat. Das Ende vom Lied: Wahlweise verlässt Else frustriert Lover und Insel oder aber nur den Lover, um es mit einem anderen Malcolm zu versuchen. Malcolm Nummer eins behält das Boot und hält am Strand Ausschau nach der nächsten Else.

Auf den Nachbarbooten sorgte eine andere Beziehung für Verwirrung – die zwischen Gerhard und mir beziehungsweise die zwischen Gerhard und Marianne und mir. Silvia aus Österreich hatte mit unserem Dreieck ein Problem. Eines Tages kam sie zum Tee vorbei. Nach der dritten Tasse meinte sie: »Darf ich dich mal was sehr Persönliches fragen?« – »Nur zu.« – »Warum hast du dich von Gerhard getrennt?« Ich gab ihr eine Zusammenfassung der Gründe. »Und wie findest du das, wenn er jetzt eine andere hat?« Ich versuchte Silvia zu erklären, dass es mich nicht nur nicht störte, sondern dass ich die Affäre mit Marianne sogar selbst eingefädelt hatte. Sie hörte mit großen Augen zu und glaubte mir kein Wort (vielleicht war das auch ein bisschen viel verlangt).

»Was ist denn mit Silvia los? Ist die völlig durchgeknallt?! Sie hat Marianne gestern beim Karneval total angemacht.« Sie hatten sich beim Karneval zufällig getroffen – Gerhard, Marianne, Frankie, Gaby, Silvia und ihr Mann. Dann war Silvia plötzlich auf Marianne zugeschossen und hatte ihr zugezischt: »Was bist du bloß für ein Schwein? Die arme Bettina!«

Wir verlegten die Buali und die Manua Siai zurück nach Charlotteville in die Pirats Bay. Hier hatte ich schon vor Anker gelegen, als Gerhard in Venezuela war, und fand die Bucht tausendmal schöner als die Store Bay, die Gerhard für die Zeit meines Deutschlandurlaubs bevorzugt hatte. In Charlotteville gab es keine Beachboyszene. Außerdem kündigte sich ein Großereignis an: die Fishing Competition, ein Angel-Wettbewerb.

Ein Hightech-Boot nach dem anderen kam in die Bucht, die Hecks bestückt mit starken Angelruten. Leuchtend weiß waren diese von gewaltigen Motoren angetriebenen Boote und sichtlich teuer. Den Anlegesteg vor Charlotteville schmückte jetzt eine eigens montierte, riesige Fischwaage.

Nachmittags im Dorf. Viele Menschen waren auf der Straße, Urlauber wie Einheimische, Stände lockten mit inseltypischen Leckereien wie eingelegten Hühnerkrallen (nein, die probierten wir nicht), eine Bühne mit riesigem Lautsprecher wurde aufgebaut. Erwartungsvolle Stimmung. Die Wettbewerbsboote waren noch draußen auf dem Atlantik auf der Suche nach dem Blue Marlin, dem Traumfisch der Hochseeangler. Gerhard zog mit Foto- und Videokamera durch Charlotteville und machte Bilder von Straßenszenen und Menschen. Oder besser: Wollte machen.

Schon beim Versuch, eine harmlose Kreuzung zu filmen, ging der Ärger los. Alte Männer fingen an zu schimpfen. »No video, man, private!« Eine private Straßenkreuzung? Wohlgemerkt, es ging nicht etwa um Porträtfotos. Gerhard packte die Kamera erst einmal ein.

Etwas später gefiel ihm das Motiv eines Fischers am Strand. Er nahm die Fotokamera und versuchte, sich dem Fischer verständlich zu machen. Ob er ein Foto machen dürfe? Der Mann reagierte nicht – bis Gerhard die Kamera hob (er hatte das Schweigen als Zustimmung verstanden) und prompt beschimpft wurde. Eine Gruppe alter Männer wurde auf die Szene aufmerksam und schimpfte gleich mit: »Ihr Weißen wollt uns nur ausnutzen!« Gerhard diskutierte mit ihnen, und sie beruhigten sich. Merkwürdig fanden wir diese Reaktionen dennoch. Bisher war es kein Problem gewesen, zu fotografieren oder Videos aufzunehmen. Zumal Gerhard vorher fragte. Vielleicht waren in der letzten Zeit einfach zu viele Touristen auf der Jagd nach Urlaubserinnerungen gewesen.

Eine Weile später am Gemüsestand von Jaba. Der nette Gemüsemann war ein Rasta mit beeindruckendem Haarschopf (die verfilzte Mähne reichte ihm bis zu den Hüften) und strahlendem Lächeln. Stets zu einem Plausch aufgelegt. Bei Jaba kauften vor allem Segler und andere Touristen ein. Wir kannten ihn schon seit einigen Wochen. Gerhard fragte an wegen eines Bildes – und Jaba zögerte. Er werde ständig fotografiert. Sogar im schwedischen Fernsehen sei sein Bild schon gewesen. Alle würden an den Bildern von ihm verdienen, nur er nicht, erklärte er Gerhard. Der argumentierte zurück: »Wenn Fotos von dir oder dem Dorf veröffentlicht werden, kommen mehr Touristen. Sicher verdient ihr daran, nur eben indirekt. Und die meisten Leute wollen sowieso nur Urlaubserinnerungen und verkaufen keine Fotos.« Jaba blieb skeptisch, ließ sich aber fotografieren. Es war schon komisch. Vor fünf Wochen hatte Harald Fotos von Jaba gemacht – damals war das überhaupt kein Problem gewesen.

Inzwischen hatte sich die Atmosphäre rund um den Anlegesteg verändert. Spannung lag in der Luft. »Sie haben einen großen Fisch, einen richtig großen.« Viele Boote waren schon zurück, aber nur eines hatte bisher einen größeren Fisch mitgebracht. Jetzt sprachen aufgeregte Menschen von der Wettbewerbsleitung hektisch in ihre Walkie-Talkies. Ein Boot war offenbar noch draußen und hatte unmittelbar vor Ablauf der Zeit einen Marlin am Haken gemeldet. Damit war das Boot noch im Wettbewerb und durfte den Fisch auch nach Ablauf der Zeit anlanden. Der Fisch sei zu groß, um an Bord geholt zu werden, hieß es, er werde reingeschleppt. Außerdem gebe es auf dem Boot ein Problem mit den Motoren. Ein langes, fröhliches Warten auf den Fisch begann. Bier floss in Strömen – eine Biermarke sponserte den Wettbewerb, heute kostete jede Flasche nur die Hälfte. Livemusik dröhnte, überall waren Menschen.

Gerhard verschwand mit Kamera und Tonbandgerät in Richtung Bühne. Ein halbe Stunde später sah ich ihn wieder lebhaft diskutieren – mit einem aufgeregten Rasta von der Band. Alles okay? Nein, ganz und gar nicht. Marianne meldete ernsthaften Ärger. Ein Musiker von der Band hatte gesehen, dass Gerhard Tonaufnahmen machte, Geld gefordert und Gerhards Stativ »konfisziert«. Er wollte das teure Stück erst dann wieder rausrücken, wenn Gerhard zahlte. Der bot ersatzweise an, seine Aufnahme zu löschen. Aber der andere wollte nur Geld akzeptieren. Der inzwischen reichlich aggressive (und offensichtlich unter Drogen stehende) Musiker und ein noch immer freundlich lächelnder

Gerhard standen sich gegenüber – beide entschlossen, nicht einen Millimeter nachzugeben.

»Ich hole wohl besser David«, sagte ich zu Marianne. Zehn Minuten später schilderte ich ihm die Situation. »Polizei«, sagte David, »sofort.« Das schien mir doch übertrieben. Ich hatte eigentlich gehofft, dass David vermitteln würde. »Nein, ihr seid Touristen, lasst euch hier nie auf einen Streit ein, holt gleich die Polizei.« David zog mich entschlossen in Richtung Polizeistation.

Auf dem Weg zeterte er ununterbrochen über die Band, mit der Gerhard sich angelegt hatte. »Ihr seid die Touristen, ihr seid unsere Gäste, niemand darf sich so benehmen – und die schon gar nicht! Die sind nicht mal aus Charlotteville!« Meine Einwände, dass Gerhard vielleicht etwa falsch gemacht habe – keiner von uns hatte mitbekommen, wie die Situation eigentlich entstanden war –, ließ David nicht gelten. »They shouldn't treat tourists like this!« Kurz darauf fand ich mich in der Polizeistation wieder, wo ich einem entnervten Polizisten zu erklären versuchte, dass ich niemanden anzeigen, sondern nur unser Stativ wiederhaben wolle.

Drei Uniformierte stiegen in ihren Wagen und entschwanden. Zehn Minuten später waren sie zurück – mit dem Stativ. Ende der Geschichte – abgesehen davon, dass wir den Tipp bekamen, uns besser nicht mehr in unmittelbarer Nähe der Musikgruppe aufzuhalten.

Auf die Idee wären wir auch selbst gekommen. Uns stand der Sinn ganz und gar nicht nach Eskalation. Gerhard hatte inzwischen versucht, die aufgeregten Gemüter mit Hilfe einer Runde Bier zu besänftigen, war aber mit diesem Vorstoß nicht auf Gegenliebe gestoßen. Also feierten wir an anderer Stelle weiter. David stieß zu uns und erzählte die Geschichte jedem, der sie hören wollte. Auch jedem, der nicht wollte. Er war noch immer schwer empört über das Verhalten des Musikers, aber auch sichtlich stolz, dass er uns hatte helfen können.

Salome blieb stehen, Davids Schwester. Er stellte sie uns vor. Salome war sechsunddreißig, hatte keine einzige Falte im Gesicht und stand kaum einen Augenblick still. »Komm, tanz mit.« Oh, nein, ich konnte diesen Hüftschwung nun mal nicht. »Doch, klar!« Um den Tanzunterricht war nicht herumzukommen. Der Erfolg war, dass fünf Mädchen vor Lachen fast von der Hafenmauer kippten. Salome sah mich zweifelnd und gleichzeitig vielsagend an: »Mit diesem Hüftschwung kannst du einen Mann wahnsinnig machen!« Sie vielleicht. David kam vorbei und raunte mir ins Ohr: »You don't move your hips, I move your hips!«

Ich wechselte das Thema und fragte Salome nach deren Leben aus. Sie war die erste einheimische Frau, mit der ich mich auf dieser Insel unterhalten konnte. »Ich lebe allein mit meinen Kindern«, lachte sie. »Du bist nicht verheiratet?« – »Wozu soll das gut sein?« David ergänzte, dass Salome schon ein bisschen anders sei als die meisten Frauen in Charlotteville.

Der Fisch! Fast hätten wir vergessen, warum wir überhaupt da waren. Zu sehen war erst mal nichts als eine riesige Menschenmenge am Anlegesteg. »Da, da ist er.« Ein silbrig glänzendes Riesenvieh hing an der Waage. 369 englische Pfund, knapp 170 Kilo. Das war angeblich neuer karibischer Rekord. Ganz Charlotteville war aus dem Häuschen. Die Sicherheitskräfte, die am Mittag noch versucht hatten, den Steg zu sichern, indem sie immer nur kleine Gruppen von Leuten den ersten Fang des Tages besichtigen ließen, gaben auf. Wellen von Menschen wogten über den Anleger und zurück, neue Wellen kamen. Erstaunlich, dass in dem Gedränge niemand ins Meer fiel. Dann hatten auch wir es geschafft und standen vor dem toten Marlin. Allein der Kopf des Fisches war so groß wie zwei große Männerfüße – die lange Nase, die an die eines Schwertfisches erinnerte, nicht mitgerechnet.

Wie sie den wohl wegkriegen wollten? Ein Kühlwagen stand bereit. Aber erst Stunden später konnten sich die Veranstalter dazu durchringen, die fette Beute auf Eis zu legen. Muskelbepackte Männer wanden Seile um den Marlin. Hunderte von Zuschauern drängten sich vom Steg bis zum Kühlwagen und gaben widerwillig eine Gasse für den Fisch und seine Träger frei. Musik hämmerte den Rhythmus, in dem die Männer ihre Last zehnzentimeterweise voranbrachten, angefeuert von Beifall und Rufen der Menge.

»In der Beachbar ist Party.« Niemandem war heute danach, früh nach Hause zu gehen. Die Musik, der Fisch, die Menschen – dieser Tag konnte erst dann zu Ende sein, wenn uns vor Müdigkeit die Augen zufielen. Endlich feierten alle zusammen: Touristen und Einheimische. Sogar Frauen aus dem Dorf waren dabei und flirteten mit den weißen Männern.

Die Pirats Bay vor Charlotteville blieb noch für ein paar Tage unser Ankerplatz. Gerhard fuhr mit David zum Fischen (zum Kummer von David ohne Erfolg), ich machte mit David einen Ausflug zu Tobagos schönstem Wasserfall. Ich fragte ihn, was er über die Beachboys und ihre Freundinnen denke. David hatte damit kein Problem: »Alle teilen, was sie haben – das Geld, den Körper, das Marihuana. Was soll daran falsch sein?« Gerhard und David war es zwar nicht gelungen, gemeinsam einen Fisch zu fangen, aber wir sollten von Davids Wissen um Köder und Leinen durchaus noch profitieren. Gerhard veränderte auf Geheiß von David unser Angelequipment und machte neue Köder. Er kaufte Gummitintenfische, die ein Innenleben aus farbig bedruckten Zuckersäcken bekamen. In den mit Kunststoffstreifen prall gefüllten Tintenfischen war der zweifingrige Haken kaum noch zu sehen.

»Meine Güte, Gerhard, was machen wir bloß mit so viel Fisch?« Auf dem Weg von Tobago nach Grenada hatten im Morgengrauen zwei Kingfische an unseren Leinen angebissen, ein größerer und ein kleinerer. Den kleineren konnten wir selbst verwerten, aber den großen? »Vielleicht können wir den verkaufen«, schlug Gerhard vor.

Als wir in Grenada einklarierten, fragte er den Zollbeamten, ob wir den Fisch verkaufen könnten. »Auf keinen Fall! Sie sind hier Gäste, Sie dürfen gar nichts verkaufen! Verschenken Sie Ihren Fisch besser«, fuhr der uns an. Wir lächelten. »Das wussten wir nicht, aber dann ist ja gut, dass wir Sie zuerst gefragt haben.« Auf dem Rückweg zum Schiff sahen wir uns die vielen Boote in der Bucht an. Es gab viele große Jachten und einige kleinere Fahrtensegler wie uns.

Gerhard fuhr zu einer großen alten Holzjacht, auf der wir Chartergäste vermuteten. Aber nur die Crew war an Bord und an Fisch nicht interessiert. Unsere deutschen Nachbarn auf einem Katamaran hatten schon gegessen. »Was ist mit der weißen Jacht da drüben, da sind bestimmt viele Leute drauf«, meinte ich. »Solche Boote sind mir unsympathisch«, antwortete Gerhard. Schließlich fuhr er doch rüber zu dem eleganten Segler. Als er wiederkam, grinste er breit. »Die waren ziemlich platt über mein Angebot!« – »Ja und?« – »Der Skipper fragt den Koch und kommt gleich rüber!«

Zehn Minuten später brauste das Beiboot der anderen Jacht auf uns zu. Mit einem Sechzig-PS-Außenborder lässt sich offenbar nur schwer langsam fahren. »Hallo, ich bin Peter. Der Koch hat schon alles fertig und kann heute keinen Fisch gebrauchen. Aber ihr könnt bei uns einfrieren, wenn ihr wollt. Wir sind noch eine Woche hier.« Aber ja, natürlich wollten wir. Wir baten Peter auf ein Bier an Bord. Einige Biere später wussten wir schon gut über das Leben auf dem großen Boot Bescheid. Es war die mehr als dreißig Meter lange Privatjacht eines reichen Deutschen, der sein Geld vor allem in Amerika machte. »Mann, bin ich froh, mal von Bord zu kommen«, gestand Peter, der die Jacht seit fünfzehn Jahren für den Eigner fuhr.

Seit drei Wochen war der Chef mit Frau und Gästen an Bord. Für Peter und seine dreiköpfige Crew hieß das: vierundzwanzig Stunden am Tag im Dienst. Stets hatte er sein kleines Funkgerät auf Empfang und war immer auf Abruf. Neben Peters Koje stand das Faxgerät, das oft auch schon morgens um sechs Uhr lospiepte, wenn die Sekretärin des Chefs in Amerika mal wieder die Zeitverschiebung vergessen hatte. Peter war genervt und zählte die Tage bis zur Abreise des Chefs. »Auch wenn er grundsätzlich völlig in Ordnung ist.«

Gerhard fing an zu kochen. Unser Gast wollte nicht mitessen, er hatte keinen Hunger. Als Gerhard mit den frischen Fischfilets und weiteren Bierdosen auftauchte, sprang Peter plötzlich auf. »Da gehört doch Weißwein dazu!« Trotz unserer Versicherung, dass Bier zum Fisch schon in Ordnung sei, machte er sein Beiboot klar, griff sich unseren Fisch zum Einfrieren und war zehn Minuten später mit zwei eisgekühlten Flaschen Wein der Spitzenklasse wieder da. Zum Wohl! Ehe er uns schließlich leicht angesäuselt verließ, bot er uns noch an, auf der Jacht Wäsche zu waschen und Wasser zu bunkern. »Wir haben zwei Wassermacher, die können neuntausend Liter am Tag produzieren, da kommt's auf ein paar Liter für euch nicht an!« Neuntausend Liter am Tag? »Wie viel Wasser verbraucht ihr denn?« – »Och, so zwei- bis dreitausend Liter kommen schon zusammen.« Am Tag! Wir erzählten Peter, dass wir während unserer zwölftägigen Atlantiküberquerung gemeinsam achtzig Liter Wasser verbraucht hatten – er guckte ungläubig.

Am nächsten Abend war Peter wieder da und erzählte, dass der Koch heute einen Teil unseres Fisches als Sashimi gereicht habe. Er überredete uns zu einem Sundowner an der Bar des Jachthafens. Da wären wir normalerweise nicht hingegangen – viel zu teuer, wie alles auf Grenada. Die erste Runde ging auf Peter, und wir schafften es nur knapp, die zweite zu übernehmen. Peter war schnell. Jetzt bestellte und zahlte er schon wieder. So allmählich wurde mir das zu viel. Alte Erinnerungen tauchten auf an Bruce und Jeany in Jacarè, deren Großzügigkeit damit geendet hatte, dass sie uns vorwarfen, auf ihr Geld aus zu sein. Andererseits kostete ein kleines Bier an der Bar nach der Happyhour – also jetzt – mehr als sieben Mark. Das konnten wir uns auf die Dauer nicht leisten. Aus Peters Funkhandy tönte jetzt ein Rauschen, und Peter sprach mit seinem Chef. Seine Pause war vorbei, er musste zurück auf die Jacht. Gut so.

Kaum war der Eigner von Bord, lud uns Peter zur Bootsbesichtigung ein. Vor der Abreise war der Chef kurz bei uns längsseits gekommen, um zu fragen, ob wir gern deutsche Wurst hätten. Offenbar hatte ihm unser Fisch geschmeckt. Peter gönnte sich einen Tag Urlaub. Sein Freund Werner war angekommen, der ein paar Wochen als Steward auf der Jacht mitfahren würde. Ein netter kleiner Italiener Ende vierzig, mit Kugelbauch und vielen Lachfalten.

Jetzt machten wir uns gemeinsam mit den beiden einen

herrlichen Tag auf der Jacht. Zum Lunch gab es Weißwurst, dazu eine Flasche Champagner. Und diese Kombination war nicht der einzige Stilbruch: Wir tranken den edlen Tropfen aus Plastikgläsern. Es war eben nicht so wie bei uns – wir hatten zwar nie Champagner und selten Sekt, aber wenn, dann gab's den aus Gläsern.

Danach Ausflug mit Beiboot. Mit bis zu vierzig Knoten Geschwindigkeit rasten wir über das Meer und versuchten, unsere Rücken zu schützen, wenn das Boot bretthart in die Wellen knallte. Trotzdem ein tolles Gefühl. Kurzes Baden am enttäuschend kleinen Strand, dann zurück auf die Jacht und ein paar Videos gucken (das musste einfach sein, wir hatten ewig keinen guten Film mehr gesehen, und hier gab es reichlich Auswahl). Selbstverständlich betraten wir das Schiff erst nach einer Süßwasserdusche, bei Bedarf warm. Wir klönten und lachten viel, die beiden waren einfach großartig.

Nach kurzer Eingewöhnung schien es uns auch ganz normal, auf einem Schiff zu sitzen, dessen Bad in der Eignerkabine mit Carrara-Marmor verkleidet ist, bei dem die Videoanlage auf Knopfdruck aus der Konsole fährt und auf dem die Crew alle Sorten Wein trinken kann, von denen weniger als sechs Flaschen vorrätig sind. »Ich kann dem Chef und seinen Gästen keinen Wein anbieten, von dem weniger da ist«, erklärte Steward Werner. »Dann könnte es passieren, dass der Wein nicht für den ganzen Abend reicht.« Ja, das leuchtete uns ein, und wir hatten kein ganz so schlechtes Gewissen mehr, als es am Abend noch einige leckere Rotweine zum Gulasch gab.

Nach einem Tag im mondänen Ambiente freuten wir uns wieder auf unser eigenes, unordentliches und zur Zeit ziemlich schmuddeliges Schiff. »Weißt du, Gerhard, ich find's bei uns gemütlicher.« – »Ja, ich bin auch lieber hier.«

Bevor wir weitersegelten, fuhr ich zum Wasserholen

zu Peter. Achtzig Liter wollte ich gern. Fritz, einer von der Crew, reichte mir den Wasserschlauch: »Aber ob das Trinkwasserqualität hat, weiß ich nicht.« – »Wieso, ist das nicht aus der Entsalzungsanlage?« – »Doch, aber wir trinken das nicht.« Da fuhr dieser Mann seit elf Jahren auf der Jacht und wusste nicht, dass der Wassermacher 1A-Trinkwasser lieferte? »Was trinkt ihr denn für Wasser?« – »Perrier.« Das hätte ich mir denken können.

Zwei Monate später war mir klar, dass Tobago wohl die einzige Karibikinsel bleiben würde, die mir wirklich gefallen hatte. Was war falsch an der Gegend? Strände, Palmen und türkises Wasser gab es in rauen Mengen. Grenada, Carriacou, Union Island, die Tobago Cays, Bequia, Dominica, Martinique, St. Barthélemy sind zweifellos schöne Inseln. Das war nicht der Haken. Es lag eher an der Geschäftstüchtigkeit der Menschen. Dialog auf dem Markt: »Acht Mark für drei Tomaten?! Tut mir Leid, das ist mir zu teuer.« – »Wenn du dir die Karibik nicht leisten kannst, was willst du dann hier?« Selten lernten wir Einheimische kennen, die in uns nicht in erster Linie Kunden sahen. Und wenn doch, dann waren sie oft so zugekifft, dass ein Gespräch keinen Sinn machte.

Außerdem ist auch der schönste weiße Strand irgendwann nur noch der nächste weiße Strand. Mit mindestens vierzig Segelbooten davor. Dagegen ist natürlich nichts zu sagen. Schließlich hatten wir eines davon und konnten schlecht erwarten, dass alle anderen zu Hause blieben, damit wir einsame Buchten für uns und ein paar Gleichgesinnte hatten. Aber in der Karibik fehlte das Abenteuer. Vielleicht waren wir auch zu lange unterwegs, um noch mit dem gleichen Staunen wie am Anfang Neues zu entdecken. Vielleicht konnte die Karibik gar nichts dafür. Jedenfalls hatten wir nichts dagegen, sie hinter uns zu lassen.

Auf einem anderen Planeten

Acht Tage sind verdunstet. Aufgelöst von der riesigen Wasseroberfläche, die uns umgibt. Zeit ist nichts hier draußen. Ich sitze in meinem Campingstuhl an Deck und fühle das Vergehen der Stunden nur an meinem Hintern. Dabei ist mein Stuhl bequem. Er ist niedrig, breit, und darauf liegt ein Kissen. Wenn ich die Beine ausstrecke, ist es fast wie in einem Liegestuhl. Ich lese darin, esse darin, rauche und gucke den Wellen zu. Mache mir Gedanken. Halte Ausschau nach anderen Schiffen. Rede mit Gerhard – falls der nicht gerade schläft. Aber irgendwann meldet sich unweigerlich mein Hinterteil: »Das reicht. Beweg dich. Steh auf, oder leg dich hin. Koch Tee. Hauptsache, du änderst die Stellung!«

Der Tag auf See hat vierundzwanzig Stunden, manche davon sind dunkel. Ein paar Stunden schlafen, ein paar Stunden wachen, dann wieder schlafen. Im Dunkeln oder im Hellen. Es ist gleich. Schlafen und wachen. Nachts im Dreistundenrhythmus, tagsüber nach Lust und Absprache.

Die Schwärze nach dem Sonnenuntergang ist unheimlich. Ich warte sehnsüchtig auf die ersten Sterne und auf den Mond, der sich irgendwann blicken lassen und den Himmel dunkelgrau färben wird. Ich vermisse den Vollmond. Vor ein paar Nächten noch lag die See vor mir wie ein versilbertes Waschbrett. Das schönste Bild überhaupt. Die Nacht war fast so hell wie die Morgendämmerung.

Jetzt fangen die Segel an zu flappen. Der Wind dreht mal wieder. Immerhin ist Wind da. Nicht viel, aber wir bewegen uns. Ich ziehe kurz an einem Seil und ändere damit die Segelstellung. Das Flappen hört auf, und das Boot wird etwas schneller. Gut. Ich rauche noch eine Zigarette und überlege, was morgen anliegt. Der Korb mit den Kartoffeln riecht verdächtig, die werde ich auf faule Stellen untersuchen müssen. Vorher Wetterfaxe aufzeichnen, Frühstück machen. Wir tun zwar nicht viel auf See, aber ein bisschen was liegt immer an. Abwaschen, Brot backen, aufräumen. Kaputtes reparieren. Irgendwas ist immer kaputt: Die kleine Selbststeuerung funktioniert nach einem Regenguss nicht mehr, eine Solarpaneele produziert keinen Strom, der Dosenöffner fällt auseinander …

Mittags die Position vom GPS ablesen und in die Karte eintragen. Dann ins Logbuch schreiben, wie weit wir in den vergangenen vierundzwanzig Stunden gekommen sind, welchen Kurs wir laufen und wie das Wetter ist. Dazu Bemerkungen zum Leben an Bord. Heute kann ich 101 Seemeilen notieren. Jetzt sind's noch 1660 – also mehr als dreitausend Kilometer. Ganz schön weit. Das wird noch dauern.

Gerhard steckt den Kopf aus der Luke. Kleine verschlafene Augen, verwuschelte Haare. Wachwechsel. »Du, ich hab gerade drüber nachgedacht, dass wir wahrscheinlich noch zwanzig Tage unterwegs sein werden. Kannst du dir das vorstellen?« – »Nö«, gähnt Gerhard, noch nicht ganz wach. »Na, werd du erst mal wach. Da ist frischer Tee für dich. Ich leg mich jetzt hin, angenehme Wache.« In meiner Koje stopfe ich mir Gummistöpsel in die Ohren, um die Geräusche des Schiffes nur noch gedämpft zu hören und bin innerhalb von Minuten eingeschlafen.

Beim gemeinsamen späten Frühstück fällt Gerhard

meine nächtliche Frage wieder ein. »Noch drei Wochen hier draußen ... richtig vorstellen kann ich mir das nicht. Aber ich hab auch nicht das Gefühl, schon acht Tage unterwegs zu sein. Du?« – »Nein, es fühlt sich eher an, als wären wir vorgestern losgefahren.« Vielleicht werden die kommenden Wochen ja genauso verdunsten wie die vergangene. Genug philosophiert für Gerhard. Es gibt wichtigere Fragen. »Was gibt's denn heute Abend zu essen?«

Essen ist Thema Nummer eins an Bord. Gerhard ist sowieso ein Vielfraß, aber auch ich habe hier draußen ständig Hunger. Das Boot ist voll gestopft mit Lebensmitteln. Schließlich segeln wir in den so genannten Rossbreiten, den windschwachen Gebieten im Bereich subtropischer Hochs. Die Segler in den alten Zeiten haben hier angeblich ihre Pferde geschlachtet, wenn ihnen nach wochenlanger Flaute die Lebensmittel ausgingen. Gerhard – ohnehin vor jeder Langfahrt in Panik, dass er unterwegs verhungern könnte – hat mangels Ross für den Notfall besonders reichlich eingekauft.

Die Entscheidung über das Abendessen fällt nach der Kartoffelkontrolle. Unten im Korb entdecke ich stinkenden, fauligen Matsch, der sofort über Bord geht. Andere Kartoffeln sind noch gut, sollten aber schnell verbraucht werden – Kartoffelsalat mit Würstchen also.

10. Tag

»Gerhard, wach auf. Ich hab seit zehn Minuten ein Schiff mit stehender Peilung. Wir müssen was machen.« Es ist das sechste Schiff in neun Tagen. Nicht dass der Atlantik hier wegen Überfüllung geschlossen werden müsste, aber dafür, dass wir so weit draußen sind, ist eine Menge los. Die Schiffe halten aber Abstand – jedenfalls normalerweise.

Die Lichter kommen kontinuierlich auf uns zu. Wann

immer ich durch das Fernglas mit dem eingebauten Peilkompass schaue, sehe ich das Schiff in unveränderter Richtung. Klarer Kollisionskurs. Theoretisch haben Segler Vorfahrt vor Schiffen unter Motor. Aber das setzt voraus, dass man gesehen wird, und gilt auch nicht für jedes Schiff. Manövrierbehinderte Schiffe müssen uns nicht ausweichen. Vor der brasilianischen Küste zum Beispiel waren wir einem russischen Schiff begegnet, das ein mehrere Kilometer langes Kabel für Messungen nachschleppte. Behinderter konnte ein Schiff kaum sein.

Dieses hier schert sich jedenfalls nicht um unsere Vorfahrt. Nach der Beleuchtung zu urteilen, ist es ein ganz normaler großer Pott. Nur kommt er stetig näher und direkt auf uns zu. »Was macht der denn?« Gerhard geht an das Funkgerät, Kanal 16. Niemand antwortet. Wir bleiben erst einmal auf unserem Kurs. Der andere auch. Plötzlich strahlen drüben Scheinwerfer auf und leuchten in unsere Richtung. »Sieht so aus, als hätten sie uns jetzt gesehen.« Gerhard geht wieder ans Funkgerät. Diesmal bekommt er Antwort. Das Schiff vor uns ist ein Fischer, der gerade seine Leinen ausbringt. Er kann nicht ausweichen; wir müssen aus dem Weg. »Ja, natürlich, auf welchem Kurs wollt ihr uns haben?« – »250 Grad wäre gut.«

Wir müssen die Segel auf den anderen Bug nehmen, um diesen Kurs fahren zu können. Jetzt segeln wir statt Richtung Azoren gen Kuba und beobachten derweil weiter das große Fischereischiff. Das kommt schon wieder auf uns zu. »Aber er hat doch 250 Grad gesagt, was macht er denn jetzt? Der fährt doch Kreise!« Wir verstehen nichts vom Fischen, halten unseren Kurs und lauschen aufs Funkgerät. Endlich macht der Fischer den Weg frei, und wir können auf unseren ursprünglichen Kurs zurück. Das Segel kann wieder rüber auf den anderen Bug. Nach der Arbeit verschwindet Gerhard in der Koje. Ich habe noch eineinhalb Stunden Wache.

Etwas ist anders auf diesem Törn. Nicht nur die Distanz, die größer ist denn je. Ich bin angespannt und kann mich nicht so fallen lassen wie sonst auf See. Ich schlafe unruhig und träume schlecht. Bin zwischenzeitlich gereizt. Tagsüber fehlt mir die Energie, etwas anderes zu tun als herumzusitzen oder zu liegen und zu schlafen. Ich schreibe wenig und bin deswegen unzufrieden.

Ich fahre keinem neuen, unbekannten Ziel entgegen. Ich fahre zurück. Zurück zu Regen und Schnee, zurück zur Arbeit, zurück zum Stress. Ich habe Angst. Was, wenn ich mit all dem nicht mehr klar komme? Wie soll ich mich wieder daran gewöhnen, kaum freie Zeit zu haben? Wie soll ich in mein altes Leben zurückfinden? Will ich das überhaupt? Was, wenn ich mich zu sehr danach sehne, wieder unterwegs zu sein? Was, wenn ich den Vollmond auf See zu sehr vermisse?

»Wenn wir jetzt den Kurs ändern, können wir in zwei, drei Wochen wieder in Brasilien sein«, hat Gerhard gestern gesagt. Das Aas. Ständig triezt er mich damit, dass wir doch auch weitermachen könnten.

»Das Geld, das du in Deutschland verdienst, gibst du da doch auch wieder aus. Wir kriegen das mit der Finanzierung auch anders hin, bestimmt. Zumal, wenn das Buch erscheint.«

»Du hast wohl vergessen, dass ich nicht mehr mir dir zusammenleben will?«

»Ach, Betsie, das ist doch Blödsinn. Wir verstehen uns doch jetzt gut. Und streiten würdest du mit jedem anderen auch, das ist alles nur eine Frage der Zeit.«

»Vergiss es.«

Ich weiß, dass ich das Richtige tue. Auch wenn es mir

schwer fällt, dieses Seglerleben aufzugeben – und sei es nur für ein paar Jahre. Aber ich will nach Deutschland. Geld verdienen, sparen. Zumindest eine Zeit lang für meine Eltern da sein, die inzwischen hart auf die achtzig zugehen und nicht gesünder werden. Außerdem habe ich Zusagen gemacht. Ich kann jetzt nicht mehr einfach nach Brasilien abdrehen. Und die Trennung von Gerhard will ich auch nicht rückgängig machen. Oder? Vielleicht hat er ja Recht damit, dass unsere Beziehung es doch noch schaffen könnte. Kann ich mein verlorenes Vertrauen zu ihm wieder aufbauen? Will ich das? Schluss mit der Grübelei. Ich wecke Gerhard und gehe schlafen.

11. Tag
Etwas Kaltes, Feuchtes an meiner nackten Haut weckt mich. Gerhard. »Draußen ist Weltuntergang«, teilt er mir mit. Ich kämpfe mich aus Träumen und wohliger Wärme in die raue Wirklichkeit und gehe gucken. Draußen ist alles weißgrau. Wo fängt der Himmel an, wo hört das Wasser auf? Unmöglich festzustellen. Das Meer ist eine Hexenküche. Wind und Wellen peitschen um das Schiff. Blitze zucken, Donner grollt. Regen klatscht mir ins Gesicht. Aber das Meer hatte noch keine Zeit, hohe Wellenberge aufzubauen, und der Regen drückt die kleinen, steilen Wellen wieder platt. Es ist alles nicht so gefährlich, wie es aussieht.

Gerhard hat gerade rechtzeitig vor der ersten heftigen Gewitterbö die Segel heruntergerissen. Jetzt treiben wir mit nackten Masten langsam durch die aufgewühlte See. Nur eines hat Gerhard vergessen, die Regentonne zum Wassersammeln. Der Gang nach draußen kostet Überwindung. Der Regen ist unangenehm kalt. Ich angle die Wassertonne aus dem Beiboot, befestige den Schlauch unter unserem Sonnendach und höre, wie Wasser in die Tonne fließt. Gut. Ab ins Bett zum Aufwärmen. Nach Schiffen Ausschau zu halten können wir uns im Moment schenken. Die Sicht ist gleich null. Trotzdem guckt einer von uns alle paar Minuten raus.

Nach zwei Stunden ist der Spuk vorbei. Statt Starkwind haben wir jetzt gar keinen Wind mehr. Nur der kalte Regen ist geblieben, und wir können unsere Wasservorräte um siebzig Liter aufstocken.

12. Tag

Das Ganze von vorn. Diesmal sehen wir den Schiet in Form einer dunklen, von Blitzen durchzuckten Wolkenwand kommen und machen das Schiff so gut wir können gewitterfest: Ruck, zuck sind die Segel unten. Der Computer wird in Alufolie gewickelt, das Funkgerät von Bordnetz und Antenne getrennt, das GPS verschwindet im Schnellkochtopf, der als Faradayscher Käfig die Elektronik schützen soll. Vom dicken Stahlträger vorn zwischen den Bugen lassen wir eine Kette als Blitzableiter ins Wasser, denn vom Stahlträger aus führen Stahldrähte zu den Masten. Wenn also ein Blitz in einen der Masten fahren sollte, wird er über das Metall und schließlich über die Kette ins Wasser abgeleitet. Hoffen wir jedenfalls. Die Freunde von der Quinuituq haben vor einigen Monaten durch einen Blitzeinschlag einen Teil ihrer Bordelektronik verloren. Davor und vor Schlimmerem haben wir Angst.

Wieder driften wir sicher und ruhig ohne Segel, als uns die mächtigen Böen erwischen – darunter die übelste, die wir je erlebt haben. Das dürften elf Windstärken gewesen sein. Mangels Windmesser können wir zwar nur schätzen, bekommen aber später über Funk die Bestätigung. Ein anderer Segler hat dieselbe Gewitterfront abgewettert und bis zu sechzig Knoten in den Windböen gemessen. Wieder dauert die Darbietung der Natur nur ein paar Stunden. Gerhard und ich holen das Ölzeug raus und gehen diesmal beide durchgehend Wache. Ich stemme mich gegen den Wind – sicherheitshalber mit einem Gurt festgeschnallt. Der Regen tropft von der Kapuze, über mir heult es im Rigg, und die Wellen knallen mit Getöse an die Rümpfe. Ich bin begeistert. Diese entfesselten Gewalten sind faszinierend. Allerdings kriegen wir nur Fronten von Tiefdruckgebieten ab, die weit nördlich von uns durchziehen, und ich frage mich, ob ich immer noch so begeistert wäre, wenn dies statt eines Gewittersturms mit absehbarem Ende ein echter, womöglich mehrtägiger Sturm wäre. Und ob ich mir wohl vor Angst in die Hose machen würde, wäre ich jetzt allein auf dem Schiff. Vermutlich.

15. Tag
Socken. *Woll*socken! Ich starre meine Füße an. Nach fast zwei Jahren barfuß sind sie mir mit Socken ganz fremd. Und es sind nicht nur die Socken. Wir graben die warme Segelunterwäsche und die dicken Pullover aus den Kisten. Seit die Kaltfronten durchgegangen sind, ist es unangenehm. Ich fürchte, die Socken werden nicht reichen. Habe ich nicht noch fellgefütterte Hausschuhe? Ich habe keine Ahnung, wie kalt es wirklich ist. Achtzehn Grad, zwanzig? Wenn der Begriff »gefühlte Temperatur« je Berechtigung hatte, dann jetzt. Für mich sind es höchstens zehn Grad. Gerhard schimpft und flucht: »Das ist doch grässlich! Was will ich in Europa? Lass uns umkehren!«

18. Tag
Wer hat behauptet, dass Zeit auf See verdunstet? Blödsinn. Zeit ist zäh wie Kaugummi. Wir haben Flaute. Vor drei Ta-

gen habe ich unser Etmal – die in vierundzwanzig Stunden ersegelte Strecke – im Logbuch mit einem Ausrufezeichen versehen: sechzehn Seemeilen! Ich dachte: Schlimmer geht nimmer. Falsch. Heute waren es nur sechs Meilen. Ein durchschnittlicher Fußgänger ist verglichen mit uns der reinste Sprinter. Verdammtes Hochdruckgebiet. Jetzt ist es zwar wieder wärmer, aber dafür gibt es keinen Wind. Ich hasse Flauten. Gerhard liebt sie. »Danke, ihr Götter! Danke für dieses Geschenk!«, tönt er in unschöner Regelmäßigkeit. Das nervt. »Kannst du bitte die Klappe halten? Ich will Wind!« Ich frage mich, was er mit einem Segelboot will, wenn er am liebsten vor Anker oder in der Flaute liegt. Und ausgerechnet er plant als nächstes Schiff einen schnellen Achtzehn-Meter-Kat (er verbringt jeden Tag Stunden damit, ein Modell davon zu basteln).

19. Tag

Vielleicht kann ich mich doch noch mit Flauten anfreunden. Der Tag heute war herrlich. Erst kamen eine große Schildkröte und zwei pink- und lilafarbene portugiesische Galeeren vorbei, das sind Segelquallen, die von Wind und Strömung über das Meer bewegt werden. Dann trieb ungefähr hundert Meter hinter dem Schiff ein riesiger Baumstamm, der plötzlich anfing sich zu bewegen und Wasserfontänen auszublasen – und sich schließlich als eine Gruppe von Pottwalen entpuppte, jeder etwa so groß wie ein Reisebus. Als Krönung gab es nach alldem den spektakulärsten Sonnenuntergang, den ich in meinem ganzen Leben gesehen habe. Eine Sinfonie in Rot und Rosa und schließlich in Grün. Unglaublich. Wein und Pavarotti dazu. Gerhard liefen die Tränen.

Windstille schwächt die Moral. All unsere guten Vorsätze – »Kein Alkohol auf See!« – sind über Bord. Es fällt uns immer schwerer, uns davon zu überzeugen, wie wichtig es ist, stocknüchtern zu sein für den Fall, dass wir plötzlich viel Wind kriegen, den Mast verlieren oder sonst etwas Schreckliches passiert. Nicht nach tagelanger Dümpelei unter wolkenlosem Himmel auf einem Meer, das an die Augsburger Puppenkiste erinnert (ergo: Wasser aus leicht gewellter Plastikfolie). Und nicht angesichts einer Wetterprognose, in der von Wind keine Rede ist. Schluss mit der Übervorsicht. Wir genießen ohne den Hauch eines schlechten Gewissens einen schönen französischen Rotwein.

»Danke, ihr Götter!« Ein paar Tropfen opfern wir den Herren der Meere und der Stürme. Gerhard bedankt sich für den bisherigen Törn und das Wetter; ich dagegen melde vorsichtig Kritik an. »Also, bisher ist es ja gut gelaufen, und ich möchte auch bestimmt keinen Sturm, aber normaler Wind wäre nicht schlecht.« Mit Neptun und Odin stehen wir im ständigen Zwiegespräch. Mit jedem Segeltag werden wir abergläubischer: »Blöde Flaute, das nervt doch!« Gerhard stoppt mein Fluchen: »Betsie, beschrei es nicht, ich will keinen Sturm!« – »War nicht so gemeint, Odin, alles prima!«

20. Tag

Was ist schlimmer als kein Wind? Kein Wind und Gegenströmung. Wir treiben zurück! Was für ein Mist. Gerhard ist schwimmen gegangen und hat bei der Gelegenheit einen kritischen Blick auf unsere Ruder geworfen. Mit geschocktem Gesichtsausdruck kommt er zurück. »Am Backbordruder ist der Bolzen weg.« Ohne diesen Bolzen ist das Ruderblatt so gut befestigt wie ein Autoreifen ohne Radmuttern. Das hätte uns (mal wieder) das Ruder kosten können.

Diesmal ist Gerhard selbst schuld. Auf Tobago hatte er

das Ruder ausgebaut, um einen kleinen Riss auszubessern und es zu streichen. Beim Wiedereinbau hatte er den Sicherungssplint nicht stark genug biegen können und das auf später verschoben. Dann hatte er es vergessen. Jetzt fällt es uns wieder ein. Wir sind mehr als froh, dass das Ruder noch da ist. Pures Glück. Wäre Gerhard nicht schwimmen gegangen ... (»Danke, Odin, danke, Neptun!«)

Es finden sich ein Ersatzbolzen und Material für einen starken Sicherungssplint. Nach einer halben Stunde Arbeit dümpeln wir mit bestens gesichertem Ruder weiter.

23. Tag

Allmählich bin ich ruhiger und entspannter. Meine Träume sind nicht mehr so wirr, und die Angst vor der Rückkehr wird kleiner. Es ist wieder kälter geworden, und die fellgefütterten Hausschuhe abends sind nun Standard. Mit der Kälte ist die Erinnerung an meinen Deutschlandbesuch im Dezember gekommen. Ich hatte mich schnell wieder an den Schneeregen und die lausigen Temperaturen gewöhnt. Und auch das Leben, das meine Freunde führen (und auch ich bald wieder führen werde), war aus der Nähe nicht so schrecklich, wie es mir aus der Ferne manchmal erschienen war. Mir waren Ideen für Reportagen gekommen, und am liebsten hätte ich gleich losgelegt. Warum soll das jetzt nicht wieder so sein?

Trotzdem verbringe ich viel Zeit damit, kleinere und größere Veränderungen an meinem Schiff zu planen. Ich mag das Gefühl, dass es mein Schiff sein wird, allein meins. Meine schwimmende Fluchtburg, die ich segeln kann, wie ich will, die ich einrichten kann, wie es mit gefällt. Ich träume von neuen Segeln, einer Ankerwinde, neuen Polsterbezügen. Die Wunschliste wird immer länger. Gerhard lacht mich aus. »Wenn du das alles finanzieren willst, wirst du wohl zehn Jahre arbeiten müssen.« Abwarten. Er glaubt sowieso nicht, dass ich überhaupt allein losfahre.

Allein. Die Vorstellung ist schaurig schön. Ich weiß, dass ich gern allein auf dem Schiff bin. Ich weiß natürlich auch, dass Gerhard mir spätestens dann fehlen wird, wenn etwas kaputtgeht. Oder wenn ich Angst kriege und keiner da ist, nach dem ich rufen kann. Aber es muss auch großartig sein, es allein zu schaffen.

Mehr als drei Wochen sind wir nun auf See, und wegen der immer noch schwachen Winde ist kein Ende abzusehen. Wir machen mal fünfzig, mal achtzig Meilen am Tag, dann wieder dreißig. Die Stimmung ist nach wie vor gut. Erstaunlich gut. Drei Wochen hocken wir jetzt auf engstem Raum zusammen und streiten nicht mal. Ich wäre zwar nicht böse, mal wieder ein anderes Gesicht zu sehen, aber überraschenderweise geht Gerhard mir nicht auf die Nerven. Wir sind Freunde geworden, seit wir uns auf Tobago getrennt und dann beschlossen haben, das Boot trotzdem zusammen zurückzusegeln. Ab und zu geht die Freundschaft auch weiter. Aber: Freundschaftliche Gefühle und gelegentliche Rückfälle ins Bett sind mir zu wenig für weitere Jahre in Zweisamkeit. »Liebst du mich?«, fragt Gerhard ab und an. »Ich hab dich lieb«, antworte ich.

26. Tag

Sollte eine Meerjungfrau vorbeikommen und mir drei Wünsche gewähren, wäre die Wahl einfach: Knoblauch, Klopapier und eine durchgeschlafene Nacht! Die Dauermüdigkeit nimmt zu. Das Klopapier ist auch fast alle, und unsere Verpflegung wird deutlich schlichter. Zwiebeln, Reis, Nudeln und Tomaten in Dosen gibt es noch reichlich. Aber Käse ist nicht mehr da und auch kein Knoblauch. Mehl wird knapp. Das ist besonders ärgerlich, weil meine

Brote und Pizzen aus dem Schnellkochtopf und aus der Pfanne immer besser werden. Von den letzten sechs Eiern waren vier faul. Zäh verteidige ich die noch verbliebenen zehn Kartoffeln gegen Gerhards Menüvorschläge. Ich hoffe immer noch auf frischen Fisch, und dazu möchte ich Kartoffeln essen. Ich lasse Alfalfa, Kresse und Mungbohnen für Salate keimen – von Vitaminmangel auf der Manua Siai keine Spur.

Wie lange es wohl noch dauert? Zur Zeit haben wir Wind und kommen gut voran. Es fehlen nur noch knapp sechshundert Seemeilen nach Flores. Das Leben an Bord wird allmählich zur Daseinsform. Gibt es noch ein anderes? Sollte es eines geben, dann ist es weit weg – wenn auch inzwischen nicht mehr an Meilen. Die Geräusche des Schiffes, seine Bewegungen, der Anblick des Meeres, der immer ähnliche Tagesablauf, die unterbrochenen Nächte – das alles ist so normal wie früher ein Tag im Büro. Noch zwei Wochen, noch drei? Kein Problem. Die Vorstellung macht mir keine Angst. Ich bekomme zum ersten Mal eine Ahnung, was in dem berühmten französischen Einhandsegler Bernard Moitessier vorgegangen ist, als er schrieb: »Und bis zum Hoorn will ich an nichts anderes mehr denken als an mein Schiff, diesen kleinen roten und weißen Planeten, geformt aus Raum, reiner Luft, Sternen, Wolken und Freiheit in ihrer tiefsten und natürlichen Bedeutung.«

28. Tag

Wieder sind Fronten durchgegangen, eine nach der anderen, unterbrochen von Windstillen. Aber keine war wirklich heftig. Die Manua Siai ist unter Sturmfock mit den Wellen gesurft. Ich stand wie im Rausch im Cockpit und fand es großartig. Diesmal bot das Schauspiel auch hohe Wellen, die ein Sturm nördlich von uns produziert haben dürfte. Sie waren etwa vier Meter hoch und kamen von der Seite und schräg von hinten. Das Boot musste schwere Schläge einstecken, wenn ein Kamm gegen einen der Rümpfe knallte. Jetzt ist der Wind wieder eingeschlafen.

Ich warte noch immer auf die Meerjungfrau, habe aber meine Wünsche überarbeitet. Ist schließlich ziemlich dämlich, sich eine durchgeschlafene Nacht zu wünschen, wenn man auch ein Radargerät haben kann – und damit viele durchgeschlafene Nächte.

30. Tag
»Die Sonne schien, da sie keine Wahl hatte, auf nichts Neues.« (Samuel Beckett)

31. Tag
Wir haben in den vergangenen vierundzwanzig Stunden ganze vier Seemeilen nach Flores gutgemacht. Jetzt sind es noch 310. Wir haben mittlerweile fast alle Segel, die wir besitzen, benutzt (ich lerne auf dieser Fahrt am Ende doch noch richtig segeln!): Spinnaker, Topsegel, leichte Genua, schwere Genua, Sturmfock, Arbeitsfock. Für jedes Segel hatten wir schon den passenden Wind.

Zur Zeit ist wieder Brisensegelei dran: leichtes Kräuseln der Wasseroberfläche, ein Hauch von Wind auf der Haut – Segel hoch. Kaum ist es oben, ist die Brise wieder weg. Segel runter. Zehn Minuten später das Ganze von vorn. Allmählich erlahmt selbst mein Ehrgeiz. Und im Radio sagt der Wettermann, dass wir im größten Hoch sind, das es während der vergangenen fünf Jahre in dieser Gegend gab. Na toll. Wer will schon auf die Azoren?

Gerhard ist heute von einem heimtückischen Schwarm kleiner Thunfische unter unserem Boot mutwillig provoziert worden. Sie kamen immer gerade so weit an die Oberfläche, dass er sie mit der Harpune nicht erwischen konnte. Auch sein improvisierter Speer versagte – der an unseren Bootshaken gebundene Harpunenpfeil stach zwar in den Rücken eines Thunfisches, aber nicht tief genug. Es tat uns Leid um den verletzten Fisch. Die Wunde würde hoffentlich vernarben.

Unsere Angelhaken haben die Fische von vornherein ignoriert. Fischfilet gibt es heute trotzdem. Goldmakrelen sind nämlich weniger schlau als Thunfische. Sie verschwinden nicht, wenn Gerhard tauchend mit der Harpune auf sie zukommt. Gestern hat er ein schönes großes Exemplar geschossen – dazu gibt es jetzt die letzten Kartoffeln. Beim Essen erzählt Gerhard, dass er sich während seiner Jagd mit der Harpune gefragt hat, warum sich die Goldmakrelen wohl unter unserem Schiff verstecken. Als ihm dann eingefallen sei, dass andere Jäger der Grund sein könnten, Haie zum Beispiel, sei ihm ziemlich mulmig geworden.

33. Tag

Sage niemand, hier sei nichts los! Makrelen jagen Schildkröten, und wir sind umzingelt von Segelbooten. Vier Segel haben wir am Horizont gesichtet, zwei am Vormittag, zwei am Nachmittag. Funkkontakt. Zwei der Boote sind amerikanisch, eines argentinisch. Das vierte ist ein Russe. Eines der amerikanischen Boote will direkt ins Mittelmeer, die anderen wie wir auf die Azoren. Abwechslung jeder Art ist uns willkommen. Allmählich kommt ein bisschen Langeweile auf. Von schönen Sonnenuntergängen habe ich fürs Erste genug. Und mein Bücherstapel neigt sich dem Ende zu. Ich hab sogar schon die Biografie von Jehan Sadat gelesen (die Literaturauswahl an Bord erfolgt nach einem einfachen Prinzip – ich nehme alles, was mir andere Seglerinnen und Segler zum Tausch anbieten). Ich hoffe sehr, dass wir ankommen, bevor ich aus purer Verzweiflung einem englischen Fantasy-Roman lese, das letzte Buch im Stapel.

35. Tag
Noch 123 Seemeilen nach Flores. Dass unsere Ankunft absehbarer ist, hat der Zeit ihre Bedeutung zurückgegeben. Unsere Geduld ist wie weggeblasen. Alle unsere Sinne verlangen nach Land – Grün sehen, Menschen treffen, frischen Salat essen, weiter als zehn Meter laufen, Blumen riechen ...

Wir haben leichten Wind und segeln mit vier Knoten Geschwindigkeit unter Spinnaker. Im Radio ist die Rede von der nächsten Flaute. »Gerhard, noch eine halt ich nicht aus, dann will ich motoren!« Ich weiß, dass unser Benzin für knapp zweihundert Meilen reicht.

Mein Süßstoff ist alle. Dreihundert Tabletten waren in der Packung, die ich erst unterwegs angebrochen habe. Ich nehme für jede Tasse Tee eine halbe, muss auf dieser Fahrt also mehr als sechshundert Tassen Tee getrunken haben! Kann das stimmen? Ich bin keine Königin der Mathematik, und bei dieser Zahl kommen mir Zweifel selbst an dieser schlichten Rechnung. Aber es stimmt. Schließlich habe ich während jeder Nachtwache eine Kanne Tee geleert, das waren allein zehn Tassen pro Nacht. Dazu noch mein Anteil an den Kannen, die wir uns tagsüber einverleibt haben.

36. Tag
Es ist nicht zu fassen. Da segeln wir 2500 Meilen und schaffen es, im Dunkeln anzukommen. Also Segel runter und – die Lichter der Insel vor Augen – auf das Tageslicht warten. Wind ist sowieso keiner da. Die letzten zwanzig Meilen werden wir doch noch motoren müssen.

37. Tag

Zu Ende. Einfach zu Ende. Der Anker liegt im sandigen Grund, und wir liegen uns in den Armen. Sekt, Sonne. Tiefgrüne Insel. Wie im Bilderbuch, aber irgendwie unwirklich. Wir sind da, aber ein Teil von uns ist noch da draußen. »Segeln, das geht so langsam, da kannst du die Seele mitnehmen.« Karl, der Däne, hatte das vor zwei Jahren gesagt. Jetzt fällt mit dieser Satz wieder ein. Ja, Karl, stimmt schon. Aber meine Seele braucht diesmal ein bisschen länger, um anzukommen.

Harte Landung

»Hallo, Mami, wir haben's geschafft, wir sind heil angekommen.«

Ich stand im Hauptstädtchen von Flores in der Telefonzelle, beschienen von den warmen Strahlen der Julisonne. Das feurige Rot großer Lilien leuchtete durch die Scheiben. Freudestrahlend und überschwänglich sprudelte ich ins Telefon.

»Die Fahrt war superschön, nur ein bisschen wenig Wind, aber alles ist glatt gegangen. Wie geht's euch?«

»Tja, also, Kind, nun reg dich nicht auf, dein Vater hatte einen Schlaganfall, eigentlich wohl zwei.« Reg dich nicht auf? Ich regte mich auf.

»Wie geht's ihm, wie schlimm ist es, wann ist das passiert? Ich komme sofort!« – »Es ist nicht so schlimm, Ulrike sagt, du sollst erst einmal nicht kommen.«

Der nächste Anruf galt meiner Schwester. Ja, unser Vater hatte vor drei Wochen einen ersten leichten Schlaganfall gehabt. Dann, vor wenigen Tagen, den zweiten. Er war siebenundsiebzig. Jetzt lag er im Krankenhaus und konnte kaum sprechen, war aber nicht gelähmt.

»Komm erst mal nicht. Wenn du plötzlich an seinem Bett stehst, denkt er nur, es geht ans Sterben.«

»Bist du sicher?«

»Ja, ganz sicher. Ich melde mich sofort, wenn sich hier etwas ändert. Seht zu, dass ihr schnell nach Spanien segelt, dann bist du ja bald hier.«

Gerhard und ich hatten beschlossen, in Spanien einen Liegeplatz für das Schiff zu suchen. Nach bisheriger Planung wollte ich im September in Hannover zu arbeiten beginnen.

Geschockt erzählte ich Gerhard, was ich gerade gehört hatte. Meine Gefühle waren durcheinander. Einerseits wollte ich dem Rat meiner Schwester folgen, andererseits meinen Vater sehen. Jeden Tag telefonierte ich mit meiner Familie. Wir kauften ein Handy, um immer erreichbar zu sein, und beschleunigten unser Reisetempo. Am 19. Juli, wir waren inzwischen auf der Insel Faial, rief meine Schwester an. »Tina, jetzt schaffe ich es allein nicht mehr. Komm bitte, sobald du kannst.«

Mein Vater war aus dem Krankenhaus in eine Kurzzeitpflege entlassen worden und hatte, trotz seiner Schwäche, versucht, von dort wegzulaufen. Er wollte sterben und war aggressiv gegen alle, die ihm helfen wollten – eine Depression nach dem Schlaganfall. Er lehnte alles ab – Behandlung, Nahrung, Flüssigkeit. Und er war geistig verwirrt. Seine Ärztin hatte ihn ins psychiatrische Landeskrankenhaus eingewiesen.

»Tina, wir müssen jetzt die Betreuung übernehmen, ich habe alles eingeleitet, aber ich brauch dich bald hier.«

»Ja sicher, Ulle, ich komme.«

Ich war fix und fertig. Mein Vater in der Psychiatrie. Das Idol meiner Kindheit. Der Journalist, dem ich nachgeeifert hatte. Der großartige Schreiber, mit dem ich noch vor ein paar Monaten die ersten Seiten meines Manuskriptes durchgearbeitet hatte. Jetzt geistig verwirrt. Es war unvorstellbar. Was meine Schwester am Telefon beschrieb, konnte ich, fast dreitausend Kilometer entfernt auf meinem Schiff, nur schwer als wahr akzeptieren.

Natürlich würde ich nach Hause fliegen. Und dann? Was kam auf mich, auf uns alle zu? Ich wollte für die Eltern da sein und meine Schwester entlasten. Sie hatte mir drei Jahre lang den Rücken freigehalten. Jetzt war ich dran. Womöglich musste ich nach Oldenburg ziehen statt nach Hannover. In rasendem Tempo zogen Bilder an mir vorbei – Bilder von einem Leben, das ganz anders aussah, als ich es mir vorgestellt hatte. Ich hatte Angst vor dem, was mich zu Hause erwartete. Und bei aller Sorge um meinen Vater war ich auch traurig über dieses Ende unserer Reise. »Das muss doch gar nicht das Ende sein«, versuchte Gerhard zu trösten. »Vielleicht kannst du in vier Wochen zurückkommen, weil es deinem Vater besser geht, und wir segeln wie geplant nach Spanien.« Vielleicht. Ich glaubte nicht daran und kam mir egoistisch vor, weil ich darüber unglücklich war. Mir war zum Heulen.

Zehn Tage später saß ich am Bett meines Vaters. So klein und alt lag er da. Seine ganze Persönlichkeit schien geschrumpft. »Hallo, Tina!« Er erkannte mich und lächelte, aber das war auch schon alles. Ein Gespräch unmöglich. Tieftraurig fuhr ich zurück zu meiner Mutter und versuchte mir meine Bestürzung nicht anmerken zu lassen. Sie war auch ohne mein Zutun ein Nervenbündel, noch dazu eines mit einer schweren Bronchitis. Neunundsiebzig Jahre alt. »O Gott, Kind, wie soll das bloß weitergehen?« Sie schien nur noch aus Angst zu bestehen. Um Vater, um sich, um die Zukunft. »Das kommt alles ins Lot, bestimmt.« Pfeifen im dunklen Wald.

Die Krankheit meines Vater übernahm für einige Wochen die Regie über mein Leben. Es war gut, hier zu sein. Aber es gab Momente, in denen ich heulend im Bett saß und mich nach meinem Zuhause, nach meinem Schiff sehnte. Heimlich, damit meine Mutter meine Tränen nicht sah. Sie sagte zehnmal am Tag: »Was bin ich froh, dass du wieder da bist und nicht mehr auf diesem Schiff!«

Langsam besserte sich der Zustand meines Vaters. Ich war seit einer Woche zu Hause, als er plötzlich einen glasklaren Satz aussprach: »Wie weit bist du mit dem Buch?« Da war er wieder, mein Paps, nur für einen Moment zwar, aber da! Draußen, vor der Tür des Krankenhauses, brach ich in Tränen aus. Als ich nach Hause kam – immer noch heulend –, dachte meine Mutter, ich hätte einen Unfall gebaut. Aber ich war nur froh, weil ich nicht damit gerechnet hatte, jemals wieder mit ihm zu sprechen.

»Gerhard, ich bleibe hier. Keine zehn Pferde kriegen mich jetzt von hier weg!« Am Telefon versuchte ich Gerhard meine Gründe zu erklären. Ich hatte das Gefühl, meinem Vater helfen zu können – durch meine Anwesenheit. Und durch das Buch. Ich würde ihm vorlesen, was ich bislang geschrieben hatte, und Zugang zu ihm suchen.

»Nun warte doch erst einmal ab, in drei Wochen kann viel passieren!«

»Ich komm nicht zurück, ich weiß es!«

Es war gut, dass mir keine Zeit blieb, um über meine eigene Situation nachzudenken. Die organisatorische Seite der Krankheit füllte meine Tage voll aus. Rechnungen bezahlen, Formulare ausfüllen für Krankenkasse und Pflegeversicherung, Berge von Unterlagen sichten, mich gemeinsam mit Ulrike über unsere Aufgaben als Betreuerinnen belehren lassen. Bankbesuche, Vermögensaufstellung, Gespräche mit Ärzten. Jeden Tag ein langer Besuch bei meinem Vater, tröstende Gespräche mit meiner Mutter. Viele Telefonate mit Ulrike, die mit ihrer Familie in Hamburg lebt und dort als Lehrerin arbeitet. Jetzt konnte ich zu ihr endlich mal sagen: »Bleib in Hamburg, ich krieg das schon hin.« Meine Schwester kam trotzdem oft.

Inzwischen war klar, dass mein Vater so schnell nicht wieder nach Hause kommen würde. Im Krankenhaus empfahl man uns dringend eine Unterbringung im Heim. Aber Heimplätze waren in und um Oldenburg nicht frei. Überall hörten wir: »Wir setzen Ihren Vater auf die Warteliste.« Mein Rückflugticket auf die Azoren lag schon längst im Papierkorb. Dann kam die erlösende Nachricht von einem neuen Altenpflegeheim in Bad Zwischenahn, zwanzig Autominuten entfernt von Oldenburg. Zwei Tage später unterschrieb ich den Vertrag für ein geräumiges helles Zimmer. Ich war erleichtert. Meinem Vater ging es mittlerweile wesentlich besser. Er war zwar nach wie vor phasenweise verwirrt und körperlich schwach, aber er wollte leben und so gesund werden wie möglich. Er fing sogar wieder an, mein Manuskript zu redigieren.

»Mami, ist das nicht wunderbar, jetzt haben wir ein schönes Zimmer.«

»Ach, ich glaube, das ist nicht das Richtige.«

»Aber wir haben doch gar keine Alternative!«

»Kann er denn nicht doch nach Hause kommen?«

»Nein, Mami, du schaffst das nicht, sagen die Ärzte, und ich auch nicht, wenn ich wieder arbeite.«

Es fiel meiner Mutter schwer, die Krankheit ihres Mannes anzunehmen und auch noch zu akzeptieren, dass sie selbst ihm nur wenig helfen konnte. Sie war weder körperlich noch seelisch stark genug. Auch ich konnte nicht rund um die Uhr für meine Eltern da sein – ich musste bald wieder arbeiten. Der Entschluss, nicht nach Hannover zurückzugehen, stand inzwischen fest. Ich würde in Oldenburg als freie Journalistin anfangen und so in der Nähe bleiben. Aber auf gar keinen Fall würde ich noch länger bei meiner Mutter wohnen.

»Bettina, mit wem telefonierst du?« – »Du willst heute Abend noch in die Stadt? Komm aber nicht so spät wieder!« – »Also, ich weiß wirklich nicht, wie du das in Zukunft mit dem Geld regeln willst, du konntest doch mit Geld noch nie umgehen.«

Meine Güte, ich war vierzig Jahre alt. Ich trat die Flucht an und zog zu meiner Freundin Ani nach Sandkrug bei Oldenburg. Mangels freiem Zimmer in ihrem Haus kaufte ich einen alten Wohnwagen, stellte ihn in den Garten und richtete mir darin Bett und Büro ein – mein eigenes kleines, gemütliches Reich. Mit vielen Fenstern und Licht. Mit Schreibtisch, Sitzecke und Computer. Eng und kuschelig. Es war fast wie im Schiff, besonders wenn Regen auf das Dach trommelte.

Und drinnen im Haus waren Ani und ihre Kinder, Anne und Djure. Die Kinder, die ich schon immer irgendwie auch als meine betrachtet hatte. Wir teilten Küche und Bad, aßen zusammen. Plötzlich, von einem Tag auf den anderen, gab es wieder Lachen in meinem Leben. Fröhliche Menschen. Gespräche über alles Mögliche, nicht nur über Krankheit und Sorgen.

Im September hatte sich die Lage beruhigt. Mein Vater war umgezogen und begann sich im Heim einzugewöhnen. Meine Mutter litt zwar weiterhin, aber daran konnte ich nichts ändern. Was zu organisieren war, war organisiert. Gerhard hatte beschlossen, nicht allein oder mit einem Freund nach Spanien zu segeln, sondern den Winter auf den Azoren zu verbringen. Wir würden das Boot im nächsten Frühjahr gemeinsam in den Fluss Guadiana bringen, dorthin, wo wir unseren ersten Reisewinter verbracht hatten.

21. September, Notizen zur Gemütslage

Morgen ist mein 41. Geburtstag, und ich bin im Stress. Ich habe angefangen zu arbeiten und Radiobeiträge zu machen. Aber ich bin zu langsam und muss erst lernen, mit der neuen Technik umzugehen. Ich komme noch nicht klar hier. Alles ist so anstrengend.

Kaum liegt das Thema Eltern nicht mehr ganztägig an, da drängt die Arbeit. Ich muss Geld verdienen. Und das Buch fertig schreiben. Alles ist wie früher: zu viel Arbeit, zu wenig Schlaf. Zu wenig Muße. Mein Nacken ist total verspannt, ich habe kleine Augen, müde, trockene Haut und eine leere Schachtel Zigaretten neben mir. Keine Ahnung, wann ich die alle geraucht habe. Ich könnte schreien.

Vor einem Jahr waren wir in der Lagune. So weit weg ist das jetzt – in Kilometern gar nicht auszudrücken. Kalter Sekt und warmes Bier, weißer Sand, Laura und Mario, die Wärme, die Fischer, das Telefonhäuschen, in dem ich an meinem Geburtstag lange mit meinem Vater gesprochen habe. Mir ging es so gut (vom Stress mit Gerhard mal abgesehen). Hat es das wirklich gegeben? Und was mache ich jetzt hier? Hab ich denn gar nichts gelernt? So darf es nicht bleiben. Ich kann doch nicht mein Leben aufsparen bis zur nächsten Reise!«

Einige Zeit nach meinem Geburtstag lag zum ersten Mal seit meiner Rückkehr ein freies Wochenende vor mir. Ich würde nicht arbeiten und nicht meine Eltern besuchen, sondern nur für mich selbst da sein. Lange schlafen, Zeit mit Ani und den Kindern verbringen. Spazieren gehen. Ein Buch lesen, in die Badewanne gehen. Schon die Vorstellung war herrlich.

»Betsie, Telefon.« Gerhards Vater war bewusstlos in seiner Wohnung gefunden worden. Vermutlich ein Schlaganfall. Herbert lebte seit Jahren allein – Gerhards Eltern sind geschieden. Jetzt lag er im Krankenhaus. Am Abend saß ich am Krankenbett meines Schwiegervaters im Sauerland.

Er war wieder bei Bewusstsein, erkannte mich aber nicht. Gerhard musste kommen. Das stand fest.

Um ehrlich zu sein, ich hatte meinen sturen Schwiegervater nie besonders gemocht. Er war nicht grundlos allein und hatte es im Laufe der Jahre geschafft, sich auch noch mit den nettesten Nachbarn zu zerstreiten. Jetzt aber sah ich nur einen alten, kranken Mann, der dankbar war für ein bisschen Zuwendung. Gestützt von meinem Arm aß er sein Mittagessen, ließ sich später von mir die Nägel schneiden und die Beine eincremen. Glücklich lächelte er mich an. »Danke, Tilly«, sagte er, als ich wieder gehen musste. Tilly war Gerhards erste Freundin gewesen.

Ich besorgte Wäsche für Herbert und telefonierte mit Gerhard. Er wollte sofort kommen, aber momentan bewegte sich ein Hurrikan namens Felix direkt auf die Azoren zu. Gerhard konnte das Boot nicht allein lassen und bei dieser Wetterlage auch keinem Dritten die Verantwortung für die Manua Siai aufbürden. Unsere Freunde auf den Azoren hatten genug Sorgen mit den eigenen Booten. Konnte denn nicht mal irgendetwas einfach sein? Nach drei Tagen banger Beobachtung der Wetterkarten war Felix zu einem gewöhnlichen Sturm geworden und abgedreht. Jetzt versprachen die Freunde, auf unser Schiff zu achten, das im Außenhafen von Ponta Delgada lag. Gerhard nahm den nächsten Flieger.

Ich war wieder in Sandkrug. Gerhard und ich telefonierten oft. Herbert hatte seinen Sohn erkannt; sein Gesundheitszustand schien sich zu bessern. Sobald Gerhard seinen Vater für zwei Tage allein lassen konnte, trafen wir uns in Hannover. Es war schön, ihn zu sehen und zu sprechen. Wir waren kein Paar, und wir waren doch eins. Wir gingen getrennte Wege und manche gemeinsam (den zum Steuerberater beispielsweise). Es war gut so. Für den Augenblick musste sich an dieser Form der Beziehung nichts ändern.

Mein eigenes Leben normalisierte sich allmählich. Soweit es normal ist, nach drei Jahren Segelleben wieder in Deutschland einzusteigen. Manches daran war schwierig. Die Arbeit zum Beispiel. Ich fand den Spagat zwischen Radio- und Schreibarbeit anstrengend (kam mir das nur so vor, oder hatte ich so etwas früher besser weggesteckt?). Deshalb ließ ich das Geldverdienen erst einmal wieder sein und konzentrierte mich auf eine Sache. Jetzt hatte ich auch wieder Zeit zu schlafen, wenn mir danach war, und alte Freundinnen und Freunde zu sehen. Das war möglich, weil Gerhard mich an eine stille Finanzreserve erinnert hatte. Es war Geld, das er vor drei Jahren für uns beide angelegt hatte. Davon konnte ich nun eine Zeit lang leben.

Stück für Stück krabbelte ich aus meinem Loch. Ich war hier, in Sandkrug, in meinem Wohnwagen. Na und? Sonne konnte ich mir notfalls aus der Steckdose holen. Kein Grund, den Kopf hängen zu lassen. Ich konnte sogar wieder E-Mails von den weitersegelnden Freunden beantworten, ohne vor Neid zu heulen. Es war an der Zeit, mit dem Gejammer aufzuhören und wieder ein vollwertiges Mitglied dieser Gesellschaft zu werden. Dazu braucht der Mensch einen festen Wohnsitz. Eine Krankenversicherung. Eine Heizung. Eine Steuernummer. Ein Auto. Eine Autoversicherung. Viel Zeit und starke Nerven für Behördengänge und Stapel von Formularen. In einigen Bereichen war nichts mehr so, wie ich es kannte. Es gab neue Telefontarife und neue Bedingungen für Versicherungen.

Mein erstes Auto nach Jahren erwies sich prompt als Flop. Nicht dass ich für 1500 Mark allererste Sahne erwartet hätte – aber ein funktionierendes Getriebe wäre schön gewesen. Stattdessen fand ich mich zweimal wöchentlich beim Autohändler ein, der – fatal für ihn – ein Jahr Garantie auf das alte Schätzchen gegeben hatte (auch so eine Neuerung, aber eine, die mir gut gefiel). Der arme Kfz-Meister des Betriebes kriegte schon grüne Pickel, wenn er mich nur sah. Das ging so lange, bis meine Mutter zum Sparbuch griff und dem Grauen durch den Kauf eines besseren Wagens ein Ende machte. Der freundliche Autohändler nahm den ersten Wagen zum vollen Preis zurück.

Die Geldfrage blieb schwierig. Wenn ich über meine künftige Finanzierung nachdachte, geriet ich manchmal in Panik. Lange würde die Reserve nicht reichen. Mein Leben war teurer als erwartet, selbst ohne Miete. Ständig lagen Anschaffungen an: ein Monitor für den Computer, ein Telefon, ein Handy – Dinge, die ich zum Arbeiten brauchte. Dazu Benzin, Versicherungen, feste Schuhe, Lebensmittel. Ab und zu Essen gehen, ein bisschen Luxus. Es war auch nicht so leicht, wie ich es mir vorgestellt hatte, mich in Sachen Arbeit selbst zu disziplinieren, also ohne äußeren Druck regelmäßig einige Stunden am Computer zu verbringen. Das würde auch nicht leichter sein, wenn ich erst wieder als freie Journalistin arbeitete.

Vielleicht sollte ich mich doch besser auf eine feste Stelle bewerben. So eine Stelle könnte das Korsett sein, das mir helfen würde, wieder einen festen Lebensrhythmus zu finden. Doch, das klang gut. Es gab sogar eine freie Stelle, die in Frage kam. »Können Sie garantieren, zwei Jahre zu bleiben?«, fragte der potenzielle Chef. Zwei Jahre? So lange würde ich mindestens in Deutschland bleiben. Ich sagte Ja – und mir wurde schlecht, körperlich schlecht. Nach ein paar Tagen ein weiteres Telefonat. »Also, drei Jahre wären angesichts Ihrer Vorgeschichte schon sicherer« (natürlich ging es hier nicht um schriftliche Verbindlichkeiten, aber doch um eine mündliche Zusage, ein Versprechen, an das ich mich gebunden fühlen würde). Mit der Zweijahresgarantie hatte ich mich schon nicht wohl gefühlt, aber drei Jahre? Das ging nicht. Ich konnte und wollte mich nicht mehr für so lange Zeit festlegen. Das Thema feste Stelle hatte sich für mich erledigt.

Im Sauerland machte Gerhard derweil mit seinem Vater dasselbe durch wie ich vor einiger Zeit: Überweisung in die Psychiatrie, Betreuungsübernahme, Suche nach einem Heimplatz. Nach gut drei Wochen ging es Herbert schon besser. Gerhards Rückflug lag an. Er musste zurück zu unserem Schiff; auf den Azoren drohten weitere Stürme. Zwei Tage nach dem geplanten Umzug seines Vaters ins Pflegeheim ging der Flieger.

Der Umzug fand nie statt. Herbert bekam plötzlich epileptische Anfälle und blieb in der gerontopsychiatrischen Klinik. In Absprache mit der Ärztin und mit dem Wissen, dass sein Vater am besten Ort war, den es zurzeit für ihn geben konnte, stieg Gerhard schweren Herzens ins Flugzeug. Auf den Azoren klärte er als Erstes, wie er jederzeit wieder nach Deutschland fliegen konnte. Er telefonierte täglich mit der Ärztin. Nach einer Woche rief sie ihn morgens an: »Ich habe das Gefühl, Sie sollten kommen.« Gerhard nahm das nächste Flugzeug nach Lissabon – es gab keine Direktflüge nach Deutschland mehr – und war nach dreiundzwanzigstündiger Reise wieder an Herberts Krankenbett. Drei Wochen später sah ich Gerhard bei der Beerdigung seines Vaters wieder.

Zu viert standen wir am Grab, der Pfarrer, Gerhard, sein Freund Meik und ich. Ich starrte auf den Sarg in der Grube und war in Gedanken auch bei meinen eigenen Eltern. Ich weiß, es klingt hart, aber ich hatte mir in den vergangenen Monaten manchmal heimlich gewünscht, dass sie nicht mehr lange leben würden – um ihret- und um meinetwillen (ungefähr so ernsthaft, wie entnervte Mütter gelegentlich ihr Baby an die Wand werfen möchten). Aber hier, am Grab Herberts, hoffte ich nur, sie nicht so bald beerdigen zu müssen. Am besten nie.

Später nahm ich Gerhard in den Arm. Uns verband viel in diesem Augenblick. Wir hatten beide unsere Eltern allein gelassen und hatten nun mit Schuldgefühlen zu kämpfen. Wir beide mussten uns plötzlich mit Alter, Krankheit und Tod auseinander setzen. Beide wussten wir nicht, wie unser Alltag in den nächsten Jahren aussehen würde, und mussten in ein Leben zurückfinden, das uns fremd geworden war und in dem wir uns nicht mehr zu Hause fühlten. Wir sprachen nicht darüber an diesem Tag, aber es tat gut, beieinander zu sein.

Nachdenklich und traurig fuhr ich zurück nach Hause. Im Auto versuchte ich mit meiner Lieblingsmusik vom karibischen Karneval glücklichere Momente zurückzurufen – und stellte die Musik wieder aus. Gut, ich war traurig. Ein Mensch war gestorben. Meinen Eltern ging es schlecht. Ich durfte traurig sein. War ich auch traurig über das Ende unserer Reise und unserer Liebesbeziehung? Ja, auch das. Und ich hatte Angst vor den nächsten Monaten und Jahren. Angst um meine Eltern. Angst, meine Träume nicht verwirklichen zu können, nie im Pazifik zu segeln, niemals ein Häuschen in Brasilien zu haben. Angst vor dem Alleinsein, Angst, die Sehnsucht zu verlieren.

Nein! Ich habe es einmal geschafft, ein Schiff zu bauen und drei Jahre lang in der Weltgeschichte herumzusegeln. Da werde ich es auch schaffen, das bisschen Selbstdisziplin aufzubringen, das eine freie Journalistin braucht, um genug Geld für eine weitere Reise zusammenzukriegen. Wenn ich nicht viel verdiene, muss ich eben sparsam leben. Das habe ich doch trainiert. Soll es doch ein paar Jahre dauern, bis ich wieder los kann. Jetzt vor ein paar Ängsten kapitulieren? Kommt gar nicht in Frage.

Sicher, damals waren wir zu zweit, jetzt muss ich es allein schaffen. Immerhin brauche ich kein Schiff mehr zu bauen. Und wer weiß schon, was und wer noch kommen wird? Meine Beziehung zu Gerhard hat sich in einem langen und oft schmerzhaften Prozess verändert. Aber es gibt sie noch. Jetzt bin ich mit einem guten Freund verheiratet, der eine Menge über Schiffe weiß. Vor allem über meins. Das ist doch gar nicht so schlecht.

Ich werde wieder segeln, irgendwann. Auf meinem Schiff. Reisen, schreiben, frei sein. Träume sind eine feine Sache. Noch besser ist es, sie zu leben. Ich hab es einmal getan, und ich tu's wieder.

Danke

Danke unseren Eltern, die ihr mit allem Verständnis, das ihr aufbringen konntet, Bootsbau und Reise denn doch unterstützt habt, Arbeitsstunden und diverse Finanzspritzen inbegriffen. Meinem Vater für die Hilfe am Skript.

Danke, Dirk, Max, Christian und den Jarchows, ohne euch wäre die Manua Siai um einiges teurer geworden (Max, dir auch danke für dein Gespensterdasein).

Dr. Arno Beyer und Eckart Pohl für Verständnis und Unterstützung.

Hulle, George und all den anderen auf der Werft für ungezählte Tassen Kaffee, gute Ratschläge und Informationen, aber vor allem für das Hinterherräumen. Jörg für den Info- und Ersatzteilservice aus der Heimat.

Ute, Jörn, Roger, Anja, Bodo, Katharina, Kathrin, Christoph, Boris, Gunda, Andreas und Familie Bornschein – für viele Stunden der Hilfe mit Pinseln, Näh- oder Bohrmaschine. Ohne euch wären wir vermutlich erst einen Sommer später losgekommen oder hätten zumindest ohne Beiboot, Innenanstrich, Lukenbefestigungen und Polsterbezüge fahren müssen.

Regina und Joachim, deren Auto wir vor der Abreise noch schnell kaputtfuhren und die uns trotzdem nicht die Freundschaft kündigten. Manni für die Reparatur. Theo und den Appels dafür, dass der Unfall in Bingum erstaunlich schöne Seiten bekam.

Meik, Herbert und Wolfgang – unter anderem für ihre Beratung während der Bauphase. Unserer »Post- und Bankfrau« Sabine.

Susanne, Jan, Karin, Siggi und Dedl für ihre Hilfe in allen Lebenslagen auf den Azoren.

Harald und Verena – ohne euch hätte ich manches nicht geschafft und schon gar nicht den Anfang dieses Buches. Euch kennen zu lernen war ein Highlight unserer Reise.

Unserem Literaturagenten Joachim Jessen von der Agentur Schlück. Ihm verdanken wir das Erscheinen dieses Buches und ich die Hoffnung, eines Tages tatsächlich mein Schiff kaufen zu können. Unseren Lektoren Jens Petersen und Astrid Grabow, deren Arbeit diesem Buch gut getan hat.

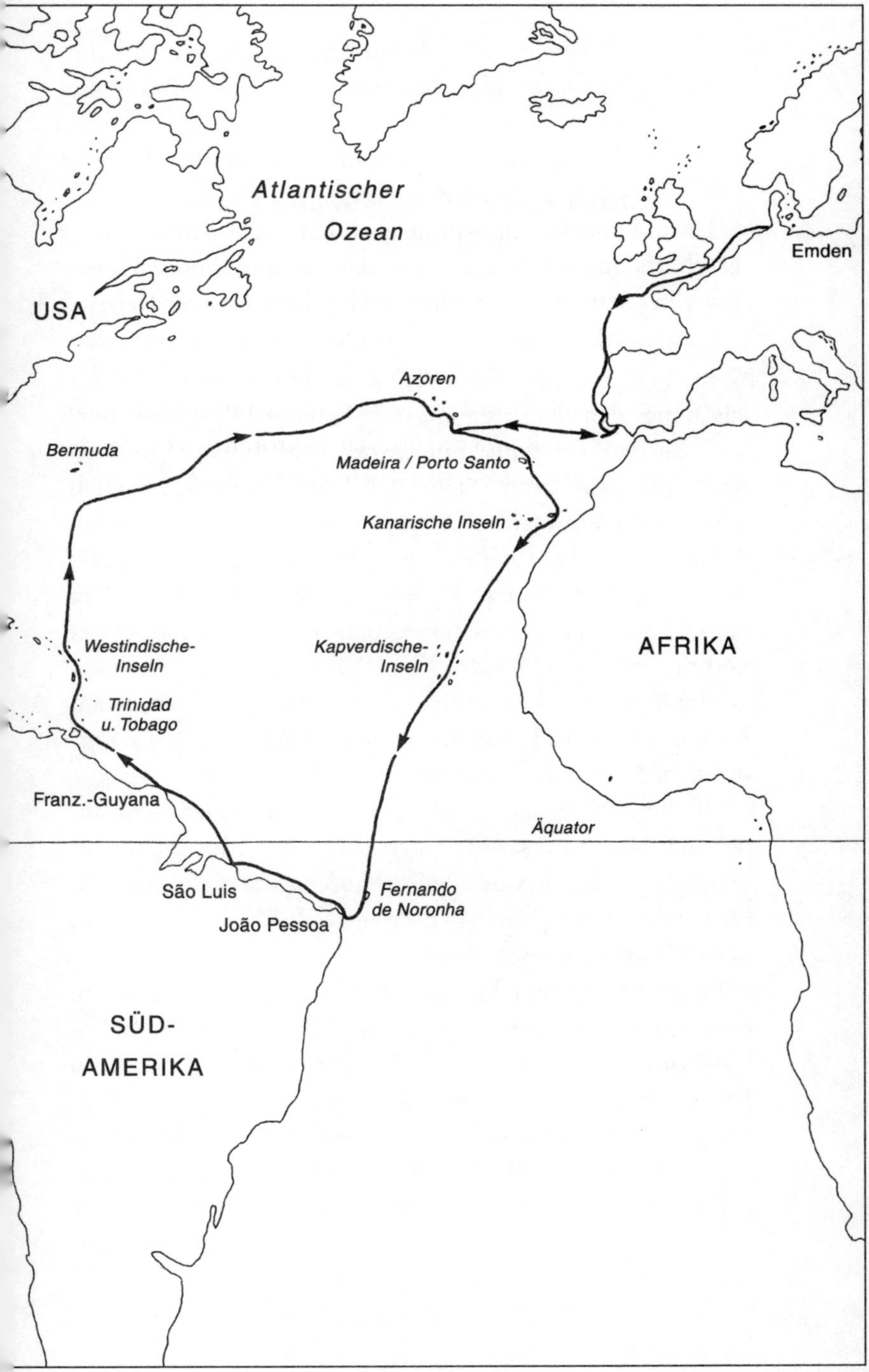

Atlantischer
Ozean
USA
Emden
Azoren
Bermuda
Madeira / Porto Santo
Kanarische Inseln
Westindische-
Inseln
Kapverdische-
Inseln
AFRIKA
Trinidad
u. Tobago
Franz.-Guyana
Äquator
São Luis
João Pessoa
Fernando
de Noronha
SÜD-
AMERIKA

Antworten auf oft gestellte Fragen
von Gerhard Ebel

Kann man denn einfach so ein Schiff bauen? Ja, man kann. Wenn Freunde oder Bekannte diese Frage stellen, bringe ich immer den Vergleich mit dem Bau eines Gartenhauses. Stell dir vor, du willst ein Gartenhaus bauen, bist kein Architekt, kein Zimmermann und auch kein Schreiner. Du hast aber handwerkliches Geschick. Du schaust dir im Baumarkt und bei Fachhändlern Holzhäuschen an, sprichst mit zahlreichen Leuten. Du liest Bücher. Du triffst plötzlich lauter Leute, die auch schon gebaut haben. Du redest viel und machst erste Skizzen. Eines Tages weißt du, wie dein Gartenhaus aussehen soll. Du kaufst Holz und fängst an. Es wird ein tolles Gartenhaus, deins. Und so haben wir es mit dem Boot auch gemacht.

Oft bin ich gefragt worden, ob man ein Boot nicht abnehmen lassen muss, bei einem TÜV für Boote. Gott sei Dank nicht bei privaten Selbstbauten, jedenfalls nicht in Deutschland. Ein Stückchen Freiheit, das hoffentlich nicht in EG-Richtlinien untergeht.

Einen Segelschein braucht man nicht, aber bei einem motorisierten Boot einen Sportbootführerschein.

Warum gerade dieses Boot? Ich denke, jedes Boot ist ein Kompromiss. Unser Boot sollte preiswert sein. Wir wollten, dass jeder von uns das Boot allein beherrschen konnte. Wir planten, nur auf der so genannten Barfußroute zu segeln und eigentlich neunzig Prozent der Zeit vor Anker zu liegen. Wir haben versucht, so viel wie möglich auf dem Gebrauchtmarkt zu kaufen. Zum Beispiel ist das Angebot für kleine Segel viel größer als das für große. Kleinere Segel sind bei aufkommendem Starkwind schneller und leichter zu bergen. Für eine 24-Quadratmeter-Genua reicht auch Bettinas Kraft. Segel setzen geht immer, Segel herunterzubekommen kann gefährlich werden. Also zwei kurze Masten mit niedrigem Segelschwerpunkt, was gleichzeitig die Kentergefahr senkt.

Für einen Katamaran haben wir uns vor allem wegen des Platzangebotes entschieden, gegen einen Mittelaufbau, weil wir in die Sonne wollten, nicht in die Nordsee. Und ein Katamaran wurde es sicherlich auch, weil das erste Buch, das ich zu diesem Thema las, von einer Reise auf einem Katamaran handelte. Ich studierte vor allem die Entwürfe von Dr. Arthur Petersen aus Leer, Wolfgang Hausner und James Wharram.

Wie viel Technik braucht man an Bord? Dazu grundsätzlich: Alles, was da ist, geht auch kaputt. Wir wollten die technische Ausrüstung deshalb und auch aus Kostengründen auf ein Minimum beschränken. Einzige Ausnahme: der Kühlschrank. So ein Kühlschrank ist eine feine Sache, aber es hängt viel dran: Solarzellen, Batterie, Ladegerät, Generator, all das könnte auch kleiner sein. Ich habe einen Kompressor-Kühlschrank in die Bilge eingebaut – theoretisch ein kalter Platz, nicht aber in den Tropen.

Für absolut notwendig hielten wir eine Selbststeuerung plus Reserve. Und ein GPS – oder besser drei, eben weil alles kaputtgehen kann. Wir hatten auch einen Sextanten zur Standortbestimmung mit sämtlichen Tabellen bei uns, waren dann aber zu faul, ihn zu benutzen.

Beim Thema Ankern gehen die Meinungen sehr auseinander. Wir haben mit der Zeit immer größere Anker ausgebracht. Zuletzt benutzten wir als Hauptanker einen 23-Kilo-Bügelanker mit einem Kettenvorlauf von zehn Metern (Zwölf-Millimeter-Kette) und so viel Seil wie nötig. Allerdings habe ich immer das Seil mit leeren Plastikflaschen hochgebunden, damit es bei Flaute nicht auf Grund liegen und sich an Steinen durchscheuern kann. Ein Seil kann sich dehnen und ist leichter als zusätzliche Ketten. Ersatzanker hatten wir auch reichlich (ich habe eine Ankermacke entwickelt). Ich bin übrigens fast immer zum Anker getaucht, um zu sehen, ob er sich gut eingegraben hat und wie der Ankergrund beschaffen ist. Eine Ankerwinsch hatten wir nicht. Bettina war beim Aufholen des 23-Kilo-Ankers am Kraftlimit, ich kurz davor.

Trinkwasser haben wir nur in Zehn-Liter-Kanistern mitgenommen. Die Kanister werden gefüllt, im Beiboot an Bord gebracht, verstaut, an die Fußpumpe angeschlossen und nach und nach gewechselt. Nach Verbrauch aller Kanister beginnt das Ganze von vorn. Sämtliche Kanister haben wir aber nur für Langstrecken gefüllt; normalerweise hatten wir 130 Liter Trinkwasser an Bord. Die Kanister lassen sich gut sauber halten, und wir haben oft an Plätzen geankert, an denen es keinen Möglichkeit gab, per Schlauch einen Tank zu füllen.

Als Dingi kann ich mir kaum etwas Besseres als unser festes Ruderboot vorstellen. Nur wenn es den Strand hochgezogen werden musste, brauchten wir für die gut achtzig Kilo Gewicht Hilfe oder einen länglichen Fender, den wir als Rolle unter das Beiboot gelegt haben. Ein zweites Beiboot zu haben bedeutet für ein Paar ein Stück Unabhängigkeit voneinander.

Was würde ich heute anders machen?

Nicht bewährt haben sich die Holepunkte der Segel und die zu schwache Ruderanlage. Ich hatte ein so genanntes

Kick-up-Ruder konstruiert, das wie bei einer Jolle bei Grundberührung hochklappt. Gute Idee, aber unseres war zu schwach gebaut.

Wir hätten ein Radargerät anschaffen sollen. Mit Radar sind die Nächte wieder zum Schlafen da – das Gerät hält nach Schiffen Ausschau und gibt Warntöne ab.

Bettina würde auf einen Kühlschrank nicht verzichten wollen, ich bin mir da nicht mehr sicher, eben weil der Stromverbrauch deutlich höher und die Stromproduktion damit teurer ist.

Unsere selbst gemachten Luken ließen sich nicht aufstellen – das war schlecht für die Lüftung im Schiff. Die Lüftung war insgesamt nicht genug durchdacht. Grundsätzlich ist die Luftfeuchtigkeit bei hohem Salzgehalt ein Thema auf fast jedem Boot. Alles rostet – vom Laptop bis zur Nagelschere. Wäsche wird schnell muffig oder sogar stockig. Je schlechter ein Boot durchlüftet ist, desto größer das Problem.

Ich würde mir heute mehr Gedanken darüber machen, womit ich mich eigentlich die ganze Zeit beschäftigen will. Nicht ohne Grund habe ich fast von Beginn der Reise an neue Boote entworfen und Modelle gebaut. Für mich war das Fehlen neuer Projekte ein Hauptproblem. Max hat einmal gesagt: »Gerhard, schon wieder so eine schöne Bucht, das wird langweilig.« Stimmt.

Die Ausrüstung der Manua Siai

Bordelektronik	
Selbststeuerung	Autohelm 1000
	Autohelm 4000
GPS	Magellan 5000
	Garmin etrex
Echolot	
Ankergeschirr	
Bügelanker	23 kg plus 10 m Kette,
	12 mm stark, und 50 m Seil
	2 × 16 kg plus 7 m Kette,
	8 mm stark, und 30 m Seil
CQR	32 lbs plus 7 m Kette,
	8 mm stark, und 50 m Seil
Motorisierung	
2 × Yamaha	9.9 PS, Viertakt-Außenborder
	im Schacht
Beiboote:	Merkury 2-Takt, 4 PS
	Suzuki 2-Takt, 2,2 PS
Rettungsmittel	
ACR-Notsender	406/121,5 MHz
VHF-Handfunkgerät	
Signalpistole	

Signalfallschirmraketen
Rettungswesten Secumar
Festes Beiboot mit Notausrüstung für mehrere Tage
Automatikfeuerlöscher in Motorräumen und Benzin/Gas-Bilge
Löschdecke am Herd

Stromversorgung
2 × 6V Bleibatterie, 220 Ah
2 × Motorbatterie, 60 Ah
3 × Solarpanele Shell, 40 Watt
Generator, Honda, 350 Watt, 2-Takt
12A-mobitronic-Ladegerät

Benzin
2 × 20-Liter-Tagestank plus 6 × 20-Liter-Kanister

Gas
3 × 5 kg Propan

Rigg

Aluminiummasten	2 × ca. 11,50 m
Wanten	8 mm
Fock	5 m^2, 7 m^2, 2 × ca. 15 m^2
Genua	ca. 4 × 20 m^2 bis 24 m^2
Spinnaker	ca. 90 m^2
Großsegel	ca. 15 m^2
Flieger oder Topsegel	ca. 12 m^2

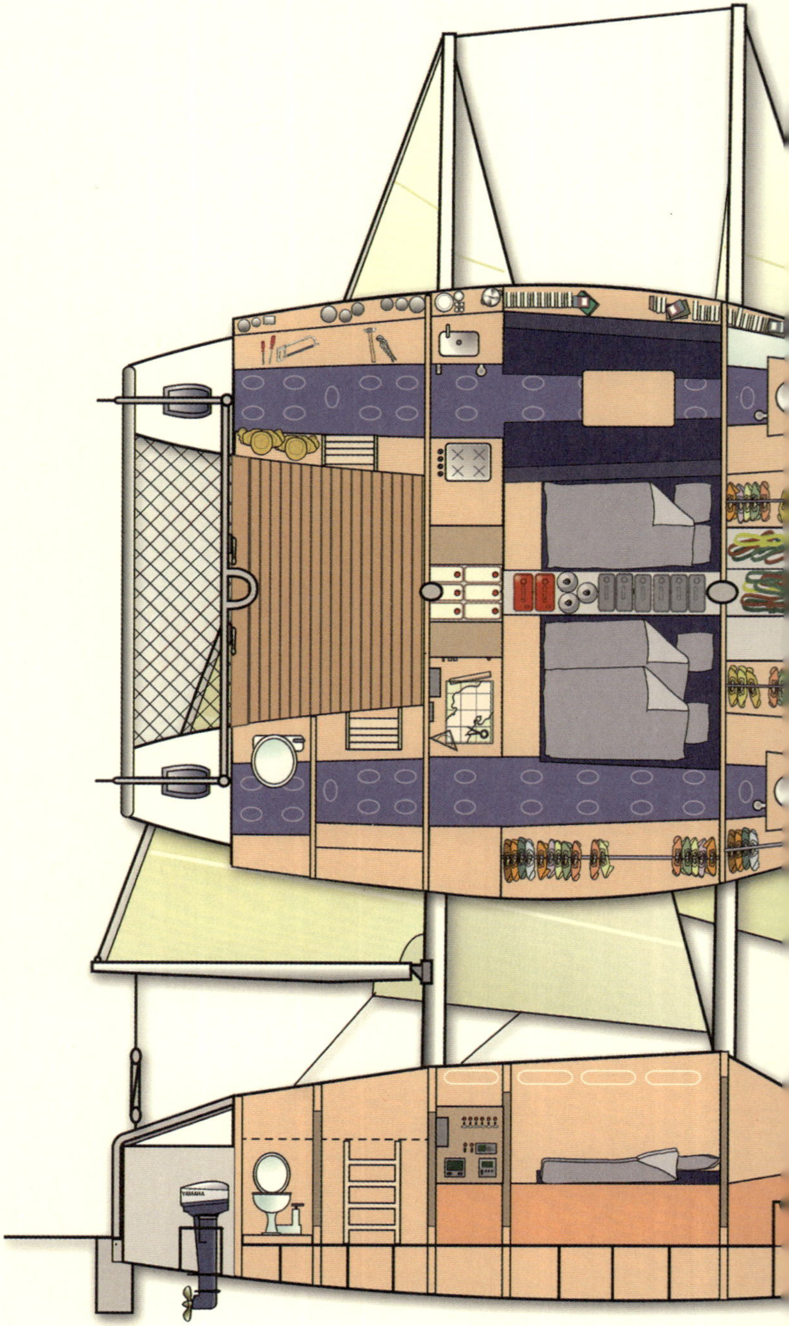
YAMAHA